하버드 집중력 수업

그들은 어떻게 최고의 인재가 되었나!

하버드 집중력 수업

장성난 · 단스충 · 왕즈신 지음

남명은 옮김

더봄

학습 과정에서 가장 먼저
갖춰야 할 능력은 '집중력'

　평범한 학생에서 하버드대학 뇌과학 박사가 된 나의 학습 과정을 돌아보면 집중력이 매우 중요하다는 것을 알 수 있다. 초등학교부터 고등학교까지는 평범하게 학교를 다닌 나는 고등학교 졸업 후 한국의 대학에서 유학 생활을 시작했다.

　대학을 졸업한 나는 미국 시애틀로 건너가 한 연구소에서 진행하는 연구 과제에 참여하며 뉴런과 인체와의 관계를 연구했다. 이 기간에 실리콘밸리의 마이크로소프트사에서도 잠시 일한 뒤 하버드대학에서 박사과정을 밟았다.

　중국 내의 교육 이념과 학습 방식은 시험에 초점을 맞춘 교육 환경이라고 할 수 있는데 그런 환경에서는 으레 지속적 주의력과 선택적 주의력이 뛰어난 학생들이 두각을 나타내기 마련이다. 이런 학생들이 겉으로 드러나는 성적도 뛰어난데, 이는 중국의 교육 환경에서 이러한 두 집중력을 가장 중요하게 여기고 가장 많이 훈련시키기 때문이다.

그러나 획일적인 심사 방식으로 키워진 학생들은 획일적인 학습 방식과 사고 방식을 갖추게 된다. 유학 기간 동안 나는 다른 학생들 및 선생님들과 소통하고 교류하면서 나의 학습 방식과 사고 방식에 한계가 있다는 사실을 깨닫게 되었다.

그 후로는 의식적으로 관찰적 주의력, 전환적 주의력, 배분적 주의력을 향상시키려고 노력했다. 학업에서의 집중력을 다른 여러 분야에도 적용해 보면서 나의 능력을 키우고 지식의 범위를 넓히기 위해 부단히 노력했다. 그 덕분에 2013년에 하버드대학 뇌과학 박사과정 합격 통보를 받을 수 있었다.

해외 유학은 사람들이 생각하는 것처럼 그렇게 편하고 만만하지 않다. 한국의 대학과 인재가 넘쳐나는 하버드대학에서도 예외는 아니다. 유학 시절, 나는 많은 친구들이 자신의 학업을 체계적으로 관리하고 사교, 일, 동아리, 시합도 잘 감당해 나간다는 것을 발견했다. 그들은 이에 그치지 않고 잠재력을 계발하며 미래에 자신이 나아갈 방향을 조정해 나갔다. 이런 친구들을 보면 대부분 여러 가지 일을 처리할 때 높은 집중력을 발휘한다는 것을 알 수 있다.

어떻게 지금의 성과를 얻었는지 그 비결을 묻자, 돌아온 대답은 다양했다. 하지만 그중 공통으로 나온 단어가 하나 있는데, 바로 '집중'이다. 집중에는 현재 단계의 한 가지 일에 대한 단기 집중과 자신의 발전과 미래를 위한 장기 집중이 모두 포함된다.

고차원인 척하지 않고, 감성팔이 하지 않는
실천형 '학구파 비책'

이 책은 시중에 나와 있는 비슷한 유형의 다른 책들과 다른 점이 있다. 바로 아이비리그의 학구파들이 일상에서 자주 사용하는 학습 방법을 정리하여 실천해 볼 수 있게 만들었다는 것이다. 학술 기관이나 연구원들이 집필한 시중의 책들은 학술성은 강하지만 실용성이 떨어지고 읽기 어려운 것이 사실이다. 구체적으로 설명하자면, 그런 책들의 저자는 교육 종사자의 각도에서 문제를 바라보기 때문에 대부분 연구 성과에 따라 의견을 제시한다. 그렇게 되면 학생들의 공감을 얻기 어렵다. 그리고 집중력에 대해서도 자신의 연구 성과를 토대로 정의내리기 때문에 실제에 부합하지 않는 기계적인 설명 같다는 느낌을 지울 수가 없다. 단지 각종 문제의 근원인 '집중하지 않음'만을 찾으려는 것 같다. 그리고 시중에는 따뜻한 말들로 쓰인 책들도 많다. 모두가 하나같이 성공학을 떠받들며 우등생들의 학업 계획과 발전 과정을 소개하지만, 학습 방법이나 부모의 역할에 대해서는 한 마디도 설명하지 않는다. 얼핏 맡으면 은은한 향이 솔솔 풍기는 것 같지만, 실제로는 무미건조한 것들뿐이다.

학생들에게 필요한 것은 올바른 길과 함께 학생들이 직접 걸어갈 수 있는 길, 누군가 걸어갔던 길을 구체적으로 알려주는 것이다. 이 책은 집중력 훈련의 높은 수준과 권위를 갖는 동시에 학구파들의 방식을 독자들도 따라할 수 있게 해준다. 그들이 말하는 집중은 추상적인 개념에 불과한 것이 아니라 실생활에 적용할 수 있는 실천 과정이다. 학구파들이 한 걸음씩 걸어온 그 길은 앞으로 당신이 걸어갈 길이기도 하다. 학구파들이 밟아온 과정과 경험은 당신이 이 길을 걸어가는 데 필요한 표지판과 등불이 될 것이다.

뇌 - 컴퓨터 인터페이스(BCI) 기술의 격랑 속에서 아이의 집중력 향상에 힘쓰다

뇌-컴퓨터 인터페이스 기술을 향한 동경과 함께 이 기술이 무수한 디바이스와 애플리케이션에 응용될 수 있다는 무한한 가능성에 이끌린 나는 하버드대학 뇌과학센터 박사과정에 지원했다. 그리고 나의 연구 성과와 결합하여 브레인코^{BrainCo, 强脑科技}라는 회사를 설립하고, 운 좋게 하버드 이노베이션 랩에서 브레인코의 인큐베이팅을 할 수 있었다.

나는 하버드대학에서 훌륭한 과학자와 엔지니어를 비롯한 여러 인재를 만날 수 있었는데, 그중에는 이 책의 저자 중 한 명인 하버드대학 교육학 석사인 장성난도 포함된다. 장성난은 학업에만 몰두한 것이 아니라 청소년 리더십과 글로벌 문화 교류의 강사도 겸했다. 그녀는 '학생의 미래 발전에 집중력이 미치는 영향'이라는 연구를 위해 다른 두 명의 저자와 함께 아이비리그 학생을 대상으로 그들의 학습과 일하는 방식을 조사했다. 이를 통해 효율적인 집중력을 만드는 테크닉을 정리하고, Me^5 모델을 만들어 많은 학생과 직장인이 집중력을 향상시키는 데 일조했다.

교육 분야에서 브레인코의 현재 목표는 학생들이 빠르게 효율적인 공부 습관을 기르도록 돕고, 짧은 시간 안에 학습 능률도 올려 성적을 끌어올리도록 하는 것이다. 브레인코는 뇌-컴퓨터 인터페이스 기술 기반의 교육 분야 제품을 선보였다. 이는 세계 최초로 주의력 검사와 주의력 향상 기능을 한데 모은 교육 제품이다. 해당 제품은 착용자의 뇌파 신호를 수집한 뒤 이를 주의력 지수로 변환하여 실시간으로 착용자의 주의력 상황을 추적할 수 있는 제품이다. 이는 책에서 설명한 Me^5 모델의 마지막 항목인 뉴로피드백 훈련의 원리와도 같다.

집중력 분야에서 브레인코의 연구와 성과는 이 책 저자들의 연구 성과와도 일맥상통한다. 책에서는 각 분야의 학구파와 인재들의 효율적인 학습 방법과 일하는 방식을 정리하여 Me^5 모델이라는 이론을 자세히 설명했을 뿐만 아니라, 아이비리그 다섯 학구파의 학습 방법과 가정교육 방식에 대한 인터뷰 내용을 통해 학생, 부모님, 선생님에게 과학적인 교육 이념과 올바른 지도 방향을 제시한다. 또한 학생들이 이론을 실전에 적용할 때의 난관을 해결하도록 집중력 키우기 21일 프로젝트를 소개했다. 더 유익하고 실용적인 학습 방법을 알고 싶거나, 평생 학습과 지속적인 발전을 원한다면 이 책이 당신이 걷고자 하는 길을 밝혀주는 빛과 같은 역할을 담당할 것이다. Me^5 모델과 집중력 키우기 21일 프로젝트를 하나로 합쳐 자신의 것으로 만든다면 당신도 '집중'하는 능력을 충분히 얻을 수 있다.

한비청韓璧丞

BrainCo 창업자 & CEO

서문
······

집중력을 키우면 누구나
최고의 인재가 될 수 있다!

하버드대학이 세계 정상급 명문 교육기관임을 모르는 사람은 없을 것이다. 우수한 학술 자원을 보유하고 있고, 전 세계에 영향력을 미치며, 미국 정부의 '싱크탱크'로도 불린다. 하버드대학은 세계의 수많은 학생들이 꿈꾸는 보물섬과 같은 곳이다. 매년, 이 보물섬으로 향하는 지도를 구하기 위해 학생들은 앞다투어 용감하게 나아간다. 하버드대학이 공개한 데이터에 따르면 2018년 하버드대학 입학 지원자는 39,506명에 달하는데, 그중 합격자는 5% 정도인 2,037명에 불과했다. 그야말로 낙타가 바늘귀를 통과하는 것만큼 어려운 일이다. 때문에 《하버드 걸 리우이팅》, 《하버드대학에 다닙니다》, 《하버드 새벽 4시 반》과 같은 하버드와 관련된 책들이 쏟아져 나온다.

《하버드 걸 리우이팅》은 리우이팅의 태아기부터 고등학생 시절까지의 성장 과정에서 그녀의 부모가 어떤 교육 방침과 마인드를 가졌는지를 소개한다. 하지만 리우이팅의 학습 방법과 향후 계획, 그리고 발전 방향에 대해서는 명확하게 소개하지 않았다. 마치 그녀의 삶이 하버드만을 목표로 흘러간 것 같은 느낌을 받았고, 하버드의 입학통지서를 받는 순간 이야기는 막을 내리고 만다.

《하버드대학에 다닙니다》는 하버드 학생들이 하버드에 오기 전 어떤 삶을 살았는지, 그리고 하버드에 와서 보고, 듣고, 느낀 것들을 기록했다. 독자들은 이 책을 읽으면서 하버드를 더욱 동경하게 되지만, 목적지의 아름다운 풍광만을 묘사하고 있을 뿐 가는 방법은 소개하지 않은 관광책자와 비슷하다.

그리고 한때 큰 붐을 일으켰던 《하버드 새벽 4시 반》에 대한 네티즌들의 리뷰에서 공통으로 보이는 의견은 이렇다. '눈앞에 향긋한 치킨 수프가 한 그릇 있는데, 이것을 떠먹을 숟가락이 없는 것 같은 느낌이다.' 하버드대학 학생이라면 라몬트 도서관이 유일하게 24시간 개방하는 도서관이며, 대부분의 도서관은 24시간 개방하지 않는다는 것을 안다. 그렇다 하더라도 라몬트 도서관 이외의 다른 도서관 역시 기말고사가 가까워지면 개방 시간을 연장한다. 그런데도 진상을 확인하기 위해 새벽 4시 반쯤 되면 유일하게 24시간 개방하는 도서관으로 '현지답사'를 떠나는 학생들도 있다. 결국, 이 도서명은 단지 사람들의 이목을 집중시키기 위함에 불과하다.

이렇게 하버드를 책 이름에 사용한 책들은 전기傳記와 비슷하고, 화려한 포장 아래 부실한 내용으로 대충 채워놓기도 한다. 학생들은 책을 읽어도 자신이 하버드대학에서 얼마나 멀리 떨어져 있는지 가늠할 수 없고, 자신이 하버드와 가장 가까운 때는 바로 책 제목을 읽을 때뿐이라고 생각하게 된다.

교육에 대한 탐색과 하버드를 향한 나의 집념은 7년 전부터 시작됐다. 가오카오^{高考}(중국판 대학수학능력시험)를 망치고 불과 몇 점 차이로 베이징대학에 합격하지 못한 나는 베이징제2외국어대학을 선택했다. 기쁨, 도전, 사랑, 꿈으로 가득했던 4년 동안 내 마음 깊은 곳에서는 시행착오와 성장을 가능하게 하는 자유의 땅을 향한 갈망이 점점 커져만 갔고, 내 인생 방향이 결코 쉽게 정의돼서는 안 된다고 생각했다. 하버드대학은 내가 5년간 찾아 헤매던 '여신'이었다.

나는 아직도 하버드에서 온 이메일을 확인하던 그 순간을 잊을 수 없다. 'Congratulations!' 합격통지서의 첫 문장을 본 순간 흥분과 눈물이 멈추지 않았다. 지원한 후로 줄곧 내 마음 한가운데 걸려 있던 돌덩이가 떨어지는 순간이었다.

이 책의 저자 중 한 명으로서 하버드 공과대학 박사인 단스충^{單思聰}, 그리고 하버드 교육대학원의 왕즈신^{王子欣}과 함께 할 수 있어 영광이었다. 우리는 문과와 이공계를 모두 아우르며 학과의 경계를 뛰어넘고, 수백 명에 달하는 하버드 학생들의 공부 비법을 정리하며 함께 Me^5 모델을 작성하고 설명했다. 3년여 동안 인터뷰를 진행하며 사람마다 가정환경, 학습 습관, 잘하는 과목과 개인 능력 등이 모두 다르다는 것을 알 수 있었다. 학구파들의 효율적인 학습 방법을 정리하면서 모두 다른 사람들이지만, 한 가지 매우 중요한 공통점을 찾아낼 수 있었다. 그것은 바로 집중이었다. 인터뷰한 학생들은 집중력이야말로 그들을 출발선에서부터 다른 사람들을 앞설 수 있게 한 능력이라고 입을 모았다.

우리가 제시한 Me⁵ 모델('무아지경' 집중력 모델이라고도 함)은 성장형 마인드셋^{Mindset}과 다섯 가지의 'e'로 이루어져 있다. 그 다섯 가지는 emotion(감정), efficiency(효율), energy(에너지), elimination(방해 요소 제거), EEG(뉴로피드백 훈련)이다. 우리의 Me⁵ 모델은 여러분을 위해 여섯 각도에서 학습과 일의 효율을 높일 완전한 방안을 제시한다.

Me⁵ 모델에서 '성장형 마인드셋'은 전체 모델의 기초로서, 어떻게 하면 올바르고 긍정적인 자아인지를 가질 수 있고 동력을 지속적으로 유지할 수 있는지 알려주고, 이 모델의 기반을 더욱 탄탄히 한다.

이어지는 다섯 가지의 'e' 가운데 앞의 네 가지는 집을 받치는 기둥 역할을 한다. '감정' 부분은 감정을 이해하는 것에서부터 시작하여 다양한 감정이 생기는 원인과 처리 방법을 제시한다. 좋은 심리상태와 안정적인 감정이야말로 공부와 일, 그리고 일상의 기본 조건이기 때문이다. '효율' 부분에서 우리는 주변의 아이비리그 학구파들을 인터뷰한 내용을 정리하여 독자들에게 학구파들이 공부할 때 사용하는 간단하고도 실행 가능한 시간 관리법을 소개한다. '에너지' 부분에서는 수면, 운동, 식사, 명상 등의 네 가지를 통해 학구파들이 어떻게 해서 효율적으로 좋은 생활습관을 길렀고 자신의 공부와 일을 뒷받침했는지 알려준다. '방해 요소 제거' 부분에서는 우리 생활 속의 각종 방해 요소를 소개하며 효율적으로 공부와 일을 할 수 있는 효과적인 방법을 제시한다. 이 다섯 가지 부분의 내용을 소개한 뒤 뇌전도^{EEG} 기반의 뉴로피드백 훈련을 자세히 설명한다. 다섯 번째 e인 뉴로피드백^{neurofeedback} 훈련은 뇌의 국민 체조라고 할 수 있는데, 이 훈련을 통해 더 빠르게 집중 모드로 들어갈 수 있고 집중 상태를 더 잘 유지할 수 있다. 그리고 Me^5 모델과 아이비리그 학구파들의 학습 방법을 결합한 집중력 키우기 21일 프로젝트는 이론을 실천으로 옮겨서 학생과 부모님이 높은 집중력과 좋은 습관을 기를 수 있도록 돕는 맞춤형 계획이라고 할 수 있다.

오랜 시간 밤을 새워가며 공부하는 것만으로는 명문학교에 입학할 수 없다는 사실을 여러분 모두는 잘 알고 있을 것이다. 과학적인 학습 방법과 좋은 학습 습관이 없고 제때 자신이 나아갈 방향을 조절하지 못한다면 원하는 학교의 문턱을 넘기 어렵다. 부모님의 관리 감독 아래 명문교에 들어간 아이들이 부모님의 속박에서 벗어나고 나면 갈피를 잡지 못하고, 계속해서 밀려오는 스트레스 속에서 바쁘기만 한 이유 역시 일맥상통하는 것이다. 이런 학생들은 스스로 미래를 위한 계획을 세워본 적이 없고 자기 자신을 컨트롤할 줄도 모른다.

이 책은 학생, 부모님, 선생님을 포함한 모든 사람에게 도움이 되는 책이다. 이미 중년이지만, 꾸준히 공부하고 있고 자신의 지식과 스킬을 다지고 싶은 분들, 항상 발전을 꿈꾸며 시대의 흐름에 뒤처지지 않으려 노력하는 분들께 이 책은 더할 나위 없는 선택이다. 지금의 뇌과학 기술은 많은 성과를 이뤄냈다. 뇌신경에 관한 원리, 학습의 원리와 방법 응용 등의 분야에는 아직 알려지지 않은 것들이 많지만, 이 책에서 소개한 Me^5 모델과 집중력 키우기 21일 프로젝트를 결합한다면 당신은 놀라운 발전과 변화를 꾀할 수 있을 것이다.

장성난張勝男

차례

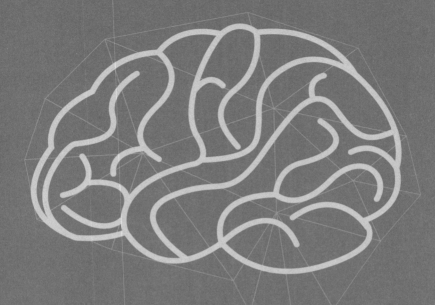

제1장

집중력,
AI 시대에 가장
필요한 능력

......

만 가지 일을

평범하게 하는 것보다

한 가지 일을 완벽하게

하는 것이 낫다.

1
....

계속되는 불안감

왜 집중력은 항상 한 걸음 떨어져 있는가?

항상 무언가가 당신의 주의력을 흐트러뜨리는 시대다.

이른 아침, 막 잠에서 깬 당신이 휴대폰 알람을 끄고 나면 휴대폰 화면의 각종 앱^{App} 아이콘 우측 상단의 빨간 배지들이 눈에 들어와 당신의 신경을 자극한다. 빨간 동그라미를 없애려면 당신은 앱을 하나하나 열어볼 수밖에 없다.

"톡!" 복잡한 지하철 안에서도 휴대폰은 각종 알림음을 울려댄다. 당신은 한 손으로 손잡이를 잡고 다른 손으로 최신 메시지를 확인하는데, 열어보면 별로 중요하지도 않은 푸시 알림들이다.

사무실에 도착해 인터넷 페이지를 열면 손쓸 겨를도 없이 팝업창이 튀어나온다. 당신은 눈에 띄는 제목에 이끌려 클릭하지만 대부분은 스팸일 뿐이다.

인터넷에서 자료를 찾을 때도 제목에 눈길이 가 링크를 하나하나 클릭해나가다 보면 결국 마지막에 본 내용은 처음에 찾고자 했던 주제와는 아무 상관도 없다는 것을 발견하게 된다.

집에 돌아온 당신은 소파에 기대 잠시 쉬며 짧은 동영상을 보기로 한다. 딱 5분만 볼 생각이었는데, 다음 동영상 자동재생 덕분에 한 편 한 편 이어서 보노라면 결국 헤어나오질 못한다.

시끄러운 버스 안에서도 조용한 침대 위에서도 자극은 끝이 없다. 원래 나만의 능력이었던 주의력은 이렇게 흩어지고 만다.

2015년 미국 주간지 〈타임〉은 "당신의 주의력 지속 시간은 금붕어보다 짧다"라는 제목의 글을 실은 적이 있다. 금붕어는 9초 동안 기억력을 지속할 수 있는 반면, 사람은 8초가 지나면 주의력이 떨어져 당시 집중했던 사물에 대한 흥미를 잃게 되는 경우가 많다. 왜 그럴까? 디지털화된 생활방식이 인간의 뇌에 큰 영향을 준 것이다.

마이크로소프트의 연구원이 2,000명을 대상으로 뇌전도 electroencephalogram, EEG 기술을 이용한 테스트를 진행했다. 참여자의 대뇌 활동을 연구한 결과, 인터넷이 발달하기 시작한 2000년부터 인간의 평균 주의력 지속시간은 12초에서 8초로 떨어졌다는 사실을 알 수 있었다.

해당 보고서에 따르면 오늘날의 인간은 사소한 자극도 잘 걸러내지 못한다. 각종 미디어의 영향으로 인간의 주의력은 더 쉽게 흩어진다는 것이다.

15초짜리 짧은 영상을 보는 데 익숙해진 사람이라면 두 시간짜리 자연 다큐멘터리에 흥미를 갖기 어렵다. '너무 느리군. 한 장면이 왜 이렇게 긴 거야!'라고 생각하기 십상이다. 여기에 잔잔한 선율의 배경음악 덕분에 잠까지 솔솔 오니 화려한 화면과 멋진 특수효과, 그리고 빠른 템포의 음악이 더해진 영상보다 재미있을 리가 없다.

또한 푸시 알림으로 1분 안에 읽을 수 있는 문장에 익숙해진 사람이라면 수십만 자에 달하는 진지한 문학작품에 흥미를 붙일 수가 없다. 이야기 전개가 느리고, 앞부분에 깔아둔 복선도 많고, 인물의 심리묘사도 장황해서 결국 읽기를 포기할 수밖에 없다.

자신의 주의력을 컨트롤할 수 없어 주도권을 넘겨버린다면 당신은 외부의 자극에 조종당하는 꼭두각시로 전락하고 말 것이다. 당신의 눈은 각종 자극에 사로잡혀 어쩌면 잠깐의 즐거움과 짧은 자극을 맛보고 휴식을 취했다는 착각에 빠지겠지만, 사실은 스스로 깊이 생각하고 학습하면서 여러 사물을 탐색할 기회를 잃어버린 것이다.

과학기술이 빠르게 발전하는 오늘날 우리에게 무엇보다 필요한 것은 자제력을 이용해 여러 사물에 대해 학습하고 탐색하며, 조용히 되돌아보는 시간을 갖는 것이다. 또한 우리는 깊이 생각하고, 새로운 것을 디자인하고, 복잡하게 얽힌 문제를 풀고, 새로운 내일을 만들어가야 한다.

당신은 누군가에게 '착취'당하는 꼭두각시가 되고 싶은가, 아니면 집중력이 뛰어난 효율적인 인재가 되고 싶은가? 결정은 바로 당신 손에 달려 있다.

다섯 가지 차원의 집중력

지속적 주의력

"딩동댕!" 수학 기말고사 시작을 알리는 종소리가 울렸다. 선생님은 서류 봉투에서 시험지를 꺼내 학생들에게 나누어주셨다. 시험지를 받아든 샤오페이小飛는 이름과 번호를 쓰고 시계를 확인했다. 답안지 제출까지 한 시간 반이 남았다. 빨리 문제를 다 풀면 검토할 시간도 충분하겠다고 샤오페이는 생각했다. 연습장에다 계산해가며 괄호넣기 문제를 모두 푼 샤오페이는 스스로 만족스러웠다. 이어서 응용 문제를 푸는데 첫 번째 문제는 이렇게 시작했다. '농장의 우리 안에는 닭과 토끼 몇 마리가 함께 있습니다. 머리는 총 10개, 다리는 총 32개로…….' 샤오페이는 궁금해졌다. '농장에서 닭과 토끼를 왜 같은 우리 안에 넣어두는 거지? 참 이상하네. 그건 그렇고 나도 농장에 가보고 싶다. 보들보들한 토끼도 만져보고 싶고. 그런데 토끼 눈은 정말로 빨 갈까?' 샤오페이는 머리를 괴고 창밖을 바라보며 시간이 흐르는 것도 잊은 채 상상의 날개를 펼쳤다. 선생님이 샤오페이의 자리를 지나가면서 책상을 두드리자 그제야 정신이 번쩍 들었다. 시험 시간은 이제 30분도 채 남지 않았다. 샤오페이는 남은 시간 동안 최대한 집중하자고 스스로를 다잡았다. 하지만 마음은 쉽게 안정되지 못했고 불안해 졌다. '에이, 검토는 물 건너갔고 문제를 다 풀 수만 있어도 좋겠다.'

위와 같은 상황은 샤오페이만 겪는 일이 아니다. 실제로 자신의 아이가 숙제를 하려고 이제 막 교과서 내용을 적기 시작하자마자 배가 고프니, 목이 마르니 하며 구시렁거리거나 진득하게 앉아 있지를 못하고 화장실을 들락날락하는 모습을 많은 학부모가 보고 속을 태운다. 어떤 아이들은 수업 시간에 선생님이 설명을 20분 정도만 이어가도 집중력이 떨어져 정신이 우주를 떠돌아다니기도 한다. "아이가 수업 시간에 제대로 듣지 않고, 평소에 말을 듣지 않아요." 자녀가 이런 말을 듣는다면 아이의 지속적 주의력이 약하다는 것이 바로 문제의 핵심이다.

지속적 주의력이란 일정 시간 동안 주의력을 연속적인 활동에 집중시키는 능력을 말한다. 일정 시간 안에 어떤 과제를 수행하기 위해 집중력을 유지하는 능력은 대뇌에서 학습과 기억을 담당하는 해마와 밀접한 관계가 있다. 지속적 주의력이 없으면 효율적인 학습을 수행할 수 없으며, 학습에 필요한 이해력과 기억력은 더 말할 것도 없다.

모든 사람의 지속적 주의력은 유한하다. 시간이 흐를수록 주의력이 떨어진다는 사실은 모두가 잘 알고 있을 것이다. 주의력을 지속적으로 특정한 과제에 집중시키는 능력에는 한계가 있기 때문에 밤낮없이 공부만 할 수 있는 사람은 없다. 그러나 지속적 주의력이 강하고 약한 차이는 있다. 지속적 주의력이 약한 사람은 어떤 과제를 수행하는 데 있어 주의력의 지속 시간이 비교적 짧은 편이며 쉽게 지루함을 느낀다. 아주 약간의 신기한 사물만 있어도 바로 주의력이 떨어져 결국 정해진 시간 안에 과제를 완수할 수 없게 된다. 반면 지속적 주의력이 강한 사람은 시간이 흐르면서 과제에 대한 집중력이 떨어지는 속도가 비교적 느리며 일정한 수준의 집중력을 비교적 오래도록 유지할 수 있다. 이런 사람들은 인내심이 더 강하고, 더 '집중된 주의력을 유지'할 수 있다.

지속적 주의력은 능동적 주의력과 수동적 주의력으로 나눌 수 있다. 수동적 주의력을 오랜 시간 유지하는 것은 그렇게 어렵지 않다.

아마 다들 비슷한 경험이 있을 것이다. 재미있는 영화를 볼 때는 1초라도 놓칠세라 화장실에 가고 싶은 것도 꾹 참게 된다. 흥미진진한 소설을 읽을 때는 밤늦도록 손에서 책을 놓지 못하고 단숨에 끝까지 읽고 싶어진다. 이에 대응하는 것이 능동적 주의력이다. 방해 요소를 제거할 때, 열심히 공부할 때, 수업에 집중할 때, 깊이 생각할 때는 능동적으로 주의력을 집중해야 한다. 우리가 단련해야 할 부분이 바로 이 능동적 주의력과 같은 지속적 주의력이다. 현재 당신은 주의력을 어느 정도 유지할 수 있는가? 아래의 간단한 테스트를 통해 결과를 알아보자.

[지속적 주의력 게임 : 슐트 테이블]

게임 규칙 지속적 주의력 게임은 슐트 테이블^{Schulte Table}을 이용한다. 아래의 5×5 테이블 안에 1부터 25까지의 숫자가 임의로 쓰여 있다. 참여자는 집중하여 숫자를 1부터 25까지 순서대로 빠르게 찾아 가리키면 된다. 혼자 시간을 재도 되고 누군가 옆에서 대신 기록해도 좋다. 테스트에 걸린 시간이 18초 이내면 지속적 주의력 '높음', 18~23초 사이는 '보통', 23초 이상은 '낮음'으로 볼 수 있다.

13	20	8	2	19
22	5	18	6	12
4	1	14	3	23
16	25	7	21	9
11	15	10	24	17

선택적 주의력

주변의 여러 사물이 늘 당신의 주의력을 빼앗으려고 한다. 아침에 길을 걸을 때면 귀에 꽂은 이어폰에서 랩 음악이 흐르고, 손에 든 휴대폰은 새 메시지가 도착했다는 알림음을 보내며, 인테리어 공사 중인 옷가게에서는 시끄러운 드릴 소리가 들려온다. 만두가게에서는 맛있는 고기 냄새가 풍기고, 사거리 신호등과 도로 위를 달리는 자동차, 당신 옆을 스쳐 지나가는 행인들……

이렇게 많은 사물이 당신의 시각, 청각, 후각, 미각, 촉각을 자극하며 앞다투어 당신의 주의력을 빼앗고 있다. 하지만 당신은 그중 한 곳에만 집중할 수 있는 경우가 대부분이며, 나머지 사물들은 원래 존재하지도 않았던 것처럼 보이지도 들리지도 않는다.

어떤 자극들이 당신의 주의력을 빼앗을까? 그것은 바로 당신이 주의를 기울이고 싶어 하는 것, 즉 뇌가 지시하는 방향이다.

조금 어렵게 들릴 수도 있겠지만 다음의 예들을 보면 쉽게 이해할 수 있다.

만약 아침에 배가 고파서 만두를 사려고 한다면 당신은 만두가게 점원이 외치는 소리와 만두 냄새에 주의하게 되고, 슈퍼마켓 입구에 붙은 할인 포스터는 그냥 지나치게 된다. 혹 길도 잘 모르는 낯선 곳에서 누군가가 알려준 주소에 의지하여 길을 찾고 있다면 당신은 이정표나 번지수에 주의하게 되고 만두가게가 어디 있는지는 신경도 쓰지 않게 된다. 또한 급하게 휴대폰 메시지를 확인해야 한다면 당신은 주변 행인의 얼굴은 기억도 못할 것이다.

이것이 바로 선택적 주의력이다. 당신이 주의하기로 선택한 것에만 집중하게 되는 것이다.

선택적 주의력이란 여러 자극 요소 중에서 정확하게 원하는 것을 선택하고 주변의 관련 없는 자극은 배제하는 능력이다. 선택적 주의력이 뛰어난 사람은 뇌가 어떤 과제에만 집중하도록 명령하기 때문에 다른 관련 없는 사물의 영향은 받지 않는다.

선택적 주의력은 의식적인 노력일 수도 있고 우리 잠재의식 속에 존재하는 것일 수도 있다. 간섭의 요소는 지저분한 책상, 주변의 말소리, 오가는 사람들과 같은 외부적인 것일 수도 있고, 뇌 속에서 서로 경쟁하는 정보나 불안한 생각들이 당신의 사고를 교란하여 과제 수행을 방해하는 것과 같은 내부적인 것일 수도 있다.

공부와 일을 할 때도 선택적 주의력은 매우 중요하다. 학습 환경에도 당신의 주의력에 영향을 주는 외부 자극이 많기 때문이다. 예를 들어보자. 아이가 방에서 숙제하고 있는데, 부모님은 주방에서 요리하며 대화를 나누고, 거실의 TV에서는 뉴스가 나오고 있다. 또 교실에서는 주변 친구들이 작은 목소리로 이야기를 나누고, 벽에서는 시계 초침이 똑딱똑딱 소리를 내고, 불어오는 바람에 교실 커튼이 나부끼고, 창밖 운동장에서 체육수업을 하는 학생들이 장난치며 시끄럽게 떠드는 소리가 들려온다.

우리는 모든 자극을 없애서 아이에게 완벽하게 봉쇄되고 장식도 전혀 없는 학습 환경을 만들어 줄 수도 없고 만들 필요도 없다. 설령 방해 요소가 전혀 없는 학습 환경이 존재한다고 하더라도 교재 속 삽화, 공책 커버, 볼펜심, 지우개 가루가 결국 흥미로운 '장난감'이 되어 아이의 주의력을 빼앗아가고 말 것이다. 따라서 아이가 한눈팔지 않으려면 선택적 주의력을 키워서 외부 요소의 영향을 받지 않고 가장 중요한 곳에 집중하는 방법을 익히는 것이 중요하다.

어린 마리 퀴리가 독서를 하고 있을 때였다. 자매들이 앞에서 노래를 부르며 춤을 추는데도 그녀는 전혀 알아차리지 못하고 책에만 집중했다. 마리가 얼마나 집중하고 있는지 궁금했던 자매들은 조용히 그녀 뒤에다 의자를 쌓기 시작했다. 마리가 살짝 움직이기만 해도 뒤에 쌓아둔 의자는 무너지고 말 터였다. 하지만 책 한 권을 다 읽을 때까지 마리는 이런 상황을 전혀 눈치채지 못했고 의자는 여전히 얌전히 쌓여 있을 뿐이었다.

당신은 다음 페이지의 그림을 통해 자신의 선택적 주의력을 간단히 테스트해 볼 수 있다. 자신을 퀴리 부인이라고 상상하며 주변의 방해 정보를 차단하고 한 곳에만 집중해보자!

[선택적 주의력 게임 : yes인가, no인가]
게임 규칙: 다음 페이지의 그림은 아홉 개 단어와 색깔을 대조한 표로, 단어와 색깔이 서로 일치하는지 판단해보는 게임이다. 예를 들어, '보라'라는 단어가 보라색으로 표시되어 있는지 알아보는 것이다. 아홉 개를 모두 체크하는 데 걸린 시간이 10초 이내면 선택적 주의력 '높음', 10~13초는 '보통', 13초 이상은 '낮음'으로 볼 수 있다.

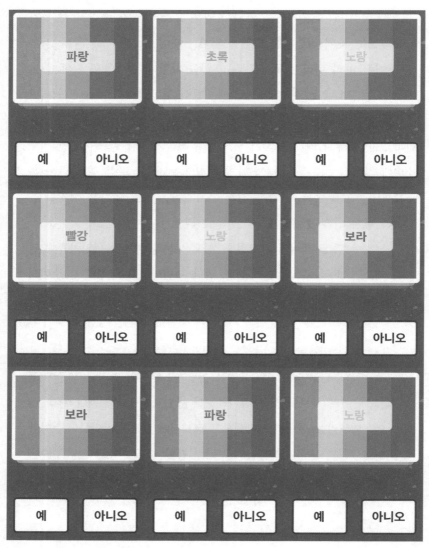

선택적 주의력 게임 : yes인가, no인가

전환적 주의력

학교 쉬는 시간, 샤오환^{小幻}은 친구 다리^{大力}와 루빅큐브를 가지고 놀았다. 샤오환은 먼저 큐브를 관찰한 뒤 입으로 "빨간색, 빨간색, 왼쪽, 오른쪽을 아래로⋯⋯"하고 중얼거렸다. 다리는 계속해서 샤오환을 일깨워줬지만, 샤오환은 시간이 가는 줄도 모르고 큐브에 완전히 빠져버렸다. 큐브가 손에 익어 점점 능숙해지더니 어느새 마지막으로 한 번만 돌리면 완성이 되려던 찰나였다. 그때 수업 시작을 알리는 종이 울렸고, 샤오환은 아쉬워하며 자신의 자리로 돌아가 앉았다. 한 번만 더 돌리면 큐브를 다 맞출 수 있었을 거라는 생각이 머리에 남아 수학 선생님이 설명하는 이차방정식의 근의 공식 설명은 귀에 들어오지도 않았다. 샤오환은 아직도 큐브 속을 헤매는 듯했다. 아무리 선생님의 설명을 들으려 해도 마음이 가라앉지 않고 머릿속은 온통 큐브 생각뿐이었다.

우리에겐 수행하던 과제를 바꾸면서 주의력을 빠르게 옮겨야 하는 경우가 자주 생긴다. 어떤 아이는 식사를 마치고 한참을 꾸물거려야만 책상 앞에 앉아 숙제를 할 수 있다. 어떤 학생은 휴식 시간에 잠깐 모바일 게임을 하려던 것이 결국 게임에 빠져 휴대폰을 손에서 놓지 못한다. 어떤 학생은 역사수업 뒤에 이어지는 영어수업 시간에 머리가 따라주지 않는 느낌이 들었고, 그 결과 단어시험을 통과하지 못했다. 우리는 어떤 과제에서 다른 과제로 초점을 옮겨야 할 때가 자주 있는데, 이때 필요한 것이 바로 전환적 주의력이다. 전환적 주의력은 유아기 때부터 갖게 되는데, 나이가 들수록 대뇌는 점점 빨리 새로운 과제에 적응할 수 있는 능력을 갖추게 되고 우리를 자극하는 방해 요소를 없애주기 때문에 주의력을 다시 집중시킬 수 있게 된다.

우리는 생활 속에서 전환적 주의력을 사용할 때가 많다. 예를 들어 케이크를 굽기 전에 먼저 레시피를 읽거나 관련 동영상을 본 뒤 배운 대로 차례차례 만들어나갈 경우를 생각해보자. 이것이 학습과 실행의 전환 과정으로, 우리 주의력의 초점도 차례대로 변하게 된다. 공부와 일을 할 때도 주의력을 교대로 사용해야 한다. 조별 토론을 하기 전에 우선 혼자 책을 보고 자료도 찾아본 뒤 친구들과 토론하거나 선생님께 도움을 요청한다. 그리고 토론이 끝나면 다시 문제에 대해 결론을 내리는 시간을 갖는다. 이 모든 과정에서 전환적 주의력이 필요한데, 이때 사람들에게 주어진 주의력 전환의 시간은 매우 짧다. 전환적 주의력이 강한 학생은 스스로 컨트롤할 수 있기 때문에 다시 새로운 과제에 주의력을 집중시킬 수 있지만, 전환적 주의력이 약한 학생은 토론을 어느 정도 진행하다 수다를 떨기 시작하면서 다음 과제를 잊어버리게 된다. 전환적 주의력이 약한 샤오환은 큐브의 세계에 빠져 주의력을 다음 수업으로 옮길 수 없었다.

그렇다면 당신의 전환적 주의력은 어떤가? 간단한 게임으로 테스트를 해보자. 다음 챕터에서는 당신도 자유자재로 컨트롤할 수 있도록 전환적 주의력을 키우는 방법에 대해 알아보겠다.

[전환적 주의력 게임: 빨강 아니면 파랑의 세계]

게임 규칙 오른쪽 그림은 아홉 개의 단어와 색깔을 대조한 표이다. 글자의 뜻과 색상을 어떻게 구분할까? 예를 들어 그림 중앙에 무슨 글자가 쓰여 있든지 만약 글자가 빨간색이면 아래 보기 중 '빨강'을

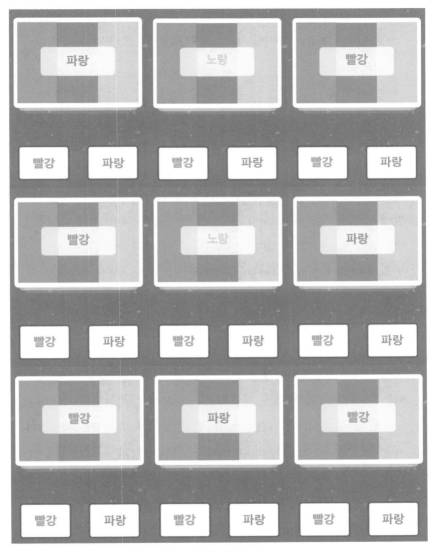

전환적 주의력 게임: 빨강 아니면 파랑의 세계

선택하면 된다. 아홉 개의 그림 전부를 맞추는 데 소요된 시간이 10
초 이내면 전환적 주의력 '높음', 10~13초는 '보통', 13초 이상은 '낮
음'으로 볼 수 있다.

배분적 주의력

영어 선생님이 칠판에 새로운 단어를 쓴 뒤 칠판을 두드리며 학
생들에게 따라 읽도록 했다. "dinosaur, dinosaur." 이제 막 앞 문장
을 다 읽은 페이페이佩佩는 그게 무슨 뜻인지 몰랐지만, 따라 읽을 수
밖에 없었다. "di-no-saur." 처음 보는 단어라 페이페이는 고개를
숙여 단어를 공책에 적었다. 단어를 다 적고 나니 선생님은 다음 문
장을 설명하기 시작했다. 페이페이는 속으로 중얼거렸다. '왜 이렇게
빨리 설명하시는 거야? 이 단어는 무슨 뜻이지?' 페이페이는 그저 다
시 교과서를 보는 수밖에 없었다. 오늘 배운 본문을 한 줄 한 줄 살
피며 그 단어를 찾다가 드디어 셋째 줄에서 발견했다. 하지만 이 문
장에 도대체 왜 이 단어가 들어가 있는 건지 알 수가 없었다. 페이페
이는 차라리 교과서 뒤의 단어집을 찾아보자고 생각했다. 'A-B-
C……' 한 장 한 장 넘기며 찾았다. 'D는 찾았고, 두 번째 글자는 i,
세 번째는 n,……' 드디어 dinosaur라는 단어를 찾았다. '이게 공룡이
라는 뜻이구나!' 이때, 영어 선생님은 다음 문장에 대한 설명도 끝냈
다. 페이페이는 이번에도 선생님의 수업 속도를 따라갈 수가 없었다.

위 이야기는 수업 시간에 흔히 볼 수 있는 장면이다. 학생들은 선
생님의 설명을 들으면서 필기도 해야 하고, 교과서를 읽으면서 머리
도 쓰고, 손도 움직이고, 입도 움직여야 하는 등 여러 동작을 동시에

수행해야 한다. 우리는 이처럼 일상생활에서 동시에 여러 사물에 집중해야 하는 상황과 자주 대면하지만, 사람의 주의력에는 한계가 있다. 많은 정보를 동시에 처리하기란 쉽지 않은 일이다. 이때 필요한 것이 배분적 주의력을 잘 활용하는 것이다.

배분적 주의력은 두 가지 또는 두 가지 이상의 과제를 동시에 진행하는 데 필요한 능력을 말한다. 마찬가지로 여러 과제를 수행하는 데 필요한 전환적 주의력과 다른 점은, 전환적 주의력은 각기 다른 과제와 과제 간에 주의력이 전환되는 것이며, 배분적 주의력은 동시에 여러 과제를 수행하는 것으로 당신의 주의력을 나누는 것이지 전환하는 것이 아니다. 우리가 수업을 들으면서 필기를 할 때 바로 이 배분적 주의력이 필요한데, 정보를 받아들이는 동시에 머릿속으로 정리하여 필기를 해야 한다. 하지만 선생님은 당신이 필기를 끝내기를 기다렸다가 설명하는 것이 아니기 때문에 계속해서 듣는 상태도 유지해야 한다. 배분적 주의력이 약한 페이페이는 하나의 과제를 끝내는 데 더 많은 시간을 할애해야 하고, 자신의 집중력을 더 많은 동작으로 확장할 수도 없기 때문에 설명을 들으면서 동시에 필기를 할 수 없고, 필기를 하다보면 설명을 들을 수 없게 되는 것이다. 결과적으로 영어 선생님의 수업 속도를 따라가지 못해 몸만 허둥지둥 바쁠 뿐 뜻대로 되지 않아 공부에 대한 자신감이 떨어지게 된다.

이렇듯 배분적 주의력은 아주 중요하다. 파일럿이 비행기를 조종하는 것에서부터 학생들이 숙제를 마치는 데에 이르기까지 모두 배분적 주의력이 필요하다. 한 연구 결과에 따르면 배분적 주의력이 좋은 사람일수록 실수할 확률이 낮으며 긴장감과 같은 감정의 영향을 쉽게 받지 않는다.

이런 사람들은 어떻게 배분적 주의력을 잘 사용할 수 있는 걸까? 학구파들을 관찰해보면 쉽게 이해할 수 있다. '겉으로 보기에' 그들은 동시에 여러 과제를 완수하는 것 같지만, 사실은 반복적인 훈련을 통해 뇌에서 일부 과제를 '자동 처리'하기 때문에 많은 에너지를 사용할 필요가 없는 것이다. 아래의 간단한 게임을 통해 당신의 배분적 주의력을 테스트해 볼 수 있다. 그럼 멀티태스킹에 도전해보자!

[배분적 주의력 게임: 왼손으로 동그라미, 오른손으로 네모 그리기]
게임 규칙 참여자는 양손을 동시에 움직여야 한다. 왼손으로는 동그라미를 그리고, 오른손으로는 네모를 그린다. 2초 안에 그리면 배분적 주의력 '높음', 2~4초는 '보통', 4초 이상은 '낮음'으로 볼 수 있다.

관찰적 주의력

샤오관^{小關}은 시험 문제를 끝까지 풀어본 적이 없다. 지난 학기 수학 기말고사 시간, 답안지 제출을 몇 분 안 남기고 주변 친구들은 이미 여유로운 모습을 보이는데, 샤오관은 여전히 분초를 다투며 끝까지 애쓰고 있었다. 샤오관은 궁금했다. 왜 똑같은 문제를 푸는데 누구는 쉽게 빨리 풀고, 누구는 그렇게 오래 걸리는 걸까?

시험이 끝나고 샤오관은 부모님과 함께 자신이 문제를 다 풀지 못하는 원인을 분석했다. 오답 정리를 하며 샤오관은 한 가지 사실을 깨달았다. 자신은 문제 지문을 이해하는 데 상당히 긴 시간이 필요하다는 것이다. 지문의 조건 하나를 신경 쓰다 다른 조건을 놓쳐버리기도 하고, 복잡한 응용문제를 풀 때는 한 가지 조건만 분석할 수 있어서 한 문제를 몇 번이고 반복해서 풀기도 한다. 문제를 풀다가 분석이 잘되지 않으면 중간에 정신을 딴 데 팔거나 그냥 지친 뇌를 쉬도록 내버려두기도 한다. 선생님은 부모님께 샤오관은 똑똑하지 않은 것이 아니라 문제풀이가 익숙하지 않은 거라고 설명했다. 문제를 풀다가 잠깐 넋을 놓기도 하고 두리번거리기도 하는 것을 보니 문제와 상관없는 일을 생각하거나 주변 친구들을 관찰하는 것 같다고도 했다. 반면에 높은 점수를 받는 학생들은 문제를 풀 때 최선을 다하며, 주의력도 뛰어나 마치 진공 상태에 있는 듯 주변의 소리나 다른 사람의 행동에도 방해받지 않는 것처럼 보인다. 샤오관의 문제는 관찰적 주의력의 부족에서 찾을 수 있다.

관찰적 주의력이란 정해진 시간 안에 한 사람이 분명하게 감지하거나 이해할 수 있는 대상의 수를 가리키며, 심리학자들은 이를 주의력의 범위라고도 말한다. 관찰적 주의력이 강한 사람도 있고 약한 사람도 있기 때문에 사람마다 동일한 시간 안에 감지할 수 있는 대상의 수도 다르다. 관찰적 주의력이 좋은 사람은 감지할 수 있는 내용이 많지만, 관찰적 주의력이 약한 사람은 감지할 수 있는 대상이 비교적 적을 수밖에 없다. 관찰적 주의력의 강하고 약함은 나이와도 큰 관련이 있다. 과학자들이 기기로 측정해본 결과 0.1초 동안 일반 성인들은 4~6개의 서로 관련이 없는 글자를 알아보지만, 아직 뇌가 다 발달하지 않은 어린이는 3~4개의 글자만 알아본다고 한다.

그렇다면 공부나 일을 하는 데 있어 관찰적 주의력은 얼마나 중요할까? 샤오관을 예로 들어보자. 관찰적 주의력이 좋지 않은 샤오관은 시험 시간에 한 문제를 30초 동안 읽어도 전체적인 정보를 얻지 못하거나 그나마 획득한 정보도 정확하지 않다. 하는 수 없이 더 많은 시간을 들여 반복해서 문제를 읽은 뒤 결국 이해하게 되었지만, 정해진 시간 내에 문제를 다 풀지 못해 시험 결과는 결국 기대에 미치지 못했다.

또 다른 예를 하나 더 들어보겠다. 같은 반 학생들이 똑같은 영어 문장 한 단락을 읽었다. 관찰적 주의력이 좋은 학생은 짧은 시간 안에 중요한 정보를 얻어서 관련 독해 문제를 쉽게 풀고, 읽는 과정에서 새로운 단어도 배우고 기억까지 할 수 있었다. 반면 관찰적 주의력이 약한 학생은 뒷부분을 읽으면 앞부분의 내용을 잊어버리거나, 문제를 풀 때도 읽었던 기억은 나는 것 같지만 우물쭈물하다 본문만 반복해서 읽을 뿐이다. 새로운 지식에 대한 기억도 전혀 없으니 학습 효과가 다른 학생에 비해 떨어지는 것은 당연하다.

관찰적 주의력을 향상시키면 같은 시간 안에 더 많은 정보를 입력하고, 이해하고, 소화하는 데 도움이 될 뿐만 아니라 공부와 일의 능률을 높이고, 관련 과제를 더 훌륭하고, 더 빠르게 완수할 수 있다. 관찰적 주의력이 약한 사람은 정보의 입력 속도가 느리기 때문에 인내심과 자신감이 점점 떨어지게 되고 과제를 미루다가 결국 목표를 달성하지 못하게 된다. 아래의 간단한 게임을 통해 당신의 관찰적 주의력을 테스트해보자! 당신은 몇 개의 개체를 인지할 수 있을까?

[관찰적 주의력 게임: 다른 하나를 찾아라]

게임 규칙   아홉 장의 틀린 그림 찾기 그림이 있다. 모든 그림은 각각 여러 조각의 그림으로 구성되어 있는데, 그중 하나는 나머지 그림과 관련이 없거나 필요 없는 그림이다. 관련이 없는 하나를 찾아 동그라미를 쳐보자. 아홉 장 모두 찾는 데 걸린 시간이 15초 이내면 관찰적 주의력 '높음', 15~24초는 '보통', 24초 이상은 '낮음'으로 볼 수 있다.

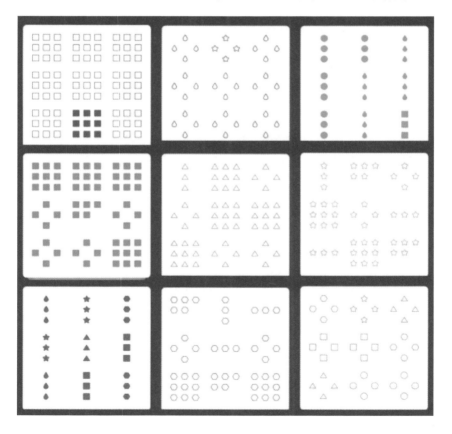

테스트 정답

선택적 주의력 테스트 정답

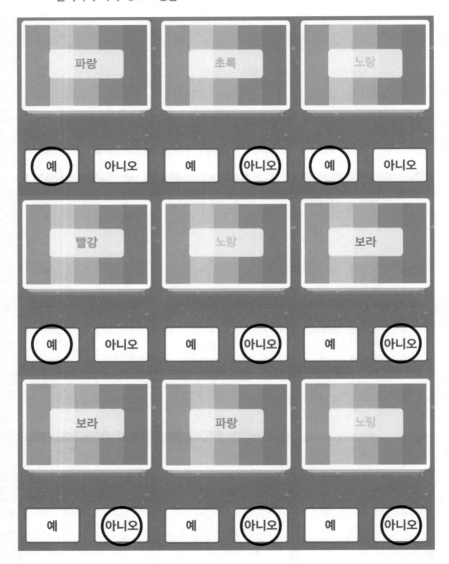

전환적 주의력 테스트 정답

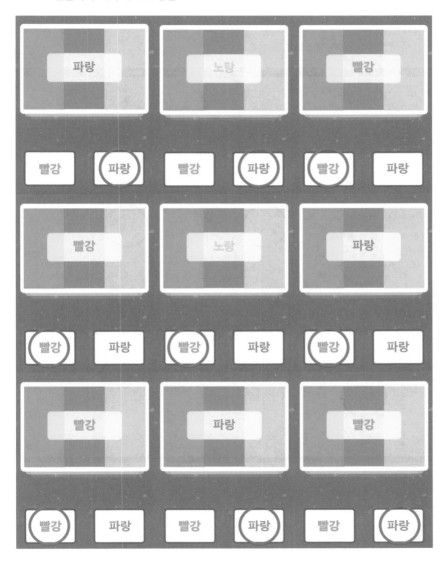

관찰적 주의력 테스트 정답

다섯 가지 차원의 집중력 테스트 보고

지속적 주의력 테스트 보고

높음

당신의 지속적 주의력은 매우 강하다. 오랜 시간 공부를 해도 높은 집중력을 유지할 수 있다. 연구 결과에 따르면 지속적 주의력은 일상생활 속에서 당신이 중도에 포기하려고 하는 행동을 줄이는 데 도움이 된다. 피로하면 효율이 떨어지기 마련이니 중간에 적당한 휴식을 취하도록 하자.

보통

당신의 지속적 주의력은 보통이다. 테스트를 하는 동안 당신은 적당한 집중력을 유지할 수 있다. 그러나 시간이 길어진다면 집중력을 유지하는 것이 힘들어질 수도 있다. 마음을 분산시키지 않고 중간에 휴식을 잘 취하면 효율을 높일 수 있다.

낮음

당신은 지속적 주의력을 적절히 조절할 필요가 있다. 몸이 건강하고 에너지가 넘치면 공부나 일을 할 때 전력투구할 수 있다. 반대로, 피로하거나 병을 앓고 있을 때, 또는 우울한 상태에 놓이게 되면 주의력을 안정적으로 유지하기 힘들어 공부와 일의 효율이 크게 떨어질 수 있다. 따라서 당신은 체력 단련을 통해 지속적 주의력을 높일 수 있다.

선택적 주의력 테스트 보고

높음

당신의 선택적 주의력은 매우 우수하다. 사람은 한 번에 한 가지 일만 할 수가 없다. 동시에 여러 가지 일을 수행해야 하는 경우가 자주 발생한다. 이럴 때 일 사이에 서로 간섭이 일어나는 상황이 발생하게 된다. 예를 들면, 어떤 일을 하고 있는데 갑자기 아직 하지 못한 다른 일이 생각나서 정신이 산만해지고 지금 하고 있는 일까지 그르치게 된다. 만약 스트레스를 받는 상황에서 중요한 것과 덜 중요한 것을 분명히 구분해낼 수 있다면 당신에게는 남보다 뛰어난 스트레스 관리 능력이 있는 것이다. 당신은 목표와 간섭을 아주 쉽게 구별할 수 있고, 과제를 수행할 때도 높은 집중력을 유지할 수 있다.

보통

당신의 선택적 집중력은 양호하다. 여러 가지 방해 요소와 소음이 있는 환경에서도 당신은 정확한 선택을 하고 집중을 할 수 있다. 그러나 방해 요소가 늘어날수록 일을 처리하는 데 더 많은 에너지를 쓰게 될 것이다. 그렇지만 당신의 잠재력은 크기 때문에 열심히 훈련한다면 선택적 주의력을 향상시킬 수 있다. 만약 외부 방해 요소를 없앨 수 있다면 더욱 효율적으로 정해진 학습 과제를 완수할 수 있을 것이다.

낮음

당신은 선택적 주의력을 향상시킬 필요가 있다. 당신은 주변의 사물에 주의력이 쉽게 흐트러지는데, 이는 당신의 목표 달성을 더디게 할 것이다. 사람들은 주의력을 더 중요한 인지 활동에 두고 불필요한 방해 요소는 배제해야 한다. 만약 주의력을 컨트롤하지 못하면 행동을 컨트롤하는 것도 어려워질 수 있다.

전환적 주의력 테스트 보고

높음

전환적 주의력 차원에서 당신의 능력은 훌륭하다. 당신은 어떤 일을 수행하던 도중에도 빠르고 효율적으로 주의력을 다른 곳으로 전환할 수 있다. 이는 두뇌 회전이 빠르고, 새로운 환경과 변화에 빠르게 적응하며, 새로운 일을 수행할 때도 아주 빠른 속도로 이상적인 목표에 도달할 수 있다는 것을 의미한다.

보통

전환적 주의력 차원에서 당신의 능력은 좋은 편이다. 다른 일 쪽으로 빠른 전환이 가능하다는 것이 당신의 장점이며, 이는 새로운 과제에 착수했을 때 당신의 적응력이 비교적 강하다는 것을 의미한다. 또한 도전을 좋아하는 당신은 서로 다른 일이나 활동 간의 전환을 즐긴다. 당신의 사고 유연성 역시 좋은 편으로 여러 방법을 통해 필요한 정보를 얻을 수 있다.

낮음

전환적 주의력을 향상시키는 것은 당신의 전반적인 주의력을 제고하는 데 큰 도움이 된다. 전환적 주의력의 점수가 낮다는 것은 새로운 도전에 직면했을 때 주의력을 조절하여 변화에 적응하기 어렵다는 것을 의미한다. 또한 당신의 뇌 유연성에도 영향을 주어 새로운 변화에 빠르게 적응하는 데 방해 요소가 될 수 있다. 그러나 이는 충분히 개선시킬 수 있는 문제다. 한 연구에 따르면 주의력을 전환할 때 명확한 전환 신호를 주면 뇌가 흥분과 각성 상태를 유지하여 빠르고 유연하게 주의 대상을 바꿀 수 있다고 한다. 따라서 뇌에 분명한 신호를 많이 주도록 노력해보자. 훈련을 거듭하면 주의력을 쉽게 전환할 수 있을 것이다.

배분적 주의력 테스트 보고

높음

당신은 여러 가지 일을 한꺼번에 처리하는 능력이 매우 뛰어나다. 일을 하거나 공부를 할 때면 많은 양의 지식과 정보들을 접하게 되는데, 이때 배분적 주의력이 좋은 당신은 이런 지식과 정보들을 매우 효과적으로 관리하고 처리할 수 있으며, 또 그에 걸맞는 행동도 취할 수 있다.

보통

당신은 여러 개의 업무와 정보를 처리하는 능력이 좋은 편이며, 배분적 주의력을 향상시킬 수 있는 잠재력이 있어 정보 처리 능력을 제고할 수 있다. 끊임없는 훈련을 통해 숙련될 수 있으며, 각각의 업무를 처리할 때의 효율성과 정확성도 높일 수 있다.

낮음

당신의 배분적 주의력 점수는 다소 낮은 편이다. 이는 당신이 여러 가지 일을 동시에 수행하거나 동시에 여러 루트로 들어온 정보를 받아들이는 데 잘 적응하지 못한다는 것을 의미한다. 배분적 주의력을 개선하고 향상시키면 일상생활에서 자신감을 높일 수 있고 공부할 때도 여유로운 모습을 찾을 수 있을 것이다. 과제를 여러 단계로 나누고 우선순위를 정하면 질서정연하게 마무리할 수 있을 것이다.

관찰적 주의력 테스트 보고

높음

관찰적 주의력 차원에서 당신은 높은 점수를 얻었다. 당신은 짧은 시간 안에 다른 사람이 발견하지 못하는 디테일한 부분을 정확하게 감지할 수 있고, 이런 능력을 이용하여 공부할 때도 헷갈릴 수 있는 지식을 빠르게 규명하고, 다른 사람들이 잘 틀리는 독해 문제에서도 높은 정확도를 보인다. 이는 당신이 보유한 특별한 장점이다.

보통

당신은 양호한 관찰력을 보유하여 자신이 처한 환경과 분위기, 그리고 주변 사람의 감정을 잘 파악할 수 있으며 공부할 때도 책에서 전달하고자 하는 중요한 정보를 잘 흡수하는 편이다. 이는 건강한 대인관계와 좋은 학습능력을 유지하는 데 긍정적 역할을 한다.

낮음

당신은 분명한 목적을 갖고 공부와 생활에 임하는 편이다. 당신은 그 목적 외에 다른 부분에는 관심을 두지 않는다. 다음 행동을 취하기 전에 분명한 목표와 계획을 먼저 세우고 관찰력을 훈련하며 이를 습관화하는 노력을 해보자.

우리가 삶의 허무함에 주목하면서 부귀영화는 덧없는 것이라고 생각할 때 어쩌면 우리는 자신의 천성적인 나태함에 아첨하고 있는 것일지도 모른다.

-데이비드 흄

2
....

집중 못 하는 뇌,
얼마든지 컨트롤할 수 있다

감정도 자기 생각이 따로 있다

내성적인 샤오톈^{小天}은 사람들의 관심을 받는 것에 익숙하지 않은 학생이다. 선생님이 학생들에게 발표나 프레젠테이션 준비를 시킬 때마다 사람들 앞에 서서 말하는 게 두렵고 괴롭다. 한번은 반 친구들 앞에서 발표를 했는데, 샤오톈의 목소리가 작아서 듣고 있던 친구들이 하나둘 떠들기 시작했다. 샤오톈은 그 상황이 정말 부끄러웠다. 또 한번은 용기를 내서 큰 소리로 발표해보았지만 긴장한 나머지 말을 너무 빨리하는 바람에 친구들은 그의 말을 잘 이해하지 못했다. 또 어느 날은 발표 준비를 충분히 하지 못한 탓에 혀가 자꾸만 꼬여 실수를 연발했고 지켜보던 친구들은 웃음을 터뜨렸다. 물론 친구들의 웃음에는 악의가 없었지만, 샤오톈은 모두가 자신을 비웃는 것만 같았다.

이런 일이 반복되자 발표할 때가 되면 샤오톈은 두려웠고 실수하지 않을까 걱정이 앞섰다. 이런 불안한 마음 때문에 사람들 앞에서 발표하는 것에 대한 거부감은 더욱 커져만 갔다. 발표할 차례가 다가올 때마다 샤오톈은 한숨이 나오고 후회가 밀려 왔다. 수업 시간에는 실수를 해서 친구들의 놀림감이 될까 두려워 손을 들고 짧게 발표하는 일도 줄어들었다. 자신은 잘하는 것이 하나도 없는 인간이라고 느껴질 때도 있었다. 이런 자기부정 때문에 샤오톈은 열등감, 자포자기와 같은 부정적인 감정에 휩싸이게 되었다. 사람들 앞에서 자기 생각을 말하는 것도 점점 피하게 되고, 혼자 지내는 시간이 늘어나다 보니 친구들과의 교류도 꺼리게 되고, 좋은 기회들도 놓치게 되었다.

처음부터 자신의 감정 상태를 알아차리지 못한 샤오톈의 감정은 쌓여만 갔고 결국 터지고야 만 것이다. 사람은 누구나 일상생활 속에서 다양한 감정을 느끼며 산다. 한번 생각해보라. 시합에서 우승하면 기쁘고 자랑스럽지 않은가? 친구가 당신을 오해하면 슬프고 억울하지 않은가? 선생님께 꾸지람을 들으면 섭섭하고 부끄럽지 않은가? 학창 시절에는 학업 때문에 고민하고, 대인 관계를 걱정하고, 진로 문제에 곤혹스러워하는 등 여러 감정의 문제를 겪는다. 이러한 감정 문제는 몸과 마음의 건강뿐만 아니라 학업과 개인의 발전에도 부정적인 영향을 줄 수 있다. 따라서 감정 문제가 우리의 건강한 성장에 걸림돌이 되지 못하도록 반드시 감정 관리 방법을 배워야 한다.

자신의 감정 기복을 알아차리지 못하면 감정을 적으로 인식하게 되고 부정적인 감정의 늪에 빠질 수 있다. 공부를 하다가도 무언가 뜻대로 되지 않으면 우리는 자신의 감정을 궁지로 몰아넣는데, 이런 상황이 오래 지속되다 보면 부정적인 감정이 쌓일 수밖에 없다. 하지만 자신의 감정 기복을 알아차리면 객관적으로 자신의 감정과 마주할 수 있기 때문에 자신에게 조금 더 관대해질 수 있다.

예를 들어, 학교에서 평소 그렇게 친한 사이는 아니지만, 친구가 걸어오기에 당신은 미소를 띠고 친구에게 인사를 건넸다. 하지만 친구는 당신 옆을 지나쳐갈 뿐 인사를 받기는커녕 마치 당신이 투명인간이라도 된 양 눈도 마주치지 않았다. 이때 당신은 친구가 일부러 모르는 척한다고 생각하고 속상하기도 하고 화도 날 것이다. 만약 이런 부정적인 감정이 오래 지속되도록 방치하면 당신은 그 친구가 왜 싫은 내색을 보인 건지, 내가 어떤 실수를 해서 친구가 눈도 안 마주친 것인지 고민을 하게 된다. 고작 인사 한 번 안 한 것뿐인데, 꼬리에 꼬리를 무는 의심으로 당신은 복잡한 감정의 소용돌이에 빠질 수 있다.

그렇기 때문에 자신의 감정 기복 앞에 소극적으로 대처해서는 안 된다. 사람들 앞에서 발표하는 것이 두려운 샤오톈에게 프레젠테이션 과제를 중간고사에 포함시키겠다고 하면 그는 매일매일 불안에 떨게 될 것이다. 하지만 최악의 상황이라고 해봤자 발표하다가 혀를 깨물어 망신 좀 당하는 일이 고작이다. 그러나 부정적인 감정에 빠진 샤오톈에게는 이성적인 생각이 불가능하기 때문에 주변 친구들이나 선생님이 모두 자신을 비웃는다고 생각할 것이다. 샤오톈은 결국 그 상황을 견디지 못하고 도망쳐 버리고 만다.

이렇듯 감정이 집중력에 미치는 영향은 크다. 초조, 불안, 긴장 같은 감정이 생기면 우리는 자신의 기분에 영향을 주는 일들을 계속 떠올리게 되어 일이나 공부에 집중하기 어려워진다. 당연하지만 자신의 감정을 잘 컨트롤해야 일의 효율도 올라간다. 당신에게 부정적인 감정을 없앨 수 있는 능력이 생겨서 안온하고 침착한 사람이 된다면 당신은 집중해야 할 때 집중할 수 있고, 일이나 공부 모드로 빠르게 전환할 수 있게 된다.

좋은 감정은 당신을 적극적으로 학업에 임하게 하므로 학습 효과도 좋아지게 된다. 감정을 관리하는 방법을 알고 이를 꾸준히 훈련한다면 당신은 자신의 감정을 더 깊이 이해할 수 있다. 감정 관리는 피아노 연주와도 같은 것이다. 아무리 어려운 기법이라도 연습을 꾸준히 하면 결국 능숙해지는 것처럼 누구든지 적절히 훈련하면 감정 관리를 자유롭게 할 수 있게 된다.

자신의 감정을 잘 관리하면 항상 즐겁고 긍정적인 태도를 유지할 수 있고, 주변 사람들과도 좋은 관계를 유지하여 마음의 거리를 좁힐 수 있다. 이뿐만 아니라, 긍정적인 감정은 당신의 심신 건강에도 좋은 영향을 준다.

제2장에서는 정확하게 감정을 인지하고 관리하는 방법에 대해 알아보겠다. 감정을 컨트롤하는 방법을 함께 배워보자!

고등학교 문과생이라면 수박 겉핥기식으로 시집 열 권을 읽는 것보다 시 삼백 편을 암송하는 것이 낫다.

-주쯔칭

시간을 쫓아가지 못하면
시간에 쫓겨 막다른 길에 몰릴 수 있다

"꾸물대지 말고 어서 책가방 챙겨!"

샤오딩小丁의 엄마가 소리를 질렀다. 저녁 식사를 마친 샤오딩은 TV 앞에 앉아서 이미 엔딩곡이 흐르고 있는 만화영화를 보며 꼼짝도 하지 않고 있다. 더 이상 두고 볼 수 없었던 엄마는 리모컨으로 '오늘의 경제'가 나오는 채널로 돌려버렸다. 샤오딩은 못마땅한 듯 엄마를 원망의 눈길로 바라보면서 자신의 책상으로 돌아갔다. 내일은 9월 1일이다. 기나긴 여름방학도 드디어 끝이 보이지만, 샤오딩은 새 학기에 대한 기대가 눈곱만큼도 없다. 샤오딩은 고개를 숙인 채 책상 앞에 우뚝 섰다. 여름방학 숙제 중 하나인 독후감을 아직 쓰지 못했다. 독후감은커녕 아직 책도 다 못 읽었다. 여름방학이 시작되자마자 엄마는 책 몇 권을 사주셨고 두 사람은 함께 독서 계획도 세웠다. 하루에 한 챕터씩 읽고 한 권을 다 읽을 때마다 독후감을 쓰기로 했었다. 하지만 학원도 가고, 나가서 놀기도 하고, 늦잠도 자다 보니 어느새 시간이 이렇게 흘러가버린 것이다. 샤오딩이 방에서 아무것도 하지 않고 있는 모습을 본 엄마는 빨리 가방을 싸라고 재촉하려다가 책상 위에 놓인 깨끗한 작문 공책을 발견했다. 어떻게 된 일인지 묻던 엄마는 화가 치밀어 올랐다. '우리 샤오딩은 무슨 일을 하든지 미루기만 하네. 왜 시간을 계획적으로 쓰지 못하는 걸까?'

능동적으로 공부하지 않고 두 달에 걸쳐 할 숙제를 마지막 3일 동안 몰아서 하는 샤오딩은 사실 특별한 케이스도 아니다. 당신도 아마 주변에서 또 다른 샤오딩들을 만난 적이 많을 것이다. 어떤 '샤오 딩'은 내일이 당장 시험인데 아직 제대로 복습도 하지 못하고 있다. 수업 자료를 앞에 펼쳐두기는 했지만, 도무지 머리에 들어오지 않는 다. 휴대폰으로 시간을 확인하려다 이내 SNS의 피드를 구경하고 있 다. 어떤 '샤오딩'은 두 달 동안 토플 어휘를 외운다는 계획을 세워놓 고는 A로 시작하는 단어 목록만 봤다. 또 어떤 '샤오딩'은 피트니스 센터 회원권을 끊었지만, 몸만들기 계획을 차일피일 미루더니 결국 이용 기간 동안 피트니스 센터는 몇 번 가지도 못했다. 또 다른 '샤오 딩'은 이번 주에 자신이 보고할 차례라는 것을 알고 있었지만, 회의 시작 세 시간 전이 되어서야 ppt를 만들기 시작했다. 매번 발표는 이 렇게 즉흥적이다. '샤오딩'들은 시간을 소중히 여기지 못한 자신을 원 망한다. 완벽한 계획을 세워두고는 미루기만 반복하다 더 이상 미룰 수 없는 날이 오면 심한 자책감에 시달리다가 초조하여 잠을 이루지 못하고 다음 날에는 결국 무너지고 만다.

농담처럼 자신은 '미루는 병'을 앓고 있다고 말하는 사람들이 많 다. 그렇다면 미룬다는 것은 무슨 뜻일까? '미루기'^{procrastination}는 라틴 어로 'procrastinationem'이라고 하는데, 여기서 접두사 'pro-'는 '앞 으로'라는 뜻이고, 'crastinus'는 '내일 할'이라는 뜻이다. 이 둘을 합 쳐 '일을 내일로 미루다'라는 뜻이 된다.

이는 청나라 학자 전학탄^{錢鶴灘}이 쓴 《명일가》^{明日歌}의 주제와도 일맥 상통한다. "내일 또 내일, 내일은 얼마나 많은가! 나는 평생 내일만 기다리다 만사가 헛되이 되었구나."^{明日復明日, 明日何其多. 我生待明日, 萬事成蹉跎.}

미루는 것은 사실 흔한 현상이다. 18세기 영국 작가인 새뮤얼 존슨^{Samuel Johnson}은 다음과 같은 글을 썼다. "우리는 결국에는 피할 수 없다는 것을 알고 있는 일을 줄곧 미뤄왔고, 이런 어리석은 행동은 보편적인 인간 본성의 약점이며, 많든 적든 모든 사람의 마음속에 둥지를 틀고 있다." 새뮤얼 존슨은 뛰어난 업적을 남긴 인물이다. 《영어사전》을 편찬하고 《셰익스피어 전집》을 출판하는 등 매우 부지런했다. 하지만 자신의 산문에서는 다음과 같은 글을 남겼다. "내가 어제 끝내고 싶었던 문장이 아직까지 머릿속에만 있고 글로 쓰지 못했다. 원고 앞에서 멍하게 있을지언정 창작은 하기 싫다."

중국의 현대 작가 후스^{胡適}의 유학 일기에도 웃지 않을 수 없는 글들이 있다. "7월 4일, 다음 학기에 더 열심히 하고 싶은 마음에 이 일기장을 처음 폈다……. 7월 13일, 마작을 했다. 7월 14일, 마작을 했다. 7월 15일, 마작을 했다. 7월 16일, 후스야, 후스야! 왜 이렇게 타락했니."

미루는 습관은 누구나 가지고 있는 보편적인 현상일지 몰라도 우리는 이를 그냥 내버려 둘 수만은 없다. TV를 조금만 더 보겠다고 오늘 할 일을 내일로 미루다가는 장기 계획이 결국 실패로 돌아가기 때문이다. 심각한 미루는 습관들은 대부분 자신을 방임하는 데서 비롯된다.

'미루는 병'은 저절로 완쾌될 수 없는 병이다. 이를 방치하면 '병세'는 계속해서 악화되고 퍼질 뿐이다. 스스로 컨트롤하지 않으면 개인의 자신감뿐 아니라 자기 통제 능력까지 떨어뜨릴 수 있다.

심리학자들은 미루는 사람들의 활동을 크게 학업, 일, 가사, 사교, 재무, 개인보호의 여섯 종류로 나누는데, 이 여섯 종류의 미루기는 서로 영향을 주고받는다. 약속에 항상 늦는 사람은 학업에서도 세심한 태도를 점점 잃게 되고, 일할 때 나타나는 미루는 습관은 가정생활에서도 그 모습을 드러낸다. 싱크대 안에 수북이 쌓인 설거지거리가 바로 좋은 예다. 나이가 들수록 미루는 습관은 개선하기가 어려워진다.

자신의 아이는 성장 과정에서 스스로 깨닫고 시간 분배도 잘할 수 있을 거라는 기대를 안고 살아가는 부모들이 많다. 그러나 시간 관리 방법을 배우지 않으면 미루기 증상은 더 심각해질 수밖에 없다. 시간 통제 능력을 잃어버리면 결국 무력감에 빠지고 집중력에도 영향을 주게 되어 악순환이 반복된다. 악순환은 보통 이렇게 진행된다. 이제 막 새로운 과제를 받고 신이 나서 한바탕 준비를 한다. '이번에는 조금 일찍 시작해보자!' 계획을 세우고 일에 착수할 마음의 준비를 하고서는 책상 위를 정리하고, 휴대폰도 한번 본다. 아직 시간이 많이 남은 것 같다. '조금 나중에 한다고 무슨 일이야 있겠어?' 그러나 어느새 시간은 얼마 남지 않게 되고 '난 틀렸어.' 이렇게 자책감과 절망의 늪으로 빠지게 된다.

왜 어떤 아이들은 자신에게 주어진 시간을 효율적으로 사용할 수 있고, 어떤 아이들은 시간 관리를 못하고 미루기를 반복하는 걸까?

미루는 습관과 집중력 사이에는 떼려야 뗄 수 없는 연관성이 있다. 어떤 과제를 수행할 때 무아지경에 빠져들 만큼 혼신의 힘을 기울이면 시간을 '견디는' 것과 같은 권태감을 느낄 새가 없다.

그리스의 심리학자 미하이 칙센트미하이^{Mihaly Csikszentmihalyi}는 이런 집중 상태를 '몰입'이라고 했다[1]. 집중력이 부족하면 무언가를 할 때 한눈을 팔거나 권태감을 느끼기 쉽다. 미루는 습관은 관찰적 주의력이 약해서 생길 수도 있는데, 이런 사람들은 미래를 잘못 예측하기도 한다. 어떤 사람은 배분적 주의력이 약해서 합리적으로 시간을 분배할 수 없고, 어떤 사람은 자신의 선택적 주의력을 잘 활용하지 못해서 불필요한 일에 오랜 시간을 들여 정작 중요한 일에 사용할 시간이 없게 된다.

물론 미루는 습관이 '불치병'은 아니다. 왜 미루는지 그 원인을 파악한 뒤 그에 상응하는 집중력을 높이고 효율적으로 시간 관리를 하면 미루는 습관과의 싸움에서 반드시 승리할 수 있다. 뒷부분에서 당신이 효율적으로 시간을 사용하는 데 도움이 될 만한 시간 관리법efficiency에 대해 구체적으로 소개하도록 하겠다. 우리는 현재에 집중하고, 시간을 당신이 맞서야 할 경쟁상대가 아닌 소중한 파트너로 인식해야 한다.

> 사람은 항상 현재 하고 있는 일을 생각해야 한다. 공부할 때 놀 생각을 하지 않아야 하고, 놀 때 공부 생각을 해서는 안 된다.
>
> -체스터필드

---

1) Mihaly Csikszentmihalyi. Flow: The Psychology of Optimal Experience. New York, NY: Harper and Row.

당신의 몸도 '충전'이 필요하다

"배고파! 배고파!" 4시가 되어 학교에서 돌아온 샤오중^{小鐘}은 책가방을 벗자마자 배가 고프다며 소리쳤다. 학교 급식을 좋아하지 않는 샤오중은 방과 후 집에 오는 길에 간식을 사 먹었지만 배가 차지 않았다. 그러나 부모님은 아직 퇴근 전이고 저녁 식사 시간까지는 두 시간이나 남았다. 샤오중은 '먹이'를 찾아 주방을 구석구석 뒤지기 시작했다. 감자칩과 사탕이 있었고, 냉장고 안에서 제일 좋아하는 바닐라 아이스크림과 콜라도 찾았다. '와! 밥보다는 이런 게 훨씬 맛있지!' 샤오중은 간식들을 품에 안고 방으로 들어가서 만화책을 보며 이 불량식품들을 먹기 시작했다. 알록달록한 사탕 껍질들이 하나둘 바닥에 떨어져 가고, 콜라와 아이스크림도 먹어 치우고, 온 가족이 함께 먹을 수 있는 사이즈의 감자칩도 전부 뱃속으로 들어갔다. 샤오중은 손끝에 묻은 감자칩 부스러기를 입으로 쪽쪽 빨아가며 만족스러워했다. 부모님께서 집에 돌아오신 뒤 저녁 식사를 준비했는데, 식탁 위의 음식들을 봐도 샤오중은 별 입맛이 없었다. 밥을 몇 숟가락 떠먹었을 뿐 반찬은 입에 대지도 않았다. 편식한다고 부모님께 한 소리를 듣는 바람에 억지로 몇 숟가락을 더 먹어서인지 속이 더부룩했다. 식사를 마치고 숙제를 하려고 하니 도무지 정신을 차릴 수가 없었다. 속이 좋지 않아서 침대 위에 그대로 누워버렸다. 9시가 넘어서야 조금 괜찮아진 것 같아서 다시 일어나 숙제를 하기 시작했다. 책상 위에 깨끗한 문제집을 펼치고 겨우 두 문제를 푼 샤오중은 정신이 몽롱해지더니 손이 말을 듣지 않고, 눈을 제대로 뜰 수가 없었다. 하지만 내일 오전까지 숙제를 제출해야 하니 어쩔 수 없이 밤을 새워 글씨를 갈겨썼다.

제때 식사하지 않고 자야 할 때 자지 않으면 어떻게 될까? 정신이 또렷하지 않으니 샤오중이 한 숙제의 정확성은 떨어질 수밖에 없다. 복습이 제대로 되지 않고, 수업 시간에 배운 내용도 소화하지 못하고, 다음날 선생님께 혼이 나다 보면 능동적인 학습 태도에 영향을 받게 된다. 또 수면 부족 때문에 제시간에 일어나지 못하고 소중한 아침 시간을 지체하게 된다. 책가방을 정리할 시간도, 아침 식사를 할 시간도 없고 허둥지둥 학교에 가면 머릿속은 혼미하여 몽롱해진다. 오랫동안 이런 패턴이 반복되다 보니 샤오중의 학습과 휴식 시간은 불규칙해지고 식생활도 엉망이 되어버렸다. 체력도 따라주지 못하니 결국 성적뿐 아니라 몸 건강에도 빨간불이 켜진 것이다.

사실 에너지 관리의 중요성을 간과하는 사람들이 많다. 학교 급식이 맛이 없다고 제대로 먹지 않는 학생들이 있는데, 사람은 먹어야 사는 법! 한 끼만 굶어도 허기져서 배에서는 꼬르륵꼬르륵 소리가 나고, 뇌는 마치 연료가 떨어진 기차처럼 잘 굴러가지 않고, 오후 수업에 집중할 수 없게 된다. 어떤 학생은 성취욕이 강해 새벽까지 잠도 자지 않고 공부에 몰두한다. 그들은 하루를 이틀처럼 쓰지 못해 아쉬워하는데, 아무튼 성과는 좋은 편이다. 어떤 학생은 다음날 시험을 앞두고 분명 졸리긴 한데 뒤척거리기만 할 뿐 잠을 이루지 못한다. 뜬눈으로 밤을 지새우니 다음날은 더 정신이 없다. 어떤 학생은 충분히 잠을 자도 피로가 풀리지 않아 아침에도 늦잠을 자기 일쑤다. 시간을 아끼려고 영양을 골고루 갖춘 아침 식사도 거르게 되니 공부할 때가 되면 정신이 몽롱하여 잠이 쏟아진다. 어떤 학생은 야외 활동을 싫어해서 체육 시간마다 농땡이를 피우며 운동을 전혀 하지 않는다. 오랜 시간 책상 앞에 앉아 고개를 숙인 자세로 책을 읽고, 문제를 풀기만 하니 허리와 목이 쑤시고 아파서 어린 나이에 벌써 병원에서 검사를 받기도 한다.

자신의 에너지를 과학적으로 분배하지 못하면 지속적 주의력이 떨어져 성적도 기대에 미치지 못하게 된다. 식습관, 수면, 운동, 명상에 힘을 쓰면 누구든지 과학적인 식습관과 적절한 휴식을 얻을 수 있다.

체력, 공부 또는 일과 휴식, 식사를 모두 잘 관리해야만 더 좋은 에너지를 얻을 수 있고 자신이 하는 일에 주의력도 집중시킬 수 있을 뿐만 아니라 오랜 시간 한 가지 일에 집중할 수 있고 더욱 강한 지속적 주의력을 유지할 수 있다. 에너지 관리를 제대로 하지 못하면 지속적 주의력에 빨간불이 들어와 일이든 공부든 몸이 따라주지 않고, 조금만 공부해도 주의력이 분산되어 외운 내용도 돌아서면 바로 잊어버리게 된다. 반대로 에너지 관리가 잘 이루어지면 과제를 처리할 때 이상적인 속도를 유지할 수 있고, 일의 진행에 따라 생각도 빠르게 할 수 있으니 높은 집중력과 효율을 보일 수 있다. 잘 먹고, 잘 자고, 일과 휴식이 균형을 이루면 당신도 강한 집중력과 높은 학습 효과를 얻을 수 있다.

> 자신의 처지에 적응하면 언젠가 생활의 평범함을 참을 수 있게 된다.
>
> - 발자크

방해 요소와 의지력의 줄다리기

5학년 3반 교실에는 눈길을 끄는 독특한 곳이 있다. 바로 샤오양^小^楊의 자리다. 교실 안의 다른 책상들은 모두 깨끗하게 정돈되어 있는데 유독 샤오양의 책상만 지저분하게 무언가 잔뜩 쌓여 있다. 아슬아슬한 것이 금방이라도 무너져버릴 것만 같다. 그녀의 책상 위는 두 뭉텅이의 책들이 빼곡히 채우고 있다. 필요한 학용품이 생기면 샤오양은 대부분 주변 친구들에게 빌려 쓴다. 어느 책 속에 끼여 있는지, 서랍 속 어느 구석에 처박혀 있는지 한 번에 그 '아이들'을 찾을 수 없기 때문이다.

선생님과 친구들이 샤오양에게 책상 좀 정리하라고 직간접적으로 책망하기도 했지만, 샤오양의 생각은 달랐다. 비록 필요한 물건을 빨리 찾을 수는 없지만, 나름대로 다 생각이 있다. '결국에는 다 찾게 되어 있다니까. 게다가 물건 정리하는 시간도 절약할 수 있다고.' 샤오양은 자신이 쓰레기 더미 속에서 살고 있다고 생각하지 않는다. 평소에 숙제를 할 때는 두 뭉텅이의 책을 한 뭉텅이로 합쳐서 책상에 빈 공간을 만들어 사용한다. 또 몸을 웅크린 자세로 숙제를 해야 하기 때문에 함부로 움직일 수도 없다. 가끔 옆에 쌓아 둔 '붕괴 위험이 있는 건물'이 무너져 내리지는 않을지 가슴 졸여가며 확인도 한다. 학기 말이 다가올수록 샤오양이 찾지 못하는 물건의 수도 늘어만 갔다. 선생님이 제출하라고 하신 숙제를 분명히 한 기억은 나는데 그 공책을 찾지 못했다. 시험 전에는 오답 문제를 복습하려고 했는데, 시험지 몇 장을 찾지 못하기도 했다. 한번은 참고서를 폈는데 아무런 필기도 되어 있지 않고 깨끗했다. 그제야 자신이 이 책도 새로 또 샀다는 사실을 깨달았다. 하루는 책상 위에 올려둔 물컵을 실수로 쏟는 바람에 책상 위를 온통 물바다로 만들어 '붕괴 위험이 있는 건물'이 난리가 난 적도 있다. 샤오양은 점점 초조해졌다. 항상 잃어버리기만 하는 병을 고칠 수 없을 것만 같고, 옆에서는 누군가 항상 자신을 재촉하고, 원망하고, 심지어 비웃는 것 같다. 성적은 계속 떨어져 가고 생활도 엉망진창이 돼버렸다. 어지러운 학습 환경에 놓여 있는 샤오양에게 집중은 어려운 일이다.

한 사람의 성장 과정에서 환경이 얼마나 중요한지는 모두 잘 알 것이다. 샤오양 앞에 앉는 학급 임원 샤오리小李의 책상은 늘 깨끗하다. 교과서와 문제집은 과목별로 잘 정리되어 서랍 속에 반듯하게 놓여있고, 선생님께서 내주시는 숙제나 퀴즈를 준비할 때도 샤오리는 언제나 재빨리 준비를 마치고 침착하게 문제를 푼다. 샤오리는 소란스러운 환경에서도 자신만의 공간을 찾아 눈앞의 일에 집중한다. 그런 샤오리의 성적은 말할 것도 없이 항상 1등이다.

학생이라면 지저분하고 단정하지 못한 샤오양이 아닌 일상생활과 공부 모두 질서정연하게 잘 해내는 샤오리와 같은 생활을 꿈꿀 것이다. 깔끔하게 정돈된 학습 환경은 불필요한 방해 요소를 없앨 수 있기 때문에 매우 중요하다. 어떤 학생은 아주 작은 방해 요소에도 정신이 팔려 주의력을 모으기가 쉽지 않은데, 이때는 집중할 수 있도록 어지러운 환경을 깨끗이 정리하는 것이 필요하다. 예를 들면 공부하기 전에 필요한 책들을 잘 정리하고, 책상 위도 깨끗하게 치우고, 휴대폰 등 전자기기는 진동 모드로 바꿔서 서랍 안에 넣어두는 것이다.

숙제할 때는 효율을 높이기 위해 깨끗한 책상도 필요하지만 우리 내면의 평온함과 집중도 필요하다. 마음속으로 자신에게 이렇게 얘기할 수 있다. '앞으로 1시간은 숙제나 복습에만 집중하는 거야. 주변 친구들의 대화 소리에는 신경 쓰지 말자!' 방해 요소를 과학적으로 조절하고 제거하면 외부 환경이나 마음속 잡념의 영향을 받지 않기 때문에 차분하게 공부에 집중할 수 있다.

좋은 학습 환경을 만들기 위해서는 학생 스스로의 노력도 필요하지만 선생님과 부모님의 도움도 빠질 수 없다. 주변 환경을 제대로 알고, 관찰하고, 개선하면 집중력을 높이는 학습 환경을 만들 수 있다. 방해 요소 배제법은 선택적 주의력과 지속적 주의력을 훈련하는 데 큰 도움이 된다. 숙제할 때는 정신이 우주를 떠돌지 않도록 스스로 집중을 위해 노력하고 의식적으로 집중 상태를 유지해야 한다.[2]

> 사람은 동시에 두 말에 올라탈 수 없다. 이 말에 올라타면 저 말은 포기해야 한다. 똑똑한 사람은 정신을 분산시키는 것에 신경 쓰지 않고 오로지 한 곳에만 몰두하여 그것을 제대로 공부한다.
>
> -괴테

2) Tams S, Thatcher J, Grover V & Park R(2015). Selective attention as a protagonist in contemporary workplace stress: Implications for the interruption age. Anxiety, Stress, & Coping, 28(6), 663-686. doi:1080/10615806. 2015. 1011141.

3

인생의 빈 페이지,
얼마든지 바꿀 수 있다

다른 사람의 기준에 맞춰 살지 마라

부모는 아이의 첫 스승이지만, 아이의 성장 과정에서 모든 부모가 자격을 갖춘 스승이 되는 것은 아니다. 인내심이 조금 부족한 부모들은 아이에게 이렇게 질문을 던지곤 한다. "왜 공부하고 숙제할 때 집중을 못해?" "수업 시간에 제대로 안 들었어? 매일 놀 생각만 하는 거야?" "너는 왜 발전이 없니? 진취성이라고는 조금도 없네."

어떤 부모는 집중이라는 것이 쉽게 되는 줄 안다. 다섯 가지 집중력과 자신의 아이를 제대로 이해하고 있는 부모라고 하더라도 아이의 단점이나 실수를 잘도 발견한다. 반대로 아이의 장점은 늦게 알아차리거나 아예 무시하기도 한다. 어른용 잣대를 들이대서 아이를 판단하고 아이에게 부정적인 꼬리표를 달아버리면 아이는 자신감이 떨어지는 것은 물론이고, '난 집중을 못 해, 난 열심히 하지 않아.'와 같은 소극적인 자기암시를 주며 살아가게 된다. 아이는 이렇게 부정적인 환경에 점점 적응하면서 다른 사람이 정한 기준 안에서 살아가며 다른 사람이 정한 기준으로 자신을 평가한다.

　아이의 자아의식과 자아인지 능력을 키우기 위해서는 시간이 필요하다. 청소년기에는 행동과 생각이 외부 환경의 영향을 받기 쉽다. 예를 들어 부모님, 선생님, 주변 사람들이 자신을 부정적으로 평가하면 아이는 자기 자신을 부정하는 악순환에 빠지게 된다. 인정을 받지 못했다는 생각에 괴롭고, 비관적이며, 불안한 감정이 생기기 때문이다. 실제로 많은 아이가 의미 없는 비웃음과 원망의 말 한마디에 답답해하고, 심지어 자신을 의심하거나 부정하기 시작한다. 부모가 아이에게 다음과 같이 말했다고 가정해보자. "집에 와서 지금까지 책상 앞에 몇 시간이나 앉아 있었으면서 아직도 이거 외우고 있는 거야? 아니, 그 긴 시간 동안 이거 하나 제대로 못 외웠니? 집중 좀 하는 게 그렇게 어려워?" 그러면 아이는 이런 생각을 하게 된다. '지금까지 이거 하나 제대로 못 외우다니. 나는 왜 이 모양일까? IQ가 낮은 건가?' 이렇게 열등감과 양심의 가책을 느끼면서 공부를 하면 아이가 제대로 집중할 수 있을까? 다른 사람들이 자신을 받아들이고 인정하고 있는지를 늘 신경 쓰고 살아가는 아이가 공부할 때 온전히 집중할 수 있을까? 이런 잡념들이 마음속에 자리를 잡게 되면, 아이는 에너지의 일부를 마음속 초조함과 스트레스를 처리하는 데 사용해야 하기 때문에 공부에 쏟을 에너지도 당연히 그만큼 줄어들게 된다. 이 과정에서 아이의 에너지와 집중력만 떨어지는 것이 아니라 자존심과 자신감 역시 타격을 받게 된다.

체험과 경험은 아이들의 성장과 발전에 중요한 양분이 된다. 부정적인 평가와 체험을 경험했을지라도 부모님과 선생님의 적절한 지도가 있다면 부정적인 요소도 아이들이 성장하는 데 양분이 될 수 있다. 따라서 부모님과 선생님은 아이가 타인의 평가를 기준으로 삼아 그 기준 안에서만 살 것이 아니라 다른 사람들의 부정적인 평가에 제대로 맞설 수 있도록 도와야 한다. 엘리너 루스벨트^{Anna Eleanor Roosevelt}는 "당신의 동의 없이는 그 누구도 당신이 열등감을 느끼게 할 수 없다."라고 말했다. 인생은 수학 문제가 아니다. 정해진 정답을 제시할 수 있는 사람은 아무도 없다. 우리는 다른 사람들의 생각을 경청하고 다른 사람들의 평가를 자기반성의 '거울'로 삼을 수는 있지만, 그들의 평가를 '정답'으로 여기고 개인의 특수성을 고려하지 않은 채 그대로 받아들여서는 절대 안 된다. 특히 아직 세상 물정에 밝지 않은 아이들이 타인의 좋은 평가에 의기양양하지 않고, 또 나쁜 평가에 괴로워하지 않도록 부모님이 옆에서 아이가 자신의 판단 기준을 잘 세울 수 있게 지도해야 한다. 우리는 모든 사람의 기준을 맞출 수 없고, 모든 사람을 만족시킬 만큼 완벽할 수 없다는 사실을 알아야 한다.

"사람은 자신이 개척한 길을 끝까지 가야 한다. 권위에 놀라거나 타인의 관점에 얽매여서는 안 된다." 괴테의 말이다. 우리 주변에 있는 뛰어난 사람들을 보면 모두 자아의식이 강하다는 점을 발견할 수 있다. 그들은 자신의 장점과 부족한 점을 잘 알고 있으며 타인의 평가에도 잘 휘둘리지 않는다. 물론 타인의 평가와 의견을 귀담아듣는다. 단지 그런 평가나 의견이 그들의 독립적 사고를 좌지우지하지 못할 뿐이다. 우리는 다른 사람들의 평가와 의견을 들을 필요는 있지만, 그것에 지나치게 신경을 쓰지는 말아야 한다. 삶에서 당신의 기쁨과 성장이 무엇보다 중요하다는 점을 명심해야 한다. 부모는 아이와 함께 성장해야 함은 물론, 아이가 자기 평가와 독립적 사고를 수행하면서 스스로 자신감을 높이고 개성을 살리도록 도와야 한다.

아이는 타인의 평가가 자신을 판단하는 기준이 될 수 없다는 것을 깨달아가야 하며, '집중하지 않음', '성실하지 않음', '노력하지 않음', '진취적이지 않음'과 같은 부적정인 평가로 자신을 정의하지 말아야 한다. 꾸준히 노력하고 끝까지 포기하지 않으면 다섯 가지 차원의 집중력은 향상되고 당신은 성장할 것이다.

부모님도 생각에 변화를 주어야 한다. 아이가 집중력을 발휘해가며 어떤 일에 몰두했다면 설령 결과가 기대에 미치지 못하더라도 아이를 나무라거나 원망해서는 안 된다. 몸을 낮춰 아이의 눈높이에서 모든 체험과 학습 과정을 바라보고, 자신의 마음가짐도 바로 세우는 방법을 익혀야 하며, 집중하는 과정이 결과보다 중요하다는 사실을 깨달아야 한다. 아울러 부모로서 아이가 집중하도록 격려하는 것도 잊어서는 안 된다. 아이들은 집중하는 과정에서 편안함과 즐거움을 얻을 수도 있고, 어제보다 집중력이 좋아진 자신을 발견할 수도 있다. 이런 보이지 않는 체험과 미미한 성장이야말로 눈에 보이는 결과보다 더 중요한 것이 아닐까?

> 집중력을 당신이 두려워하는 것이 아닌 달성해야 하는 목표에
> 집중시켜라.
>
> - 토니 로빈스

과감하게 생각하고 과감하게 실행해야 한다

아이들의 성장 과정은 마치 마라톤 경기와도 같다. 응원과 격려를 받기도 하지만, 어려움이나 방해 요소와 마주할 수도 있다. 외부의 부정적인 평가, 자기의심과 자기부정, 학습 과정에서 부딪히는 어려움과 좌절, 부모님께 이해받지 못하고 의심받는 것 등은 아이가 나아가는 길 위의 장애물이 된다. 이 장애물 때문에 아이는 넘어지기도 하고, 울기도 하며, 친구들과 격차가 벌어지기도 한다. 마라톤의 매력은 바로 이 구간의 길이와 불확실성에 있다. 그리고 마라톤에 참여한 모든 아이들에게는 무한한 잠재력이 숨겨져 있다. 아이가 장애물을 뛰어넘고 오히려 장애물을 도약의 발판으로 삼아 비약적인 성장을 이루게 하려면 어떻게 해야 할까?

과감하게 생각하고, 과감하게 실행하면서 깜깜한 어둠 속에서 동이 틀 때까지 빛을 향해 용감하게 전진하면 된다. 지금 당장 행동하라.

1단계 자신감을 가지고 스스로에게 꼬리표를 붙이지 말라

아이가 집중력을 향상시키기로 결심하고 부모님의 도움을 받아 자신감을 갖게 되었다면 어려움과 장애물을 만나도 맞서고 스스로 해결 방법을 생각해낼 수 있게 된다. 반대로 자신감이 부족한 아이들은 '불가능해', '못 해', '난 안 돼'라고 생각한다. 이런 아이들은 어려움과 장애물을 만나면 지레 겁을 먹고 위축되어 결국 뒤처지게 된다. 집중력 향상의 첫 번째 단계는 바로 자신감을 갖는 것이다. 생각하고 행동에 옮겨야만 모든 것이 가능하다.

2단계 실패한 과거의 경험과 작별하라

과거의 실패 경험을 툭 털어내지 못하고 오랫동안 과거에 얽매여 괴로워하는 아이들이 많다. 중요한 시험에서 실수로 답안 작성을 잘못하는 바람에 열심히 공부했는데도 석차는 오히려 떨어질 때가 있다. 이런 실패의 경험은 비록 이미 과거의 일이 되었다 하더라도, 어느 순간 갑자기 튀어나와 아이들에게 일러준다. '너 예전에 실패했었잖아.' 아이는 과거의 그림자에서 벗어나지 못하는 것은 물론 편안하게 공부에 집중하기도 어려워진다.

이때 부모님은 아이와 함께 문제와 맞서고 아이가 다음과 같이 성찰할 수 있도록 도와야 한다. "왜 이런 문제가 생기는 거지? 예전에도 이런 일이 있었지 않았나? 그때는 어떻게 해결했었지? 나중에는 어떻게 이런 상황을 피할 수 있지? 여기서 내가 얻을 수 있는 경험과 교훈은 어떤 것이 있을까? 다음에 더 잘하려면 어떻게 해야 할까?" 이 같은 성찰을 통해 좌절은 오히려 아이가 변화하는 계기가 될 수 있다. 실패의 경험은 동트기 전의 깜깜한 새벽하늘과도 같다. 아이가 깜깜한 어둠 속에서 무엇을 경험했든지 용기를 내어 새벽이 밝아올 때까지 쉬지 않고 앞으로 나아간다면, 과거의 미흡했던 일과 작별하고 이른 아침의 밝은 햇살과 따스함을 맞이하여 긍정적인 에너지를 얻을 수 있다.

3단계 성장하기 위해 계속 행동하라

과거의 실패 경험과 작별하면 새로운 성장의 길로 한 발 내딛게 된다. 성장이란 계속해서 전진하고, 쉬지 않고 행동하며, 꾸준히 길을 걷는 것을 의미한다. 시도하려는 마음만 있고, 실천하는 행동을 수반하지 않으면 확실한 성공이 뒤따르지 않는 것이 당연하다. 이는 방안은 점점 너저분해지고 밭에는 잡초가 무성해지는데, 방을 치우고 잡초를 뽑는 사람이 없다면 깨끗한 방과 밭을 가질 수 없는 것과 같은 이치이다. 따라서 아이에게 필요한 것은 적극적이고 밝은 마음가짐과 용감하게 행동해 나가는 것이다.

'플라이휠 효과'Flywheel Effect라는 것이 있다. 정지 상태의 플라이휠을 움직이려면 아주 큰 힘을 들여 한 바퀴 한 바퀴 반복해서 돌려야 하는데, 처음에는 플라이휠을 한 바퀴 돌리기도 너무 고되고 힘들지만 반복할수록 플라이휠의 회전 속도는 점점 빨라지게 된다. 플라이휠의 회전에 가속도가 붙으면 운동량과 운동에너지도 커져서 저항력을 극복하고 관성으로 계속 회전운동을 한다. 계속 행동한다고 해서 처음부터 눈에 띄는 효과가 나타나지 않을 수도 있다. 하지만 오랜 시간 노력하면서 계속 훈련을 하다 보면 비약적인 발전을 이루게 된다. 그러나 느리고 정체되어 움직이지 않는 초반의 힘든 과정을 견디지 못하는 사람들이 대부분이다. 이 과정은 고생스럽고 노력에 대한 결과가 눈에 보이지 않기 때문에 자신이 앞으로 나아갔는지, 아니면 퇴보했는지 알 수 없다. 하지만 움직임을 멈추지 않고 계속해서 나아가면 '플라이휠 효과'가 나타나 좋은 결과가 꼬리에 꼬리를 물고 나타날 것이다.

물론 행동한다는 것이 앞뒤 가리지 않고 무턱대고 움직이는 것을 의미하지는 않는다. 행동하기 전에 반드시 목표와 계획을 세우고 실행 가능한 방법을 마련해야 한다. 이것이 바로 행동의 기초이자 중요한 열쇠다.

다음 장에서는 부모님과 아이들을 위해 집중력을 높일 수 있는 구체적인 방법인 Me^5 모델 시스템을 소개해 보겠다.

능력을 키우기 위해서는 끊임없이 노력하고, 학습 방법을 수시로 개선하면서 학습 효율을 높여야 성공에 이를 수 있다.

-예성타오

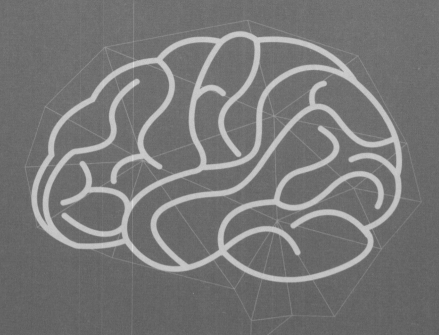

제 2 장

집중력을 키워주는
Me^5 **모델,**
그 놀라운 효과

......

에너지가 넘쳐야만

공부와 일에 오래 집중할 수 있다.

들어가는 말

....

당신을 위한 유능한 프로그램,
Me⁵ 모델을 만나보자

집중한 상태에서 한 가지 일을 완벽하게 하는 것이 만 가지 일을 평범하게 하는 것보다 낫다. 우리의 집중력은 Me⁵ 모델(그림 참조) 기법의 훈련을 통해 높일 수 있다. 집중력을 높이면 당신의 성공률은 기하급수적으로 상승하게 되고, '간절히 원하면 이루어진다'라는 말은 더는 덕담이 아닌 정확한 예언의 말이 될 것이다.

Me⁵ 모델은 집에 비유할 수 있다. 성장형 마인드셋^{Mindset}은 집의 기초에 해당하는 부분으로, '자아인지'를 배우는 과정에서 자신의 사고방식을 더 깊이 이해할 수 있고 틀에 박힌 고정형 마인드셋에서 벗어나게 해준다. '견현사제'^{見賢思齊}는 우리가 앞으로 나아가는 과정에서 과거에 이룬 성공에 우쭐대거나 탐색의 발걸음을 늦추지 않게 하고, 항상 왕성한 호기심을 품고 힘차게 전진하도록 돕는다. 성장형 마인

마음과 뇌의 일치
뉴로피드백

감정 관리
(전환적/관찰적/자기통제)

감정 인지	적극적 통제
마음 생각	의식 만들기
감정 알기	

시간 관리
(관찰적/선택적/배분적)

계획 수립	포인트에 집중
전반적 계획 수립	포모도로 기법
자유 방식으로 전환	파레토 자제로 전환

에너지 관리
(지속적/배분적/단기 기억)

에너지 비축	자유자재로 컨트롤
식습관 체력 관리	식사 관리
체력 단련	명상

방해 요소 관리
(선택적/지속적/단기 기억)

환경 마주하기	자기 조절
환경 예시	환경 바꾸기	벗어나기	전심 전력	스스로 끊기

성장형 마인드셋

자아인지	견찰시제

Me⁵ 모델

드셋은 학교에 다니는 학생이나 오랫동안 직장 생활을 하고 있는 부모 모두에게 깨달음과 도움을 줄 수 있다. 성장형 마인드셋은 부모와 아이의 공동 학습, 공동 성장의 계기이자 시작이다.

집을 지탱하는 네 기둥은 자기계발과 수련을 돕는 4e법으로, 감정 관리emotion, 시간 관리efficiency, 에너지 관리energy, 방해 요소 배제 elimination가 이에 해당한다. 감정 관리는 '감정인지'와 '적극적 통제'에서 시작되는데, 학생이 의식적으로 자신의 감정을 알아차리고 인식하도록 유도하여 자기의 목적을 받아들이고 달성하도록 돕는 역할을 한다. 시간 관리는 학생이 과학적이고 합리적으로 계획을 세우고, 유한한 에너지와 시간을 중요한 일에 사용할 수 있게 한다. 에너지 관리는 학생이 에너지를 최대화하고 의식적으로 에너지를 여러 가지 일을 잘 분배하여 여유롭게 일을 처리할 수 있게 한다. 방해 요소 배제는 학생이 공부할 때 방해 요소를 최소화하여 번잡한 외부 환경에 맞서는 것은 물론, 내면의 어려움이나 염려 등과도 맞서고 이를 정리할 수 있도록 돕는다. 따라서 현상을 통해 본질을 파악하고 자신을 컨트롤할 수 있게 된다. Me^5 모델의 지붕은 EEG, 마음과 뇌의 일치다. 뉴로피드백 훈련을 함으로써 뇌를 자유자재로 제어할 수 있는 능률적인 인재로 성장할 수 있다.

학습에 있어 최대 장애물은 아직 모르는 것들이 아닌 이미 알고 있는 것들이다.

- 버널

1
····

성장형 마인드셋

능력은 키울 수 있다는 사실을 믿어라

- 변화를 꾀하여 성장하고 싶지만, 도전은 두려운 당신, 어떻게 하면 자신만의 안전지대에서 벗어날 수 있을까?
- 어떤 일이 발생한 뒤 수면 아래 감추어진 '빙산'은 어떤 모습일까?
- 시험은 끝이 아닌 시작이다. 그렇다면 어떻게 장기 목표를 세우고 시야를 넓힐 수 있을까?

영화 〈스타워즈〉에서 요다는 '주의하는 것이 현실'이라고 말했다. 다시 말해 당신의 눈에 보이는 것은 당신이 관심을 기울이는 것이다. 성장형 마인드셋을 이용해 이성적으로 현재의 자신과 미래의 자신을 바라볼 수 있다면 긍정적이고, 자신감 넘치며, 적극적인 에너지가 흘러들어와 정확한 자아 인식을 가능하게 한다. 따라서 성장형 마인드셋은 집중력을 키우는 기초라고 볼 수 있다.

성장형 마인드셋: 멈추지 않는 내재적 추진력

생각의 모양이 인생의 색깔을 결정한다

아이가 집중력을 발휘해서 어떤 일을 잘 마무리할 수 있는지는 사고방식의 영향을 받는다.

사고방식은 뇌의 '지휘관'과 같다. 어려움과 도전에 어떻게 맞설지, 환경에 어떻게 적응할지 등이 아이의 사고방식과 행동방식을 결정한다. 아이마다 성격, 생활환경, 교육 경험이 다르므로 서로 다른 사고방식을 형성하게 된다. 그렇다면 아이의 성장에 사고방식은 어떤 영향을 미칠까? 미국 스탠퍼드대학의 심리학과 교수인 캐럴 드웩$^{Carol S.}$ ^{Dweck}은 "사고방식이 아이에게 미치는 영향은 우리의 상상을 초월한다. 조금의 과장도 없이 사고방식은 지금도 소리 소문 없이 아이의 인생을 조종하고 있다."라고 말했다.

드웩 교수는 저서 《마인드셋》에서 인간의 사고방식을 고정형과 성장형으로 구분했다. 고정형 사고방식을 가진 사람은 능력을 선천적이며 변하지 않는 것으로 여기고, 실패는 자신의 능력에 한계가 있기 때문이라고 믿는다. 고정형 사고방식을 가진 사람은 도전하기를 두려워하고, 시험을 망치거나, 경기에서 패하거나, 누군가에게 거절당하는 것은 자신이 원래 실패자이기 때문이라고 치부해버린다. 또한 실패에서 얻은 경험을 바탕으로 바로잡거나 자신의 역량을 향상시킬 줄도 모른다. 그들은 그저 망신당할까 봐 두려워 자신이 할 수 있다고 생각하는 일에만 열심히 임한다.

반면 성장형 사고방식을 가진 사람은 인간의 능력과 지능은 향상시킬 수 있다고 믿으며 무슨 일이든 노력으로 이룰 수 있다고 생각한다. 그들은 도전을 즐기고, 어려운 일 앞에 겁내지 않으며, 사람들의 비판과 실패 속에서도 교훈을 얻을 수 있다. 또한 끊임없는 개선과 노력을 통해 발전과 성장을 이루어낸다. 그들은 자신의 잠재력을 어떻게 성장시킬지에 관심을 두고 더 발전할 수 있는 방법을 모색한다.

두 종류의 사고방식에 의해 서로 다른 두 가지 인생의 길이 나타나게 된다. 먼저 고정형 사고방식을 가진 사람들은 목표에만 집중하여 목표를 달성했을 때 느끼는 잠깐의 감정만을 중시한다. 목표 실현 과정에서 어려움이나 도전에 직면하면 바로 좌절감을 느끼고 자신에게 부정적인 평가를 주거나, 자신에게는 목표를 실현할 능력이 없다고까지 생각한다. 반면 성장형 사고방식을 가진 사람들은 과정에 집중하여 자신이 현재 진행하는 일에 완전히 몰두한다. 이들은 결과가 자신의 기대를 충족시켰는지는 크게 신경 쓰지 않고, 자신이 성취한 일에 대해서 평가도 하지 않는다. 단지 직면한 도전에 집중하여 문제를 해결하고 마지막에는 처음에 세웠던 목표에 점점 다가가고 있는 자신을 발견하게 된다.

드웩 교수는 위의 두 가지 사고방식이 아이들에게 미치는 영향에 관해서도 설명하며 동료들과 진행한 연구 결과를 공개했다. 연구팀은 한 무리의 어린이들에게 난이도가 서로 다른 직소 퍼즐을 다 맞추도록 요구하고, 아이들이 퍼즐을 맞추면서 나눈 대화를 기록했다. 퍼즐의 난이도가 높아지자 어떤 아이들은 불평하기 시작했고 포기하고 싶다고 했다. 그 이유에 대해 아이들은 이렇게 말했다. "내 기억력은 너무 나빠", "이 퍼즐 게임은 너무 어려워", "난 원래 잘 못 해." 하지만 어떤 아이들은 끝까지 포기하지 않았는데, 그 이유에 대해 아이들은 이렇게 말했다. "난 도전하는 게 좋아", "조금만 더 하면 다 맞출 수 있을 것 같은데", "점점 어려워지네. 노력해서 다시 해봐야겠다." 난이도가 점점 높아져서 다 맞추기 어려운 상황에서도 이 아이들은 여전히 자신에게 긍정적인 암시를 줬다. "다시 한 번 해보자", "힌트를 조금만 주면 다 맞출 수 있을 것 같은데."

드웩 교수는 같은 어려움과 도전에 직면했을 때 아이들이 취한 다른 사고방식과 행동방식에 대해 분석한 뒤 다음과 같은 결론을 도출했다. 아이들의 행동방식이 다르게 나타나는 근본적인 원인은 문제를 대하는 사고방식이 다르다는 것이다. 고정형 사고방식을 가진 아이는 어려움과 도전에 직면했을 때 자신의 능력에 한계가 있다고 여겨 쉽게 포기해버린다. 하지만 성장형 사고방식을 가진 아이는 용감하게 도전을 받아들이고 계속해서 시도해나가며 실패 속에서도 교훈을 얻는 법을 터득한다. 드웩 교수는 '성장형 마인드셋'이라는 새로운 개념을 제시하면서 교육계에 큰 영향을 줬다. 만약 아이들이 성장형 마인드셋을 가질 수 있도록 부모님과 선생님이 옆에서 잘 지도한다면 문제를 대하는 아이의 태도를 근본적으로 개선할 수 있다.

생물학적으로 보면 인간의 뇌와 근육은 똑같이 강한 가소성을 보인다. 뇌에서 정보 전달을 담당하는 '시냅스'Synapse는 학습 경험과 환경 자극에 따라 계속해서 변화를 일으킨다. 새로운 정보가 뇌로 들어오면 새로운 시냅스가 생기고, 이미 있는 지식을 복습하면 시냅스의 연결이 더욱 단단해진다. 현대 생물학의 연구에 따르면 뇌 가소성은 평생 지속될 수 있다. 다시 말해, 인간의 사고방식과 재능 등은 훈련을 통해 만들고 키울 수 있다. 그렇기 때문에 부모는 아이와 함께 성장형 마인드셋을 키우고 함께 교훈을 얻어야 한다.

생각의 모양은 아이 인생의 색깔을 결정한다. 어둡고 소극적인 사람이 될 수도, 밝고 적극적인 사람이 될 수도 있다. 성장형 마인드셋은 Me^5 모델의 기초이자 집중력 훈련에서 가장 중요한 부분이다. 아이가 성장형 마인드셋을 가진 사람으로 성장하면 자아인지를 바꾸고 자신의 능력을 향상시켜 효율적이고 집중력이 높은 인재가 될 수 있다.

미래는 단계를 하나하나 밟으며 만들어진다

고정형 사고방식을 가진 사람은 천부적인 것이 전부라고 생각하며 성장이 아닌 성공을 좇는다. 고정형 사고방식을 가진 아이들은 쉽게 초조해하고, 자신이 똑똑하지 않고 우수하지 않다고 걱정하며, 도전을 두려워하고, 성적이 좋지 않을까 노심초사한다. 이런 아이들은 좌절과 실패를 만나면 자신에게 '실패자'와 같은 부정적인 꼬리표를 달아 일시적인 상태에 불과한 실패를 자신과 동일시하게 된다. 따라서 이런 고정형 사고방식을 가진 아이들은 앞으로 나아가기 위해 한 걸음을 내딛는 것도 어려워한다.

성장형 사고방식을 가진 아이들은 자신의 역량을 키우고 생활을 더욱 풍성하게 만들려고 노력한다. 그들에게 미래란 단계를 하나하나 밟아가며 만들어나가는 것이고, 모든 단계가 기회이자 도전이 된다.

이를 하나하나 돌파할 때마다 아이들은 그만큼 성장하게 된다. 발전과 성장은 이렇게 멈추지 않고 계속 이어나갈 수 있다. 이는 성장형 마인드셋의 단계적 향상이라는 특징과도 잘 부합한다. 자신 없던 모습에서 자신감 넘치는 모습으로, 약하고 위축된 자신에서 내면이 강한 자신으로 변화하는 것이다. 스스로 할 수 없을 거라고 생각했던 일들이 성장형 마인드셋에 의해 방식을 바꿔 한 칸 한 칸 계단을 밟아 올라갈 수 있게 된다. 성장형 마인드셋의 기초가 잘 닦인 아이들에게 효과적인 학습 방법을 적용하면 아이들은 지속적인 성장을 이룰 수 있다. 이는 끝이 없는 마라톤 경기와도 같다. 성장형 마인드셋의 모델에서 학습은 '평생의 과업'과도 같은 것이기 때문이다. 성장형 마인드셋을 갖춘 아이들은 오래된 인식을 뒤집을 줄 알고, 새로운 지식을 받아들이고, 새로운 사상을 만들어내며, 새로운 분야를 탐색할 줄도 안다.

저명한 사회학자인 벤자민 바버Benjamin Barber는 이런 말을 했다. "나는 세상을 강함과 약함, 성공과 실패로 나누지 않는다. 배우는 자와 배우지 않는 자로 나눌 뿐이다."

자신감이 있는 사람은 보잘것없는 것을 위대하게, 평범한 것을 신기하게 만든다.

-버나드 쇼

나를 이해하기: 모든 계획을 시작하기 위한 전제조건

성격의 본질 분석: 사티어의 빙산 모델

성장형 마인드셋을 키우는 첫 단계는 자아인지다.

자아인지는 자신을 이해하는 것, 즉 자신을 아는 것이다. 어떤 사람은 나는 나지, 어떻게 자신을 이해하지 못하고 모를 수 있겠냐고 반문할 수 있다. 그렇지만 사실 타인, 환경, 사회를 이해할 수 있는 사람은 많지만, 자신을 제대로 이해하고 있는 사람은 그다지 많지 않다. 원래 당사자보다는 제삼자가 더 명확하게 볼 수 있는 법이다.

자아인지는 모든 계획을 시작하기 위한 전제조건이다. 아이가 자신을 안다는 것은 자신의 행동과 자신의 성격을 인지하고 있다는 것이다. 만약 아이가 체계적이고 전면적으로 자신의 행동과 성격의 본질을 알지 못한다면 정확한 행동 계획을 수행하기 어렵다.

프로이트의 성격 이론에 따르면 성격은 수면 위의 빙산에 비유할 수 있다. 수면 위로 나온 의식이 있는 부분은 극히 적은 부분에 해당하며, 수면 아래에 숨겨진 무의식 부분이 전체 빙산의 대부분을 차지한다.

유명한 사티어의 빙산 모델은[3] 프로이트의 성격 이론을 완벽하게 뒷받침하고 있다. 아이는 이를 통해 성격 형성과 관련된 내용을 이해할 수 있으므로 '현상을 통해 성격 본질을 보는 방법'을 익힐 수 있

---

3) Satir V & Baldwin M(1983). Satir Step by step: A guide to creating change in families. Palo Alto, CA: Science and Behavior Books.

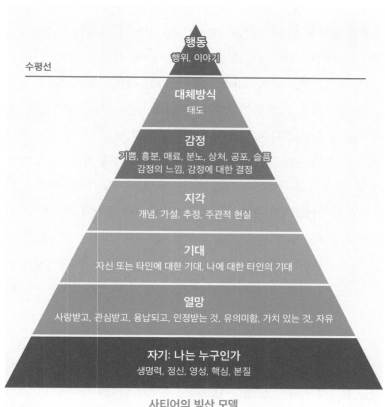

행동
행위, 이야기

수평선

대체방식
태도

감정
기쁨, 흥분, 매료, 분노, 상처, 공포, 슬픔
감정의 느낌, 감정에 대한 결정

지각
개념, 가설, 추정, 주관적 현실

기대
자신 또는 타인에 대한 기대, 나에 대한 타인의 기대

열망
사랑받고, 관심받고, 용납되고, 인정받는 것, 유의미함, 가치 있는 것, 자유

자기: 나는 누구인가
생명력, 정신, 영성, 핵심, 본질

사티어의 빙산 모델

고, 나아가 자신을 더 깊이 이해할 수 있다.

버지니아 사티어^{Virginia Satir}는 미국의 유명한 심리치료사이자 가족치료사다. 미국의 1세대 가족치료사로서 사티어는 '가족치료의 콜럼버스'라고도 불린다. 과학 잡지 〈네이처, 인간행동〉은 그녀를 '만인의 가족치료사'라고 칭했다. 미국 정신의학회가 발표한 미국 가족 보고서에서 가장 영향력 있는 21명의 가족치료사 명단을 공개했는데, 사티어는 당당히 1위에 이름을 올렸으며, 21명 중 유일한 여성이기도 했다. '사티어의 빙산 모델'은 그녀의 이름을 딴 성장 모델이다.

사티어는 한 사람의 '자아'를 빙산에 비유하며 우리가 볼 수 있는 것은 수면 위로 드러난 아주 작은 부분인 '행동'이라고 설명했다. 수면 아래에 숨은 커다란 빙산은 우리가 늘 놓치게 되는 '내재적'인 것들이다. 사람은 누구나 자기만의 '빙산'을 갖고 있다. 이 '빙산'의 비밀을 풀 수 있다면 우리는 진짜 '자아'를 더 잘 이해할 수 있게 된다. 사티어는 운명론을 믿지 않았다. 모든 사람에게는 선택의 권리가 있고, 스스로 선택할 수 있는 능력이 있으며, 내 마음속에서 믿는 내 '자신'이 될 수 있다고 믿었다. 이 역시 성장형 마인드셋이 갖춰야 할 사고의 기본이다. 바로 자신이 되고자 하는 사람이 되기로 선택하는 것이다.

사티어의 빙산 모델은 일곱 단계의 내용을 포함하고 있다. 위에서부터 차례로 행동, 대처방식, 감정, 지각, 기대, 열망, 자기다. 그럼 이 일곱 가지가 각각 어떤 뜻을 내포하고 있는지 알아보자.

'행동'은 '빙산'의 꼭대기 부분으로, 수면 위로 나와 있다. 사람이 취하는 행동, 이야기 등이 여기에 포함된다.

'대처방식'은 '빙산'의 수평선으로, 행동의 기점이자 사물에 대한 반응과 태도다.

'감정'은 사람들이 어떤 사건을 겪은 후 나타나는 느낌으로, 기쁨, 흥분, 매료, 분노, 상처, 공포, 슬픔 등이 있다.

'지각'은 뇌에서 하는 인식으로, 사물에 대한 사람의 태도를 말한다. 신념, 가설, 주관적 현실, 가치관, 인생관 등이 여기에 포함된다.

지각은 학습을 통해 얻는 경험이다.

'기대'는 무언가를 원하고, 무언가를 하고 싶고, 무언가 발생하기를 바라는 것이다. 기대의 대상은 자신일 수도 있고, 타인일 수도 있으며, 나에 대한 타인의 기대일 수도 있다.

'열망'은 인류의 공통된 요구로 사랑받는 것, 관심 받는 것, 인정받는 것, 가치 있는 것, 유의미함, 독립, 자유 등이 포함된다.

'자기'는 바로 인간의 본질이자 핵심이다. 이는 '나는 누구인가'를 결정하고 '나와 세계와의 관계'도 결정한다.

사티어는 "사람은 누구나 마음속에 숨겨진 보물을 찾을 수 있는 능력을 갖고 있으며, 이를 통해 우리는 성공하고 발전할 수 있다."라고 말했다.

어떤 일이 발생했을 때 우리의 행동 이면에 숨겨진 '빙산'은 어떤 모습일까? '빙산' 모델의 각 층을 따라 탐색하다 보면 진짜 자기 자신을 찾을 수 있다. 아이가 자신의 내면에 숨겨진 빙산의 비밀을 발견하면 자기 마음속에 자리 잡은 가장 진실한 열망, 기대, 감정을 이해할 수 있고, 이로써 진짜 '자아'를 발견할 수 있다. 사티어의 빙산 모델을 적용하면 아이가 각각 다른 층의 자아를 탐색하고, 주의력을 행동의 표면에서 내재적인 곳으로 옮길 수 있으며, 이를 통해 성장형 마인드셋에 필요한 긍정 에너지를 찾을 수 있다.[4]

---

4) Satir V, Banmen J, Gerber J & Gamori M(1991). The Satir model: Family therapy and beyond . Palo Alto, CA: Science and Behavior Books.

진짜 나를 찾기

'사티어의 빙산'은 그 체계성과 독창성 덕분에 전 세계적으로 널리 사용되고 있다. 빙산 모델은 문제의 근원을 세분화하고, 모든 문제 이면에 존재하는 더 깊은 차원의 문제를 명확하게 기술한다. 이는 마치 계단을 오르는 과정과 같다. 계단을 따라 오르다 보면 표면적인 문제 아래에 감춰진 더 깊은 차원의 문제를 발견할 수 있게 된다.

그렇다면 어떻게 '사티어의 빙산'을 활용해서 아이들이 자아인지를 하도록 도울 수 있을까? 부모는 먼저 근본적인 문제를 각각 일곱 장의 종이 위에 쓴 뒤, 순서대로 바닥 위에 배열하고 아이가 '방문객' 역할을 하며 '빙산'의 각 층을 하나씩 넘어갈 수 있도록 하자. 우선 아이가 '행동' 층에 서서 자신의 행동과 현재 자신을 괴롭히는 문제에 대해 생각하도록 한 뒤, '대처 방식'으로 걸어가서 이런 문제를 어떻게 처리할지 생각하도록 돕는다. 그다음에는 '감정' 위에 서서 조금 전과 같이 처리하면 어떤 느낌이 드는지 생각하게 하고, 왜 그런 감정이 생겼고 그 원인과 영향을 주는 요소는 무엇인지에 대해 생각하도록 지도하자. 다음은 이어서 '지각', '기대', 그리고 '열망' 위에 서서 자신의 관점은 무엇인지, 어떤 기대를 하는지, 자신이 원하는 것은 무엇인지에 대해 생각하게 한 뒤, 마지막으로 '자기' 층으로 넘어간다. 이렇게 모든 분석과 체험을 종합하여 나는 누구인지, 나는 각 층에서 어떤 역할을 맡았는지에 대해 생각해보자.[5]

---

5) Satir V(1988). The New Peoplemaking. Palo Alto, CA: Science and Behavior Books.

'사티어의 빙산'을 응용할 때 꼭 정해진 순서에 따를 필요는 없지만, 마지막은 반드시 '자기'가 될 수 있도록 하자. 이 과정을 통해 아이는 문제가 발생하는 근본적인 원인을 이해할 수 있고, 부모는 아이가 '도대체 나는 누구인가'에 따라 선택하도록 지도할 수 있다.

부모님과 아이들이 사티어의 빙산 이론을 더 잘 이해할 수 있게 구체적인 예를 들어보겠다.

중학생인 샤오미^{小米}는 최근 계속 긴장되고 초조한 상태로 지내고 있다. 몸과 마음의 긴장이 풀리지 않아 밤에는 잠도 잘 못 자고 공부할 때는 집중이 잘 안 된다. 이유가 무엇일까? 샤오미의 아빠는 굉장히 강하고 엄격하신 분이라 항상 샤오미에게 이런저런 요구를 하신다. 아빠의 말이 다 옳다고 생각하지는 않지만, 샤오미는 감히 반박하지 못하고 순순히 따를 뿐이다. 이런 이유로 샤오미의 마음속에서는 항상 격렬한 투쟁이 일어나며 늘 긴장과 불안함을 안고 살아간다. 샤오미는 커가면서 마음속의 '자기' 부분은 억압당해 매우 약한 반면, '아빠에게 순종'하는 부분은 강해서 이 두 부분의 갈등이 점점 더 깊어지게 되었다.

사티어의 빙산 이론을 적용해서 샤오미의 마음속을 관찰하면 어떨까?

행동 항상 아빠에게 순종하며 자기 생각을 당당하게 표현하지 못한다.

대처방식 비위를 맞춘다.

감정 긴장되고, 불안하며, 어찌할 바를 모르고 억눌린 분노가 누적된 상태다. 감정에 대한 감정- 이런 감정을 받아들이지 못해서 자책과 두려워하는 마음이 나타난다.

지각 자신의 생각은 보잘것없다고 여기며 아빠의 말에는 절대복종한다.

기대 자신에게 기대하는 것은 '아빠의 말에 순종하는 것', 아빠에게 기대하는 것은 '자기에게 화내지 않는 것'이다. 그리고 아빠가 자신에게 기대하는 것은 '부모님의 의견과 일치하는 것'이라고 생각한다.

열망 안전하고, 용납되고, 사랑받는 것이다.

자기 자기 가치가 낮다.

샤오미의 행동은 겉으로 보기에 아빠가 하시는 말씀에 순종하며 자신의 진짜 생각을 표현하지 못하지만, 근본적인 원인은 그의 마음 속 세 가지 열망인 안전하고, 용납되고, 사랑받는 것에 있다. 아빠 뜻에 순종하고 영합하면 아빠는 화를 내지 않고 칭찬도 해주신다. 그러면 샤오미는 안전하고, 용납되고, 사랑받고 있다고 느낀다. 하지만 자신의 의지가 무시당하고 억압당하여 자기 가치가 낮아지기 때문에 내면의 갈등이 심해지는 것이다.

'사티어의 빙산'은 행동, 대처방식, 감정, 지각, 기대, 열망, 자기로 구성되었지만, 사람마다 '빙산'의 모습은 모두 다른 법이다. 서로 다른 일에 대응할 때마다 '빙산'에도 그에 상응하는 변화가 나타나게 된다. 부모와 아이가 가족 안에서의 자신의 생존 유형을 '빙산'에 대입한다면 자신을 더 잘 이해하는 데 도움이 된다.

일반적으로 가족 안에서의 생존 유형은 다음과 같은 다섯 가지 형태를 보인다.

회유형

이 유형에 속하는 사람은 감정을 중시하고 타인을 지나치게 배려하면서 자신은 등한히 하기 때문에 자기의 감정을 풀 수 없게 된다. 이들에게 가장 필요한 것은 자신의 감정을 중시하고 적극적으로 표현하는 것이다. 내 생각은 무엇인가? 당신에게 내가 기대하는 것은 무엇인가? 내 관점은 어떤 것인가? 아울러 자신의 감정을 시작으로 내면의 지각, 기대, 열망을 통찰하고, 자신의 감정을 존중하며, 마음속 진짜 생각들과 일치하지 않는 대처방식을 개선해야 한다.

초이성형

이 유형에 속하는 사람은 상황과 규칙을 지나치게 신경 써서 상대방의 감정을 소홀히 하는 경우가 많다. 이들은 빙산 중 '지각', '기대', '열망'에 중점적으로 집중해야 하며, 끊임없는 성찰을 통해 새로운 '자기'를 만들어나가야 한다. 예를 들어 자신에게 이런 질문을 던질 수 있다. '내가 화를 내도 될까? 그들은 내가 화내는 것을 허락할까? 화를 내면 나와 주변 사람들에게 어떤 영향을 주게 될까?'

비난형

이 유형에 속하는 사람은 공격과 비판하는 습관이 있다. 이들은 자기 가치는 낮지만, 지나치게 완벽을 추구하기 때문에 충족되지 않는 '기대'로 인해 답답함을 느낀다. 이런 사람들은 '기대'와 '열망'을 조금 내려놓고, 용납 가능한 기준을 낮춤으로써 자신의 '기대'를 충족시키거나 다른 대안을 선택할 수도 있다. 핵심은 자신이 진정으로 원하는 것이 무엇인지 분명히 하는 것이다.

산만형

이 유형에 속하는 사람은 문제를 회피하며, 눈앞에 발생한 일을 직시하지 않으려 한다. 이런 사람들은 '빙산' 안으로 직접 들어가서 활동과 접촉부터 시작해서 받아들인 후까지, 다시 '빙산'을 탐색해야 한다.

일치형

위의 네 유형이 '좋지 않은 유형'이라고 한다면, 일치형은 '우수한 유형'이라고 할 수 있다. 이 유형에 속하는 사람은 자신과 타인, 그리고 상황 요소를 충분히 생각하고, 자신의 진실한 감정을 표현하고자 하며, 타인의 생각에도 귀 기울이려 하고, 상황도 고려할 줄 안다.

'사티어의 빙산'을 넘는 것은 자아를 탐색하는 것이다. 사티어의 빙산 모델을 통해 부모와 아이는 더 깊은 차원의 '자기'를 이해할 수 있다. 다시 말해, 자신의 행동은 무엇이고, 지각은 무엇이며, 무엇을 기대하고, 무엇을 열망하며, 자신은 어떤 역할을 수행하는지 등을 알아갈 수 있다.

이 탐색 과정에서 얻은 답으로 부모와 아이는 새로운 자아인지가 가능하게 된다. 진짜 나는 어떤 사람인지, 내가 원하는 것은 무엇인지, 나의 열망과 기대를 충족할 수 있는 능력이 내게 있는지에 대해 새롭게 알아갈 수 있다. 부모와 아이가 이런 문제에 대한 답을 찾으면 기본적인 성장형 마인드셋을 갖추게 된다.

아이는 물론 부모도 자신을 알아가고 성장형 마인드셋을 갖춰야 한다. 부모와 아이는 모두 선택할 수 있는 능력을 갖췄으므로 끊임없이 성장하고 발전하는 자신을 선택해야 한다.

> 언제든지 자신이 모든 것을 안다고 생각하지 마라. 사람들이 당신에 대해 높게 평가한다 해도 용기 내어 자신에게 이렇게 말하라. "나는 아무것도 모르는 사람이다."
>
> - 파블로프

모방하며 배우기: 롤 모델이 있어야 빨리 깨닫는다

실수와 실패, 모두 성장에 도움이 된다

아이의 성장 과정에는 여러 도전이 도사리고 있다. 좋고 나쁨에 관계없이 도전은 성장에 좋은 기회가 될 수 있다.

아이의 성장형 마인드셋을 키우기 위해서는 아이가 자아인지를 할 수 있도록 독려하고, 자신의 노력을 통해 발전해 나가도록 지도해야 한다. 아울러 좋은 롤 모델을 세워 아이가 실수와 실패에 올바르게 맞서고, 실수하고 실패하는 과정에서 교훈을 얻으며, 자신의 역량을 키워나가도록 이끌어야 한다.

노벨문학상 수상자인 중국 작가 모옌莫言은 "실수는 두렵지 않다. 실수한 뒤 교육과 반성을 통해 다시 일어선다면 실수는 수업이 될 수 있다."고 말했다. 어떤 면에서는 실수 역시 아이들의 권리다. 성장하는 과정에서 피할 수 없는 것이며, 아이가 세상을 알아가고 세상에 적응하는 방식이기도 하다. 고정형 마인드셋을 가진 아이들은 실수를 '터부'시 하지만, 성장형 마인드셋을 가진 아이들은 실수를 성장의 '기회'로 삼는다.

실수 외에 좌절 역시 아이들이 반드시 마주해야 하는 것이다. 고정형 마인드셋에서 좌절은 곧 실패이자 바꿀 수 없는 국면이다. 하지만 성장형 마인드셋에서 좌절은 충분히 바꿀 수 있는 것이다. 올바른 태도만 취하면 역전시킬 기회가 찾아온다.

아이가 실수하거나 좌절을 겪었을 때 스스로 깨닫기까지는 먼 길을 가야 한다. 하지만 좋은 롤 모델이 있다면 아이에게 지름길을 제시해 줄 수 있다. 좋은 롤 모델은 아이에게 올바른 방향을 보여주는 등불과도 같다. 아이가 실수하면 롤 모델은 어디에서 실수했는지, 실수를 어떻게 피하고 바로잡을 수 있는지 알려줄 수 있다. 아이가 좌절을 겪어도 롤 모델은 아이가 다시 일어설 수 있는 용기와 힘을 주면서 스스로 좌절을 딛고 일어나 승리할 수 있다는 믿음을 준다.

사회학적으로 봤을 때 롤 모델을 세우는 것은 인류사회가 집단을 이끌기 위해 만들어낸 시스템이라고 할 수 있다. 인간은 롤 모델을 모방하고 배우면서 자기만의 인생 목표를 세우고 생활 방식과 미적 관심을 갖는다. 모방의 대상이 되든지, 초월해야 할 대상이 되든지 롤 모델은 우리에게 성장과 발전이라는 결과를 안겨준다.

부모는 아이의 거울이자, 아이가 모방하는 롤 모델이 되기도 한다. 부모의 모든 말과 행동이 아이에게 미치는 영향은 실로 엄청나다. 아이가 어떤 사람으로 자라느냐는 부모가 어떤 사람인가와 아이에게 어떤 교육을 했는가에 따라 좌우되는 경우가 많다.

부모는 아이를 위해 긍정적이고 적극적인 영향을 주는 롤 모델을 세워야 함과 동시에 '완벽하지 않은' 본보기 역할도 담당할 줄 알아야 한다. 아이들은 실수할 수도 있고 실패를 경험할 수도 있다. 부모도 마찬가지다. 따라서 부모가 실수하거나 실패했을 때 어떤 마음가짐을 갖고 문제를 해결하는지는 아이가 실수나 실패와 마주했을 때 어떤 마음가짐을 가질지에 큰 영향을 준다.

부모는 솔선수범하여 아이를 위해 롤 모델이 되어야 하며, 아이가 '뜻을 품은 사람'이 되도록 격려해주고, 주변에 있는 집중력과 성적이 뛰어난 사람들을 자주 관찰할 필요가 있다. 집중력과 성적이 좋은 사람들의 생각과 방법, 기준은 배울 만한 가치가 있다. 어려움에 직면했을 때 아이는 롤 모델을 통해 배울 수 있다. 그들이 실수에 어떻게 대처하는지, 해결방법은 무엇인지, 만약 같은 일이 그들에게도 일어난다면 그들은 어떻게 생각하고, 어떤 행동을 취하는지 보고 배울 수 있다. 롤 모델의 대처방식을 보며 방법과 경험을 익히고 이를 자신의 생활과 학습에도 적용할 수 있다. 행동해야만 참지식이 보이는 법이다.

실천 과정에서 아이는 롤 모델을 통해 배운 지식과 경험을 자신만의 '노하우'와 '지름길'로 만들 수 있다. 물에 들어가 헤엄쳐야 수영을 배울 수 있듯이 롤 모델을 따라 배우다 보면 겉모습만 비슷한 수준에서 내면까지도 닮은 수준으로 올라갈 수 있다.

용감하게 안전지대를 벗어나라

아이의 성장형 마인드셋을 키우는 데 가장 중요한 것은 편안함을 느끼는 안전지대를 용감하게 벗어날 수 있도록 이끄는 것이다.

모든 아이에게는 자신에게 맞는 '심리적 안전지대'가 있다. 그 구역 안에서 아이는 편안함을 느끼고, 방해받지 않고 싶어 하며, 자신만의 고정적인 행동방식과 사고방식을 가질 수 있다. 하지만 안전지대를 벗어나는 순간 바로 어색하고 불편하거나 익숙하지 않음을 느낀다. 안전지대 안에서 아이는 자신만의 고정적인 이미지와 행동방식을 갖고 있기 때문에 편안함을 느끼고 스트레스는 받지 않지만, 안전지대에서 오랫동안 머물게 되면 현실에 안주하게 된다.

예를 들어 어떤 아이는 오랫동안 주의력이 분산되고, 수업 시간에 집중하지 못하고, 숙제할 때도 딴생각을 자주하는 모습을 보인다. 하지만 아이는 이를 개선하려 하지 않고 주변에서 일깨워주는 사람도 없다. 장기간 이런 상태에 놓이게 되면 아이의 마음속에 '안전지대'가 형성되고, 안전지대가 생겨버리면 나중에는 바꾸고 싶어도 쉽게 바꾸지 못하게 된다.

어느 정도의 편안함이 있어야 일이나 공부를 할 때 안정적인 상태를 유지할 수 있지만, 이와 더불어 '적당한 불안감'도 필요하다는 사실을 심리학자들은 일찍이 발견했다. 적당한 불안감이 있어야 건설적이고 창의적인 역량을 갖출 수 있다. 불안감은 안전지대 안에는 없는 것이지만 자신의 한계를 극복하고 성장과 발전을 이루도록 돕는 요소다.

　따라서 부모는 아이가 용감하게 안전지대를 벗어나 불편함과 맞서고 여러 도전을 받아들이도록 옆에서 도우며, 격려하고, 지도해야 한다. 먼저, 부모는 아이가 혼자 힘으로 안전지대를 벗어나도록 독려해야 한다. 일상생활이나 공부할 때 마주하는 어려움에 겁내지 않고, 실수와 실패도 두려워하지 않으며, 자신의 한계를 뛰어넘어 용기 내어 도전하고 변화를 꾀하도록 해야 한다. 이와 더불어 부모는 솔선하여 아이에게 모범을 보여야 한다. 지나치게 나태한 모습을 보이지 않고, 적극적이고 긍정적인 태도를 유지하며, 의기소침하지 않도록 주의해야 한다. 부모가 아이에게 모범을 보여 롤 모델이 될 수도 있지만, 아이가 자신에게 더 적합하고, 감화력을 가진 비슷한 또래 중에서 직접 롤 모델을 찾도록 돕는 것도 필요하다.

　'견현사제'見賢思齊라는 말이 있다. 재능과 덕을 겸비한 사람을 보면 그를 본받아 노력하여 자신도 우수해진다는 뜻이다. 성적이 보통인 아이 중에는 노력하지 않는 아이들이 있다. 이런 아이들은 자기 성적에 만족하거나, 주변의 뛰어난 친구들을 본받아야겠다는 생각을 하지 못하거나, 자신과 친구들의 격차가 얼마나 벌어져 있는지도 잘 모른다. 고정형 마인드셋을 가진 아이는 줄곧 자신만의 안전지대에 머물며, 다른 사람들과 경쟁하지 않고, 다른 사람을 본받으려고 하지 않으며, 우물 안 개구리처럼 현실에 안주한다.

　부모는 또 아이가 스스로 생각하도록 지도해야 한다. 독수리처럼 하늘을 멋지게 날고 싶다면 되새처럼 나뭇가지 끝에 앉아 있을 것이 아니라 독수리 떼를 보고, 독수리 떼와 함께 어깨를 마주하고 날아야 한다. 늑대처럼 대지 위를 질주하고 싶다면 늑대 떼를 보고 늑대와 함께 달려야지, 사슴이나 양과 함께 온종일 숲속에서 산책이나 즐기면 안 된다.

어느 정도 성장한 아이에게는 부모보다 또래 집단이 주는 영향력이 더 크다. 내 아이와 아이의 동갑 친구들의 생활, 학습 환경은 비슷하기 때문에 이 아이들이 주로 겪는 일이 비슷하고, 좋아하는 TV 프로그램도 비슷해서 공통점이 많을 수밖에 없다. 따라서 아이가 공부를 잘하거나 다른 뛰어난 능력을 갖춘 친구들을 사귀게 되면 부모는 아이가 겸허한 마음으로 그런 친구들을 본받아 배울 수 있도록 격려해야 한다.

> 사람이 어떠한 방해도 받지 않는다면 영원히 평범한 상태를 유지하게 될 것이다. 그럼 마치 기뻐하며 만족해하는 암소처럼 미련하고 어리석은 사람이 되는 것이다.
>
> - 브라운

목표 설정: 무슨 일이든 미리 준비하면 성공하고, 준비하지 않으면 실패한다

장기 목표: 나뭇가지 끝보다는 하늘을 겨눠야 더 멀리 쏠 수 있다

하버드대학에서는 어느 해 특별히 패기 넘치는 졸업생들이 배출된 적이 있었다.

그해 졸업생들의 지능은 뛰어났고 학력이나 교육 배경도 비슷했다. 하버드대학은 이 졸업생들을 대상으로 인생 목표에 대한 조사를 했고 결과는 다음과 같았다. 목표가 없는 졸업생이 27%, 모호한 목표를 가진 졸업생은 60%, 분명하고 단기적인 목표를 가진 졸업생은 10%였으며, 분명하고 장기적인 목표를 가진 졸업생은 3%에 불과했다.

25년이 지나 하버드대학은 다시 이 졸업생들을 대상으로 추적조사를 실시했다. 그 결과 분명하고 장기적인 목표를 가졌던 3%의 졸업생들은 과거 25년간 한 방향을 향해 부단히 노력하여 대부분 사회에서 높은 지위에 올랐으며 관련 업계의 엘리트나 정계 지도자가 된 케이스도 적지 않았다. 분명하고 단기적인 목표를 가졌던 10%의 졸업생은 대부분 각 업계에서 전문 인재가 되어 사회적 위치도 중상위를 차지했다. 모호한 목표를 가졌던 60%의 졸업생은 대부분 안정적인 일과 생활을 이어가고 있지만, 특별한 업적은 남기지 못하고 사회적 위치도 중하위에 머물렀다. 그리고 목표가 없었던 27%의 졸업생은 여전히 목표를 찾지 못한 채 뜻대로 풀리지 않는 삶을 살아가며 남을 탓하고 사회에 불만을 드러냈다. 졸업생들 사이의 차이라고 해봤자 25년 전 하버드대학 교정을 떠나기 전 목표 설정 유무에 불과했다.

강력한 내적 동기의 유무와 자신만의 성장형 마인드셋 형성 여부는 미래에 대한 비전, 즉 장기 목표가 있느냐에 따라 결정되곤 한다.

장기 목표 실현을 위해 노력할 때 자신의 잠재력이 발휘되어 더 노력할 수 있고, 더 많은 '불가능'을 돌파할 수 있다. 자고로 하늘을 겨누는 사람이 나뭇가지 끝을 겨누는 사람보다 더 높이 쏠 수 있는 법이다.

어떤 목표를 달성한 후 그 뒤에 달성할 후속 목표를 세우지 않아서 공허하고 무료한 상태에 빠지고, 무엇을 하면 좋을지 몰라 하루하루를 허무하게 보낸 경험이 있는 아이들이 많다. 중국인들은 '모든 일은 미리 준비하면 성공하고, 준비하지 않으면 실패한다'凡事豫則立, 不豫則廢는 말을 중시한다. 이 말은 목표 수립의 중요성을 설명한다. 아이에게 분명한 장기 목표가 있고 미래에 대한 계획이 있다면 올바른 방향으로 나아가고 끊임없이 자신을 성장시킬 수 있다.

무슨 일을 하든지 시작하기 전에 장기 목표를 세운 뒤, 이를 다시 몇 개의 단계적 목표로 나누는 것이 가장 이상적이다. 단계적 목표는 계속 바꿔도 무관하며, 단계적 목표를 하나씩 달성할 때마다 아이는 성장의 동력을 얻어 끝까지 힘차게 전진할 수 있다. 여기에 목표 달성 후 맛보는 성취감은 덤이라고 할 수 있다. 장기 목표가 있으면 아이가 내딛는 걸음마다 특별한 의미가 부여된다. 단기적으로 실패를 경험했다 하더라도 아이는 전체적인 방향을 잃지 않게 된다.

장기 목표는 공허한 울림이나 비현실적인 꿈이어서는 안 되고 실현 가능성이 있어야 한다. 이 때에도 부모의 도움과 지도가 필요하다. 부모는 어른의 시선으로 큰 그림을 보며 아이가 미래에 어떤 환경에 처하게 될지, 어떤 능력을 갖추게 될지, 어떤 사람으로 성장할지 등에 대해 생각하도록 지도해야 한다.

그렇지만 장기 목표라고 해서 고정불변한 것은 아니다. 자신의 능력, 환경, 추세의 변화에 따라 변할 수 있다. "고1 때 나는 목표를 우한대학으로 잡을 수밖에 없었다. 하지만 2학년이 되어서는 목표를 런민대학으로 수정했고, 3학년 때는 다시 베이징대학으로 목표를 확정하고 이를 향해 매진했다. 나는 이렇게 뒤쫓는 것이 좋다. 계속해서 큰 격차로 앞서나가는 이상의 뒤를 쫓는 것이 좋았다. 이 과정에서 나 자신이 마치 자유로운 삶의 주인공이 된 것 같은 기분이 들었다." 베이징대학 한 학생의 말이다.

아이에게 장기 목표가 있고, 미래를 위한 계획이 준비되면 올바른 방향으로 전진하면서 발전과 성장을 이룰 수 있다. 목표가 있으면 방향이 보이고, 방향이 보이면 행동을 취할 수 있다. 행동을 취하면 나를 겹겹이 에워싼 포위망을 뚫을 수 있다. 목표를 향해 포위망을 뚫고 나가다 보면 여러 난관에 직면하고, 생각하는 과정에서도 벽에 계속 부딪히게 된다. 하지만 점점 더 집중할 수 있게 되고 고정형 마인드셋에서 성장형 마인드셋으로 전환할 수 있다.

단계적 목표: 낙숫물이 댓돌을 뚫는다

거대하고 어려운 장기 목표를 앞에 두고 뒷걸음질치며 어떻게 시작해야 좋을지 모르는 아이들이 대부분이다. 이때 목표를 세분화하여 장기 목표를 여러 개의 단계적 목표로 나눈다면 실행하기가 훨씬 수월해진다. 예를 들어 중기 목표와 단기 목표, 매주와 매일의 작은 목표들로 나누는 것이다.

미국 현대 성공학의 아버지 나폴레온 힐^{Napoleon Hill} 은 "목표는 반드시 분명하고 구체적이어야 한다."고 말했다.

그렇다면 아이는 자신을 위해 어떻게 단계적 목표를 세울 수 있을까? 방법은 간단하다. 상위 목표를 몇 개의 하위 목표로 나누는 것이다.

예를 들어 '기말고사 성적 3등'이 상위 목표라고 한다면 이를 다시 '반 학기 안에 과목별로 몇 점 이상 기록', '한 달 안에 무슨 공부 끝내기', '일주일 안에 얼마만큼의 지식 습득', '오늘 안에 무슨 과정 공부', '한 시간에 문제 몇 개 풀기' 등 여러 개의 하위 목표로 나눌 수 있다.

매일의 작은 목표에서 시작하여 하나씩 차근차근 진행하다 보면 단기 목표, 중기 목표, 최종 목표를 점진적으로 달성할 수 있다. 이렇게 복잡한 과정을 간단하게 만드는 목표 설정 방법을 통해 아이의 학습 능률도 높일 수 있다.

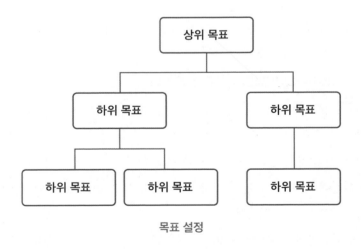

목표 설정

단계적 목표를 설정할 때는 두 가지 사항에 주의해야 한다.

첫째, 맞춤형으로 설정해야 한다. 목표 설정의 궁극적인 목적은 자신의 미래를 위한 청사진을 그리고, 최종 목적 달성을 위한 시간과 요구사항을 상세히 표시하는 것이다. 목표가 있으면 아이는 현재 진행하는 일에 더 집중할 수 있고 목표 실현 과정에서 성장형 마인드셋이 더 잘 구현될 수도 있다.

하지만 시작하기 전에 먼저 자신의 현재 상황을 파악해야 하는데, 이를 위해 자신이 현재 처한 상황을 충분히 분석해야 한다. 나의 장점과 단점은 무엇인가, 어떻게 장점을 발휘하고, 부족한 점을 어떻게 극복할 것인가를 알아야 한다. 이 문제들은 아이가 단계적 목표를 설정하기 전에 먼저 생각해야 하는 부분이다.

둘째, 요점을 파악해야 한다. 단계적 목표를 설정할 때 반드시 고려해야 하는 문제가 있다. '나는 왜 목표를 설정해야 할까?' 하는 것이다. 우리는 시간과 에너지를 포함하여 사람이 보유한 자원은 유한하다는 사실을 알아야 한다. 따라서 유한한 자원을 반드시 진짜 중요한 일에 사용해야만 목표를 달성한 뒤에 집중력 제고나 학교 성적 향상 등과 같은 확실한 성과를 얻을 수 있다.

또한 자원이 유한하기 때문에 유한한 단계적 목표를 세울 필요가 있다. 아이 스스로가 열 몇 가지의 중요한 단계적 목표를 나열한 뒤 반드시 우선순위에 따라 목표의 순서를 정해야 한다. 이렇게 하면 가장 중요한 목표를 가장 먼저 실현할 수 있고, 최소한의 시간과 에너지를 투자하여 최상의 결과를 얻어낼 수 있다.

'중학교 3학년의 단계적 학습 목표 설정'을 예로 들어 단계적 목표 설정의 구체적인 방법을 설명해 보겠다.

중학교 3학년은 1학기와 2학기로 나뉘는데, 그 1년 동안 이전에 배운 지식을 복습하여 소화하면서 새로운 지식도 공부하고 시험을 위한 트레이닝과 모의고사 등도 진행해야 한다. 정규 과정 외에 과학적이고 합리적인 단계적 목표를 세우지 않으면 혼란스러운 1년을 보내고, 별 효과도 없는 공부를 하게 될 것이다.

우리는 중학교 3학년이라는 이 1년을 아래와 같이 세 단계로 나눌 수 있다.

1단계 중3 개학부터 7월까지
목표 지식을 체계적으로 쌓으며, 문제 하나하나를 완전히 이해한다.
2단계 8월부터 10월까지
목표 내가 놓친 지식을 찾아 집중적으로 파고든다.
3단계 11월부터 12월까지
목표 강화 훈련을 실시하여 시험문제 유형과 답안 작성을 익힌다.

위와 같은 단계적 목표를 통해 아이는 자신이 지금 해야 할 일과 다음에 해야 할 일, 그리고 마지막에 해야 할 일을 명확히 할 수 있다. 단계적 목표를 하나씩 달성해 나갈 때마다 아이는 수확을 얻고 성장할 수 있다. 이것 역시 성장형 마인드셋을 갖추는 과정으로서, 단계적 목표를 하나씩 실현할 때마다 성장과 발전이 뒤따르게 된다.

아이의 집중력을 향상시킬 때도 목표 설정 방법을 적용할 수 있다. 우선 아이와 함께 단계적 목표를 세운다. 매일 집중해서 숙제할 시간, 매주 집중해서 수업을 듣는 시간 등을 정한 뒤, 이 단계적 목표들을 하나하나 실현해 가다 보면 집중할 수 있는 시간이 점점 늘어나고 집중도도 서서히 올라간다. 때문에 아이의 집중력은 점점 향상될 수 있다.

마지막으로 단계적 목표 달성의 원동력과 지침은 모두 장기 목표에서 나온다는 점과 단계적 목표는 장기 목표를 위한 것임을 기억해야 한다. 따라서 아이가 장기 목표를 설정한 뒤에 아이의 언행이나 지식이 장기 목표 실현에 도움이 되도록 부모님이 이를 잘 지도해야 한다. 문제를 발견했을 때는 즉시 아이를 도와 행동을 개선함으로써 장기 목표와의 충돌이 발생하지 않도록 해야 한다. 부모와 아이가 함께 노력한다면 아이는 단계적 목표를 따라 점점 최종 목표와의 거리를 좁혀가며 성장형 마인드셋을 갖출 수 있게 된다.

비관주의자는 모든 기회 속에 어려움이 있다고 생각하고, 낙관주의자는 모든 어려움 속에 기회가 있다고 생각한다.

- 윈스턴 처칠

학구파 스토리: 성장형 마인드셋으로 한계를 뛰어넘자

매일 까불고 말썽을 부리며 곤충만 잡으러 다니던 '장난꾸러기'가

논리 만점의 우수 토론자로, 토플 점수가 40점에 불과하던 '열등생'이 중국 유명 교육서비스 기업인 신둥팡新東方의 북미지역학부 최고의 강사가 되었다. '아니 그게 어떻게 가능해?'라고 의심이 간다면 미국 MIT(매사추세츠공과대학교)의 학구파 류천강劉辰鋼의 성장 스토리를 주목해보자. 류천강은 어려서부터 뛰어난 모범생은 아니었다. 성장 과정은 불확실한 변수로 가득했지만, 성장형 마인드셋을 가진 그는 자신의 인생 목표에 제한을 두지 않았다. 인터뷰에서 그는 이런 말을 했다. "불가능이란 없습니다. 저는 원래부터 똑똑한 사람은 아니었어요. 하지만 나를 뛰어넘을 수 있다고 항상 믿어왔죠. 이렇게 믿고 노력하면 기회는 항상 있다고 생각해요."

공부하기 싫어하던 꼬마가 토론의 귀재가 되다

류천강의 어린 시절을 되돌아보며 그의 어머니는 이렇게 말했다. "천강이는 뭐든지 좋아했어요. 공부만 빼고요. 수업 시간에는 말참견하기 좋아해서 선생님께 야단맞기 일쑤였죠." 유치원 때부터 류천강은 밖에 나가 노는 것을 좋아했다. 집 마당과 옥상은 언제나 그의 놀이터였다. 다른 집 아이들은 세발자전거를 배울 때 류천강은 이미 보조 바퀴를 떼고 폭주하기 시작했다. 자연을 사랑하던 그는 곤충 잡기를 무엇보다 좋아했는데, 어머니는 그런 아들을 곤충 전문가라고 칭했다. 그는 어디에 가면 어떤 곤충이 나타나는지 잘 알고 있었고, 곤충을 잡아와 집에서 기르기도 했다. 한때는 사마귀를 매일 관찰하며 사마귀의 생리학적 구조에 대해 연구하고 식습관에 맞추어 먹이를 넣어주기도 했다. 또 한번은 거미를 잡아 와서 사마귀와 싸움을 붙이기도 했다. 사마귀의 여가 생활을 위해 그야말로 최선을 다했다. "제가 숙제를 마치면 부모님은 저와 귀뚜라미, 달팽이, 여치를 잡고 연구도 함께 해주셨어요." 이런 생활은 중학교 3학년 때까지 이어졌다. 고교 입시를 앞두고 학업 스트레스가 커지면서 류천강은 노는 습관을 고쳤다. "중3이 되고 저는 성적을 올리기 위해 노력해야겠다고 생각했죠. 부모님은 제가 공부하는 모습을 보시고는 공부하라고 재촉하지 않으셨어요." 1년간 집중해서 공부한 류천강의 노력은 헛되지 않았다. 최고 명문 고등학교에 입학한 것이다. 하지만 고등학생이 된 류천강은 또 노는 데 열중하기 시작했다. "그때 저는 자신을 너무 과대평가했어요. 중3이 되어서 불과 1년 공부해서 가장 좋은 고등학교에 입학했으니 대입 시험도 별거 아닐 거라고 안일하게 생각한 거죠. 하지만 고등학생이 배우는 지식은 중학교 때 배웠던 것보다 훨씬 복잡하고 과목도 많았어요. 지금 생각해보면 리스크는 절대 과소평가해서는 안 되는 거였어요. 어떤 한 가지를 완전히 파악했다고 생각하는 것은 잘못된 고정형 마인드예요." 류천강의 어머니는 아들의 대입 시험 성적은 확실히 기대에 미치지 못했지만, 어렸을 때부터 좋아했던 지리학을 선택할 수 있어서 행운이라고 했다.

책을 그다지 좋아하지 않았던 류천강은 대학에 들어간 뒤 토론 대회에 흥미를 갖게 되어 책에 빠지기 시작했다. 뛰어난 토론자를 꿈꾸며 여러 책을 섭렵하고 다양한 지식을 쌓아 나갔다. 책을 읽으면서 분석력도 키울 수 있었다. 그러자 토론 주제에 대해 빠르고 정확한 분석을 할 수 있었고, 다른 사람이 제시한 관점을 무턱대고 따르지 않게 되었다. 장문의 글을 읽는 습관을 기른 류천강은 결정을 내려야 하거나 복잡한 상황과 마주했을 때도 뛰어난 사고력을 발휘할 수 있었다. 이런 능력은 하루아침에 길러지는 것이 아니다. 아주 오랜 시간 쌓이고 쌓여 만들어지는 것이다. 그는 자신에게 기회를 주었던 토론 대회에 감사의 마음을 표현했다. 토론 대회를 통해 언변을 키우고, 지식의 범위를 넓혔을 뿐만 아니라 문제에 대해 전반적인 사고와 분석이 가능한 논리력을 체계적으로 키울 수 있었기 때문이다.

"저는 절체절명의 위기에서도 포기하지 않는 인내심과 꾸준함을 갖춘 분들을 존경합니다. 그건 저의 성장 과정과도 관계가 있는데요, 어떤 사람들은 늘 성공만 하다가 마지막에 딱 한 번 실패를 겪게 되면 좌절한 채 다시 일어날 엄두도 내지 못하거나 남의 이야기는 듣지 않고 자기 고집만 내세우곤 하죠. 하지만 역경 속에서도 끝까지 꾸준함을 잃지 않는 분들이 있는데, 그분들을 보면 정말 대단하다는 생각이 듭니다." 류천강의 인생에는 매 단계마다 각기 다른 롤 모델이 있었다. 주변 친구들이나 선생님, 또는 역사 인물이 그의 롤 모델이 되었다. "요즘은 명나라 역사 자료를 읽고 있는데, 주원장朱元璋의 이야기에 관심이 많습니다. 주원장은 어릴 때부터 역병과 부모님의 죽음 등 큰 좌절을 맛봤습니다. 5년 동안은 구걸하며 살기도 했죠. 이런 역경 속에서도 끝까지 포기하지 않다 보니 훗날 인내심을 발휘해야 할 때 다른 사람보다 더 잘 견딜 수 있었고 냉정하게 대처할 수 있었습니다. 주원장은 이해력과 인내심이 아주 뛰어난 인물이었습니다. 제가 정말 존경하는 인물이죠." 류천강이 존경하던 대상은 모두 성장형 마인드셋을 가진 사람이다. 이런 사람들은 좌절 속에서도 앞으로 나아갈 방법을 생각해낸다. 이런 스토리는 류천강에게 큰 힘과 자신감을 심어주어 그가 앞으로 힘차게 걸어 나가는 데 밑거름이 되었다.

'영알못'에서 신둥팡 인기 강사가 되다

많은 사람에게 토플 시험은 '악몽'이다. 영어 기초가 튼튼하지 않았던 류천강도 예외는 아니었다. 류천강의 어머니는 솔직하게 이야기했다. "사람들은 우리 아들이 늘 우등생이었을 거라고 생각하겠지만, 사실 천강이의 첫 토플 점수는 40점을 조금 넘긴 수준이었죠." 그래도 류천강은 포기하지 않고 더 용감하게 맞섰다. "저에게 깊은 인상을 남긴 영어 선생님이 한 분 계시는데요, 그분이 말씀하신 영어 두 마디가 아직도 생생하게 기억납니다. 하나는 용감하게 시도한다는 뜻의 'free to try'이고, 또 하나는 'free to fail'로 한 번의 실패로 창피해하거나 재도전을 꺼리지 말라는 의미를 담고 있죠." 성장형 마인드셋 덕분에 류천강은 반년이라는 짧은 기간 안에 토플 점수를 60점이상 올릴 수 있었고, 자기의 노하우가 담긴 공부 방법을 정리하여 신둥팡에서 토플 시험 대비 인기 강사로 성장했다.

토플 시험을 준비하던 때를 회상하던 류천강은 당시 독하게 매진하던 자신을 떠올렸다. 그는 단기, 중기, 장기 계획을 세워서 자신의 노력과 발전의 양을 수치화할 수 있었고, 올바른 방향으로 가고 있는지 확인할 수 있었다. 예를 들어 300페이지에 달하는 어근과 접사 단어장을 외우기 위해 그는 자신만의 단기 계획을 세웠고 마지막 일주일 동안 모든 단어를 완벽히 익힐 수 있었다. 그는 주변 사람들의 단어 암기 방법은 따르지 않았다. 하루에 몇 단원을 외운 뒤 다시 복습하는 방법은 효과도 좋지 않고 다시 잊어버릴 확률도 너무 높다고 생각했다. 테스트를 거듭한 류천강은 자신에게 딱 맞는 단어 암기 방법을 찾아낼 수 있었다. 모든 단어의 생김새를 빠르게 기억한 뒤 단어의 용도에 따라 새로운 요소를 추가하는 방식이 바로 그것이다. 토플 리스닝 문제에서 자주 나오는 단어라면 그 단어의 발음을 기억해야 한다. 만약 라이팅에 자주 나오는 단어라면 단어의 용법을 외워야 한다. 이렇게 매번 정보를 추가하다 보면 단어에 대한 인상이 깊어지게 된다. 단어를 외우는 것은 확실히 힘든 과정이지만, 끊임없는 시도를 통해 자신에게 가장 적합한 공부 방법을 찾게 된다면 효과를 배가시킬 수 있다.

단기 계획을 마쳤으면 중기 계획으로 들어간다. 일주일 동안 300페이지에 달하는 어근과 접사 단어장을 암기한 류천강은 여세를 몰아 다시 보름 만에 용어집 한 권을 암기했다. 단어를 암기할 때의 열정과 느낌을 리스닝 공부에도 적용하여 매일 집중해서 듣기 연습을 꾸준히 이어나갔다. 류천강은 자신의 공부 경험을 공유했다. "저는 처음부터 목표가 명확했고, 저 자신에 대한 요구도 아주 엄격해서 집중하여 공부하니 성취감을 높일 수 있었습니다. 기쁨을 한 번 맛보고 나니 계속 이어나가고 싶었죠. 그렇게 이어가다 보니 한 가지 일을 성공적으로 마칠 수 있는 가능성은 매우 컸습니다. 우리는 명확한 목표를 세워야 합니다. 그리고 목표를 향해 끝까지 포기하지 않고 꾸준히 나아가면 반드시 좋은 결과가 뒤따를 것입니다."

자신이 다른 사람을 가르치는 것을 좋아한다는 사실을 발견한 류천강은 강의실로 향했다. 그곳에서 토플을 준비하는 많은 학생과 자신이 공부하면서 터득한 것들을 나눴다. 많은 양의 토플 기출 문제의 수집과 복원 작업을 끝내고, 그는 또 ETS(미국 교육평가원)의 시험 동향과 기출문제에 대해 연구하기 시작했다. 류천강은 신둥팡의 토플 과정과 교재 개발을 담당하며 신둥팡 토플 교육의 변화를 추진했다. 신둥팡 북미지역학부의 거의 모든 과정에 대한 시스템 구축과 강의 자료 개발에 참여하여 북미연구개발센터 교육 표준화 및 데이터화, 제품 개발의 책임자가 되었다.

성장형 마인드셋으로 한계 뛰어넘기

교육에 집중한 4년은 류천강에게 무한한 성장의 길을 열어주었지만, 그는 현실에 안주하지 않고 자신의 발전을 위해 더 노력했다. "저는 늘 좋은 학교에 가고 싶다고 생각했습니다. 좋은 학교라면 우수한 인재들을 만날 기회도 많아지고, 선진적인 학습 분위기도 느낄 수 있을 테니까요." 그렇게 해서 그는 칭화대학의 MBA(경영학 석사과정)를 시작했고, 이듬해 MIT 슬론경영대학원Sloan School of Management의 복수전공 석사 과정을 시작했다. 류천강은 자신의 생각을 한마디로 이렇게 정리했다. "덮어놓고 앞만 보고 달려가는 것보다는 몇 년간 차곡차곡 쌓은 뒤에 한꺼번에 폭발시키는 것이 장기적인 발전에 더 맞는 것 같습니다."

MIT에서의 유학 생활을 이야기할 때 류천강이 중점적으로 이야기한 분야는 경영학이 아닌 자신이 가장 좋아하는 IT 과정인 '학습과 창의력을 위한 가상현실 애플리케이션 설계'Designing VR Applications for Learning and Creativity였다. 이는 가상현실과 교육 분야를 결합시킨 분야다. 이 분야가 자신에게 미친 영향에 대해 류천강은 다음과 같이 전했다.

"증강현실AR, Augmented Reality과 가상현실VR, Virtual Reality 기술은 중국에서는 조금 늦게 시작됐지만, 해외에서는 이미 엄청나게 핫한 분야입니다. AR과 VR 기술은 미래 과학기술의 발전 트렌드이며, 인간과 로봇의 상호작용 및 제품 설계에 융합되어 교육, 미디어를 포함한 여러 분야에 큰 영향을 주리라는 것이 업계와 학계 주요 인사들의 공통된 생각이죠." 류천강은 이 분야를 통해 업계 선두주자들과 선진 기술을 직접 만날 수 있어서 좋았다고 전했다. 그는 닐슨 실험실에서 최첨단 응용기술을 배울 수 있었다. AR과 VR 안경을 직접 착용한 뒤 안구를 통해 심장 박동, 땀, 뇌파의 변화를 추적함으로써 사람이 다른 사물을 볼 때 나타나는 신체의 변화를 테스트할 수 있었고 아주 정확한 데이터 분석을 얻을 수 있었다. 이는 광고나 영상이 어떻게 시청자의 주의를 끌 수 있는지에 대해 과학적인 설명을 제시하는 뒷받침이 되었다. 류천강은 새로운 일을 거부한 적이 없으며, 여러 좋은 기회와 인재들의 도움으로 설계 과정을 성공적으로 마칠 수 있었다. 그는 설계, 제품, 프로그래밍, 사운드 등 여러 부문의 책임자를 역임하기도 했다. 류천강은 여러 명문학교 출신 인재들과의 교류와 협력은 도전이자 즐거움이었다고 전했다. 모두 함께 난관을 하나하나 극복해가면서 흥미로운 불꽃이 튀기도 했다.

성장형 마인드셋을 가진 사람들은 재능이란 키울 수 있는 것이라고 믿는다. 이런 사람들은 용감하게 좌절과 맞서고, 도전을 두려워하지 않으며, 무한한 성장 가능성을 보여준다. 타고난 재능보다는 노력을 강조하는 류천강의 이야기는 우리에게 성장형 마인드셋의 중요성을 알려준다. 장난꾸러기였던 어린 곤충 전문가는 커서 당당하고 차

MIT 졸업식에서의 류천강

분하게 말할 줄 아는 토론의 귀재, 칭화대학교 MBA 글로벌 프로그램 졸업생, MIT 경영학 석사 졸업생이 되었다. 좌절 앞에 류천강은 절대 포기하지 않는 집념을 보여줬다. 성장형 마인드셋을 가진 그는 능력은 키울 수 있다고 믿는다. 인생의 모든 단계에서 류천강은 목표를 정한 뒤 노력과 집중을 한다면 변화를 꾀할 수 있다고 확신한다.

우리는 타인의 재능을 부러워할 필요도, 자신의 평범함에 탄식할 필요도 없다. 사람은 각자 자기만의 개성과 매력을 갖고 있다. 자신의 개성을 알고 이를 더욱 키워나가는 것이 가장 중요하다.

- 마쓰시타 고노스케

감정 관리법

훌륭한 사람은 절대 감정에 휘둘리지 않는다

초조, 긴장, 불안 등의 감정이 생기면 색안경을 쓰고 보듯 주변 사물을 대하게 되고, 공부할 때는 집중할 수 없고, 능률도 떨어지게 된다. 감정 관리법emotion을 통해 당신은 스스로의 감정을 이해하고 다양한 감정을 통제하는 방법을 배울 수 있다. 또한 사물에 집중하고 빠르게 공부에 몰두할 수 있고 밝고 적극적인 사람으로 거듭날 수 있다.

감정 관리: 내면이 강한 사람 되기

이성과 감성이 공존하는 세상

감정은 우리의 삶에서 한시도 떨어질 수 없는 '동반자'와도 같다. 공부할 때나 일상 속에서 또는 직장에서 감정은 즐거움, 분노, 걱정, 두려움, 평온 등과 같이 각기 다른 형태나 상태로 우리를 따라다닌다. 감정 관리를 이해하지 못하면 여러 감정에 지배당하게 되므로 공부나 일에 제대로 집중할 수 없다.

감정의 변화에 대처하는 반응과 처리 방법도 사람마다 다르다. 감정의 영향을 쉽게 받지 않고 객관적 사실에 집중하여 사물을 객관적이고 이성적으로 분석하고 판단하는 이성적인 사람이 있는가 하면, 무슨 일을 하든지 그때그때의 기분에 좌우되거나 감정적으로 일을 처리하는 감성적인 사람도 있다.

사람의 대뇌에는 이성과 감성이 공존하기 때문에 절대적으로 이성적인 사람도, 절대적으로 감성적인 사람도 없다. 이성과 감성은 기다란 축의 양 끝과도 같아서 우리는 양 끝의 사이 어딘가에 서 있는 것이지, 양 끝에 동시에 서 있을 수 없다. 우리가 서 있는 위치는 여러 요소의 변화에 따라 변하게 된다.

심리학자 대니얼 카너먼^{Daniel Kahneman}은 인간의 이성과 감성적 사고를 기초로 '두 가지 시스템' 이론을 제시했다. 뇌에서 정보를 처리할 때는 이 '두 가지 시스템'에 의존하게 되는데, 시스템 중 하나는 감성적인 경향이 있어서 정보를 빠르고, 자동적이고, 감정적으로 처리한다. 또 다른 시스템은 이성적인 경향이 있어서 논리적이고, 의식적이고, 신중하게 정보를 처리한다. 일반적으로 간단한 정보를 처리할 때 우리는 감성적 사고를 사용하게 되고, 복잡한 정보를 처리할 때는 이성적 사고를 사용한다.

물론 사람마다 사고하는 습관이 다르다. 같은 문제를 마주했을 때 어떤 사람은 직관적이고 감정적이고 빠르게 감성적인 사고를 하고, 어떤 사람은 객관적이고 신중하고 의식적으로 이성적인 사고를 한다.

중국 작가 거이민^{葛一敏}의 저서 《종이 위의 봄과 가을》에는 이런 문장이 있다. "우리에게는 맑고 깨끗한 이성이 필요하다. 이성은 시끄러운 이 세상에서 우리를 구원해 줄 힘이다. 우리는 또 기쁨의 감성도 필요하다. 감성은 우리 눈길이 닿는 곳마다 즐거움과 새로움으로 가득차게 해준다."

이 세상에 이성과 감성이 공존하듯 누구에게나 이성과 감성이 공존해야 한다. 일상생활에서는 감성이 이성보다 강해야 사람 냄새 나는 따뜻함이 넘쳐 다른 사람들과 잘 어울릴 수 있고, 공부나 일을 할 때는 이성이 감성보다 강해야 문제를 이성적으로 생각하고 판단하여 공부와 일의 능률을 높일 수 있다.

감정 문제를 처리할 때는 이성적 사고를 해야 한다. 왜 어른보다 아이들이 더 감정 관리에 약한 것일까? 이는 아이들의 사고방식과 관련이 있다. 현대 심리학 연구 결과에 따르면 몸과 마음이 아직 미성숙한 어린이는 주로 구체적인 형상에 의존하여 직관적인 사고를 하게 되는데, 이것이 바로 감성적 사고다. 몸과 마음이 일정 수준까지 성숙한 뒤에야 추상적 개념을 파악하여 논리적 사고가 점차 가능해지는데, 이것이 바로 이성적 사고다. 따라서 아이들이 문제를 바라보고 처리할 때 감정적인 모습을 보이는 것은 어찌 보면 당연하다.

실제 생활에서 여러 가지 감정 문제로 어려움을 겪는 아이들을 흔히 볼 수 있다. 예를 들어 좋아하는 만화영화를 볼 때, 갖고 싶었던 장난감을 얻었을 때, 맛있는 간식을 먹을 때 아이들의 감정은 흥분과 기쁜 상태에 놓인다. 그러다가 숙제를 해야 할 시간이 되면 자신의 감정을 쉽게 가라앉히지 못해 숙제에 집중하기 어려워진다. 또 시험 성적이 좋지 않을 때, 선생님께 혼났을 때, 다른 친구들과 갈등이 생긴 뒤에는 감정이 축 처지고 괴로운 상태에 놓이게 되어 공부에 집중할 수가 없다. 짧은 상태의 감정 변화라 하더라도 아이들의 집중력은 쉽게 떨어질 수 있다.

감정 관리 방법을 익히면 집중력의 다섯 가지 차원 중에서도 전환적 주의력을 키우는 데 큰 도움이 된다. 아이가 합리적으로 이성적 사고를 하면서 자신의 감정을 관리하도록 부모님이 옆에서 돕고 지도한다면 아이의 전환적 주의력을 효과적으로 높일 수 있다. 아이는 서로 다른 감정 사이에서 유연하게 대처할 수 있고, 특히 부정적인 감정에서 벗어날 때 내면이 건강한 사람으로 거듭날 수 있다.[6]

이성적일수록 집중력이 강해진다

심리학에서 말하는 이성이란 인간이 정상적인 사고를 하는 상태에서 기대하는 결과를 얻기 위해 냉정하게 현상을 바라보고 빠르게 현실을 파악한 뒤, 실행 가능한 여러 방안을 분석하고 최적의 방안

---

6) Wadinger H. A & Isaacrowitz D. M(2010). Fixing Our Focus: Training Attention to Regulate Emotion. Personality and Social Psychology Review, 15(1), 75-102. doi:10.1177/108886 8310365565.

을 도출하고 이를 효과적으로 수행할 수 있는 능력을 말한다.

이성적일수록 우리의 집중력도 강해진다. 이성적 사고는 감정 관리에 도움이 되기 때문에 과도한 감정의 영향을 받지 않게 된다. 다시 말해 아주 기쁘거나 아주 슬플 때도 감정 속에 너무 파묻히지 않고, 긴급 상황이 발생해도 태연하게 대처할 수 있으며, 분노나 괴로운 감정이 생겨도 이를 제때 해소할 수 있다. 이성적 사고를 통해 감정을 관리하면 일과 공부에 더 집중하여 몰입할 수 있기 때문에 전환적 주의력도 자연스럽게 향상된다.

일상생활이나 일 또는 공부를 할 때 우리는 이성적 사고를 통해 감정을 관리하여 집중력과 능률이 좋은 사람으로 거듭날 수 있다. 주변에서도 이런 사람들을 쉽게 볼 수 있는데, 중국의 대표적인 뉴스 앱 진르터우탸오今日頭條의 설립자 장이밍張一鳴이 바로 그런 사람이다. 그는 반년 만에 프로그래머에서 기업 CEO로 성장한 인물로, 그가 세운 진르터우탸오의 가치는 5년 만에 300억 달러로 치솟았다. 동료들은 장이밍을 이렇게 평가한다. "장이밍은 로봇처럼 이성적으로 일하고, 알고리즘을 길들이듯 자신을 적응시킵니다."

장이밍은 일할 때 집중력을 잃지 않고 지나치게 기뻐하지도, 지나치게 낙담하지도 않는다. 그의 감정은 두 감정 사이에서 움직일 뿐, 여론의 격랑에 휩싸여도 평정심을 유지한다. 집중력을 잃지 않고 능률을 올리는 비결에 대해 장이밍은 이렇게 말했다. "집중력과 높은 효율을 유지하는 가장 좋은 상태는 가벼운 기쁨과 가벼운 낙담 사이에 있는 것입니다. 너무 흥분하지도, 너무 괴로워하지도 않고, 잠도 충분히 자야 합니다." 미래를 멀리 내다보는 그는 목표를 세우기만 하면 고도의 집중력을 발휘할 수 있다. 목표를 실현하는 과정에서도 끝까지 이성적이고 자제력 있는 태도를 유지하며 기쁘거나 실망스러운 상황이 닥쳐도 감정에 쉽게 휘둘리지 않는다. 장이밍의 뛰어난 감정 관리 능력은 그의 실력을 더욱 부각시킨다. 장이밍을 보면 이성적일수록 집중력이 강해진다는 말의 뜻을 이해할 수 있다.

무라카미 하루키의 소설 《댄스 댄스 댄스》에 이런 구절이 있다. "너는 담담한 어른이 되어라. 감정적인 사람이 되지 말고, 몰래 그리워하지도 말고, 뒤돌아보지도 마라." 감정을 잘 관리하면서 어른처럼 '담담하게' 구는 것은 아이에게 결코 쉬운 일이 아니다. 아이의 뇌에서는 감성적 사고가 주도적 위치를 차지하고 있기 때문에 아이의 얼굴에는 희로애락이 그대로 드러나고 쉽게 짜증을 내기도 한다. 하지만 나이가 들고 지식과 경험이 쌓이면서 아이는 점점 자기만의 이성적 사고를 구축하기 시작한다. 이 과정은 아주 긴 여정이다. 이때 부모는 아이의 이성적 사고를 길러줘야 한다. 객관적 사물에 대해 감정적으로 대처하거나 감정에 휘말리지 않고 이성적인 분석과 판단을 하도록 곁에서 지도해야 한다.

왜 사람의 감정은 제어하기 어렵고 비이성적인 행동을 표출하게 되는 걸까?

심리학자 조너선 하이트Jonathan Haidt는 그의 저서 《행복의 가설》에서 감정을 코끼리에, 이성을 코끼리에 올라탄 기수에 비유했다. 코끼리는 이견이 없으면 기수의 뜻에 순종하며 따르지만, 코끼리에게 주견이 생기면 기수는 어떻게 손쓸 겨를도 없이 코끼리의 '대변인'으로 전락하고 만다.

이 비유는 감정과 이성의 관계에 대해 잘 설명해준다. 사람들은 "인류의 뇌는 이성의 상징"이라고 말하곤 하지만, 사실 쉽게 감정에 지배당하는 것이 바로 인간이다. '코끼리'가 극도로 흥분하여 사방으로 날뛰거나, 의기소침해져 걷기를 거부하면 '기수'는 정말 아무것도 못하고 '코끼리'에게 끌려가기만 해야 할까? 물론 아니다. '기수'도 오랜 훈련을 통해 '코끼리'를 길들일 수 있다. 즉 이성적 사고를 통해 자기감정을 관리할 수 있는데, 이것이 바로 '코끼리'를 순종하게 만드는 가장 좋은 방법이다.

하나의 좋은 본보기는 열두 가지의 교훈보다 낫다.

- 로저 애스컴

감정 정리하기: 돌아라, 감정의 룰렛

기본 감정: 문제를 처리할 때 뇌의 디폴트 옵션

많은 사랑을 받았던 애니메이션 영화 〈인사이드 아웃〉은 아버지의 일 때문에 샌프란시스코로 이사 간 소녀 라일리가 새로운 환경에 적응하는 과정에서 다섯 가지 감정에 의해 좌우되는 이야기를 담고 있다. 기쁨을 담당하는 '기쁨', 두려움을 담당하는 '소심', 분노를 담당하는 '버럭', 혐오를 담당하는 '까칠', 슬픔을 담당하는 '슬픔'이 바로 그 다섯 가지 감정이다. 감정들은 라일리의 머릿속 감정 컨트롤 본부에 거주하며 라일리의 일상생활을 위해 서로 조율해나간다.

기발한 창의력이 돋보이는 〈인사이드 아웃〉은 큰 인기를 얻어 2016년 미국 아카데미 시상식에서 장편 애니메이션 작품상을 수상하기도 했다. 영화는 다섯 감정이 라일리의 머릿속에서 분업과 협업을 이어가는 모습을 그리는데, 신경과학의 기본 원리를 인용하여 많은 신경학자들이 영화에 대한 논평을 내놓기도 했다. 그중 미국 캘리포니아공과대학의 신경학과 교수이자 《감정의 신경과학》의 저자이기도 한 랄프 아돌프스[Ralph Adolphs]는 이렇게 말했다. "〈인사이드 아웃〉은 감정과 관련하여 자주 보이지만 잘못된 억측의 예를 아주 잘 보여주고 있다. 예를 들어 영화를 본 당신은 인간의 기본 감정이 몇 가지에 불과하다고 생각할 수 있다. 하지만 인간의 감정이 그렇게 몇 가지밖에 되지 않을 리가 없다. 감정과 관련된 과학 분야에서 지금까지 해결되지 못한 두 가지 문제가 있다. '감정이란 무엇인가'와 '감정에는 몇 가지 종류가 있나'가 바로 그것이다."

감정이란 인지와 의식의 과정에 따라 외부 사물에 대해 나타나는 태도와 체험이다. 감정은 또 객관적 외부 사물과 주체의 요구 간의 관계에 대해 뇌가 보이는 반응이며, 개체 요구를 매개로 한 심리 활동의 하나이기도 하다. 고대 그리스에서부터 지금까지 감정에 대해 내린 정의는 20가지가 넘는다. 각각의 정의가 서로 다르고 매우 복잡하지만, 우리는 감정을 간단하게 날씨와 같은 것이라고 이해할 수 있다. 햇빛이 아름답게 반짝이는 날이 있는가 하면, 폭우가 끊이지 않는 때도 있고, 오락가락하며 시시때때로 변화가 일어난다. 날씨의 변화는 기압, 온도, 해발 등 여러 요소들과 밀접한 연관이 있다. 감정의 변화 역시 마찬가지다. 여러 외부 요소의 영향을 받기도 하고, 주관적 요구의 영향을 받기도 한다.

감정에 몇 가지 종류가 있는지에 대한 문제는 아직도 풀리지 않고 있다. 수천 년 전부터 철학자, 심리학자, 신경학자들이 이 문제에 대한 답을 찾기 위해 노력하고 있다. 현재 대다수 학자는 기쁨, 공포, 분노, 슬픔, 혐오, 놀람, 사랑 등을 포함하여 4~10가지의 기본 감정이 있다는 데 의견을 같이한다. 또 이 기본 감정에서 파생된 차등의 감정은 셀 수 없이 많다. 이미 식별된 감정에 모든 것을 대응시키기는 어렵지만, 다행히 과거 수십 년 동안 심리학자들은 기본 감정의 주요 유형을 구분했다. 우리는 이를 기반으로 자신의 감정을 인식하고 관리할 수 있다.

심리학자 로버트 플루치크^{Robert Plutchik}는 감정의 심리 진화론적 분류를 주장하며[7], 감정을 기본 감정과 이중 감정으로 구분했다. 그는 기본 감정을 종種 진화의 산물이라고 여기며, 종이 생존 경쟁에 적응하는 수단으로 봤다. 그는 네 가지 원색의 색상환을 토대로 감정의 바퀴 모델을 그려냈다. 여기에 포함된 인간의 여덟 가지 기본 감정은 분노, 혐오, 공포, 슬픔, 기대, 기쁨, 놀람, 신뢰다. 이 기본 감정은 뇌에서 문제를 처리할 때의 디폴트 옵션으로 볼 수 있으며, 기본 감정 주위에는 서로 다른 이중 감정들이 있다.

---

7) Plutchik R(2003). Emotions and life: Perspectives from psychology, biology, and evolution (1st ed.). Washington DC:American Psychological Association.

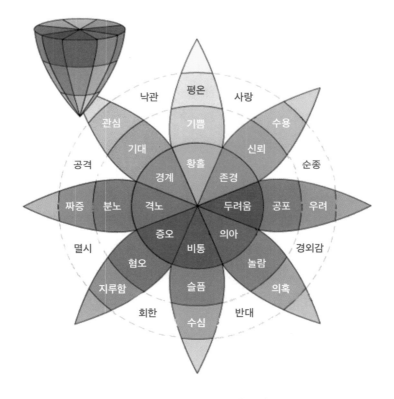

플루치크의 감정의 바퀴 모델

    플루치크의 감정의 바퀴는 평면과 입체 형태로 나뉘는데, 입체 모델은 원뿔을 뒤집어 놓은 형태다. 파란색과 초록색이 원색인 것처럼 슬픔과 공포도 감정의 바퀴에서 기본 감정에 속한다. 또 노란색과 파란색이 반대색인 것처럼 기쁨과 슬픔 역시 서로 상반되는 감정이다. 기본 감정 주위에는 이중 감정들이 있다. 감정의 바퀴를 통해 우리는 서로 다른 감정의 연관성과 차이를 이해할 수 있고, 자기 감정을 적극적으로 컨트롤할 방법도 찾을 수 있다. 이 역시 감정 관리의 첫 단계이자 자신의 감정을 정확히 알아가는 단계라고 할 수 있다.

성숙하고, 이성적이며, 집중력이 좋은 사람들은 감정의 언어를 구분할 줄 알고 감정 관리에 능숙하다. 아이의 집중력을 키우는 과정에서 부모는 감정의 바퀴를 통해 아이가 자신의 감정을 인식하고 이해하며 나아가 자신에게 맞는 감정 관리를 할 수 있도록 지도해야 한다. 이런 과정을 통해 아이의 감정 관리 능력을 키울 수 있다.

이중 감정: 서로 다른 요구가 서로 다른 감정 반응을 일으킨다

로버트 플루치크는 컬럼비아대학에서 박사학위를 취득하고 알베르트 아인슈타인 약학대학과 사우스플로리다대학 교수를 역임한 감정 이론의 대가다. 그가 쓴 감정 이론과 관련된 문헌 수만 해도 300편 가까이 되며, 45개 챕터로 나뉘어 8권의 저서에 수록되었다. 그는 이 외에도 7권의 관련 저서 집필에 참여하기도 했다.

플루치크는 '감정'과 관련하여 아래와 같은 열 가지 관점을 제시했다.

1. 감정은 모든 종의 진화 단계에 존재한다. 인간뿐만 아니라 동물에게도 감정이 있다.
2. 종에 따라 감정의 진화 정도가 다르며 표현 방식 역시 다르다.
3. 감정은 생물체가 진화하는 과정에서 환경변화에 대해 나타내는 피드백 행위이며, 이를 통해 생물체는 생존과 적응 문제를 더 잘 해결할 수 있다.

4. 서로 다른 생물체 간의 감정 반응이 나타나는 조건과 표현 형식은 다르지만, 일부 기본적인 감정 요소는 보편적으로 다른 종에도 존재한다.

5. 기본 감정은 총 8가지다.

6. 기타 이중 감정은 모두 8가지 기본 감정을 기반으로 혼합되어 파생된 것이다.

7. 기본 감정은 이론화된 감정 모델이며, 그 특징은 사실 관찰에 따라 얻을 수 있지만 완전히 정의될 수는 없다.

8. 모든 종류의 기본 감정은 그와 상반되는 기본 감정을 갖고 있다.

9. 두 가지 감정 간의 유사도는 몇 개의 등급으로 나눌 수 있다.

10. 모든 감정은 다양한 강도로 표현해낼 수 있다.

색채 심리학에는 빨강, 노랑, 초록, 파랑의 네 가지 원색이 있는데, 이중 빨강-초록, 노랑-파랑이 심리 보색이다. 이 네 가지 원색을 서로 조합하면 다른 색상을 만들어 낼 수 있다. '빨강+노랑=주황', '초록+파랑=청록'이 그 예다. 로버트 플루치크가 그린 감정의 바퀴에서도 서로 다른 감정이 섞이면 또 다른 이중 감정이 나온다.

플루치크의 감정 진화 이론에 따라 여덟 가지 기본 감정을 조합해서 나올 수 있는 이중 감정은 다음과 같다.

기대+기쁨=낙관 (이와 대립하는 것은 반대)

기쁨+신뢰=사랑 (이와 대립하는 것은 회한)

신뢰+공포=순종 (이와 대립하는 것은 멸시)

공포+놀람=경외감 (이와 대립하는 것은 공격)

놀람+슬픔=반대 (이와 대립하는 것은 낙관)

슬픔+혐오=회한 (이와 대립하는 것은 사랑)

혐오+분노=멸시 (이와 대립하는 것은 순종)

분노+기대=공격 (이와 대립하는 것은 경외감)

플루치크는 이런 말을 했다. "당신이 기대와 기쁨이라는 두 기본 감정을 결합하면 낙관이라는 이중 감정을 얻게 된다. 당신이 낙관에서 기쁨을 빼면 어떻게 되겠는가? 기초적인 수학에 따르면 당신에게 남는 것은 바로 기대다."

플루치크의 감정의 바퀴를 통해 우리는 자신의 감정에 대응하는 위치를 찾을 수 있다. 부모 역시 아이가 스스로 이렇게 사고하도록 지도할 수 있다. 나는 지금 어떤 감정 상태에 놓여 있을까? 8개의 기본 감정 중 하나일까? 아니면 더 복잡한 다른 이중 감정일까? 왜 나에게 이런 감정 반응이 나타날까? 원인을 분석해나가면서 결국 자신이 원하는 것을 찾으며, 자신을 더 잘 이해하고, 이로써 자기 감정을 조절하게 될 것이다. 아이가 자신의 감정을 잘 정리할 줄 알게 되면 감정 관리도 잘 해낼 수 있게 된다.

'고상한 사물은 모방할 수 없다'는 핑계에서 벗어나기 위해 고상한 사물을 감지하고 관찰하는 습관을 길러야 한다. 우리 마음의 경지가 높아지고 신성한 본보기를 바라보는 열정에 불이 지퍼지면 우리는 그것을 닮기 위해 방법을 모색해야 한다.

-루소

마음챙김: 해방된 마음으로 살아가기

의식적으로 자기감정 알아차리기: 반드시 감당해야 할 감정들

정념^{正念}이라고도 하는 마음챙김은 감정을 인식하고 조절하는 데 매우 중요한 역할을 한다.

'마음챙김'이란 무엇일까? 이를 '정확한 관념'이나 '사념^{邪念}과 반대되는 것'이라고 이해하는 사람들도 있지만, 여기에서 말하는 '마음챙김'은 일종의 자기 조절 방법이다. 여기에는 3대 요소인 의식적으로 알아차리기, 현재에 집중하기, 주관적 판단하지 않기가 포함된다.

영어로는 'Mindfulness'인 '마음챙김'은 고대 불교에서 나온 것으로 좌선, 명상, 깨달음에서 발전해 나온 것이다. 시간이 흐르면서 '마음챙김'의 개념과 방법은 종교의 범위를 벗어나 서양 심리학자와 의학자들에게도 널리 수용되어 심리훈련 치료요법으로 발전되었다.

미국 MIT의 생물학 박사이자 의학 박사인 존 카밧진$^{Jon\ Kabat-Zinn}$은 15년에 걸친 임상 실험을 통해 '마음챙김' 개념에 대해 체계적이고 전면적인 분석을 했다. 그의 저서 《마음챙김》을 통해 일반 대중도 일상생활에서 '마음챙김'을 활용한 자기 치유 방법을 배울 수 있다. '마음챙김'의 첫 단계는 바로 '의식적으로 알아차리기'다.

사람들은 실제 생활에서 그 정도는 다르지만 모두들 감정 문제로 어려움을 겪는다. 온갖 방법을 동원하여 감정을 관리하고자 하지만, 효과는 아주 미미하다. 왜일까? 그 이유는 첫 단계부터 잘못 시작했기 때문이다. 감정 관리의 첫 단계는 감정 관리 방법을 찾는 것이 아니라 자신의 감정을 알아차리는 것이다.

기쁨, 슬픔, 우울 등 감정이 몰려오면 당신은 이를 알아챌 수 있는가? 의식적으로 알아차리는 것이 불가능하면 우리는 감정이 생겨도 알지 못한 채 감정은 쌓여만 가게 된다. 감정이 쌓이고 쌓여 범람하고 나서야 눈치를 채고 자신이 감정의 소용돌이에 휘말렸다는 사실을 깨닫게 된다. 부정적인 감정은 무섭지 않다. 진짜 무서운 것은 이를 조금도 알아채지 못하는 것이다. 알아차리는 것 자체가 하나의 치료법이 된다.

그렇다면 의식적으로 알아차리기에는 어떤 효과가 있을까? 의식적으로 알아차리기를 통해 우리는 감정을 발견하고 서로 다른 감정의 성질과 결과를 이해할 수 있으며, 감정과 감정의 반응에 대해 심도 있는 탐색이 가능하다. 이 과정에서 우리는 감정의 반응이 심리와 행동에 어떤 영향을 미치는지 알 수 있고, 더 합리적인 감정 관리 방법을 찾는 데도 도움을 얻을 수 있다.

우리는 서로 다른 감정을 어떻게 의식적으로 알아차릴 수 있고, 이런 감정을 어떻게 정확히 조절할 수 있을까?

앞서 말한 플루치크의 감정의 바퀴를 이용해 자신의 감정을 인식하고, 비교하고, 알아차릴 수도 있고, 심리학 분야에서 유명한 아래의 '감정에서 벗어나기 위한 EETA 4단계 질문'을 통해서도 자신의 감정을 알아차리고 조절할 수 있다.

첫째, 감정^Emotion 묻기: 나는 지금 어떤 감정에 놓여 있는가? 감정의 강도는 어느 정도인가? (감정의 유형 찾기)

둘째, 사건^Event 묻기: 어떤 사건 때문에 이런 감정이 생겼는가? 당시 발생한 사건을 객관적으로 묘사해보고, 만약 자신이 설명한 내용 가운데 주관적 경향이 보이면 다시 첫 번째 질문으로 돌아가서 자신의 감정을 확실히 이해한다. (감정 이면의 사건 알아보기)

셋째, 목표^Target 묻기: 나의 초심은 무엇이었나? (기대와 결과 간의 차이 찾기)

넷째, 행동^Action 묻기: 나는 다음에 어떻게 해야 할까? 나는 무엇을 할 수 있을까? (행동 변화)

자신이 어떤 감정 때문에 어려움을 겪고 있다는 것을 발견하면 이 '감정에서 벗어나기 위한 EETA 4단계 질문'을 통해 자신의 감정을 이해하고 조절할 수 있다. 이 과정을 통해 감정의 출구도 찾고 새로운 행동 목표도 세울 수 있다.

현재에 집중하기: 현실을 즐기고 아름다움 만끽하기

이누이트가 믿는 전설이 하나 있다. 사람은 밤에 잠이 들면 죽었다가 이튿날 아침에 부활하여 새 생명을 얻는다는 것이다. 그래서 이누이트는 나이를 이야기할 때 한 살이 아닌 '하루 살'이라고 말하는 것을 좋아한다. 그리고 현실이 아무리 잔혹해도 즐거운 마음을 유지할 수 있기 때문에 현재의 생활에 집중하며 현실과 아름다움을 즐긴다.

우리도 이누이트처럼 과거에 얽매이지 않고, 미래를 두려워하지 않으며, 현재에 집중할 수 있다면 최고의 감정 상태를 유지할 수 있을 것이다. 많은 사람이 즐겁지 않다고 느끼는 이유는 용납되지 않는 자신의 과거와 걱정으로 가득한 미래 때문이다.

'마음챙김'의 두 번째 요소는 바로 '현재에 집중하기'다. 누군가 당신에게 "과거와 미래라는 것은 존재하지 않는다. 시간은 인간이 만들어낸 허구일 뿐이다."라고 말한다면 당신은 이 사람이 객관적 현실에서 벗어나 과학적 진리마저 어겨가며 당신을 속이는 사람이라고 생각할까? 하지만 이것이 바로 '마음챙김'의 철학적 관점이다. 다시 말해, 우리에게 주어진 것은 현재의 현실뿐이며, 감지할 수 있는 것도 바로 지금뿐이라는 것이다. 과거에 대한 기억이나 미래에 대한 계획 같은 것은 모두 지금 머릿속에서만 존재하는 개념일 뿐이다.

우리의 모든 주의력을 '현재'에 집중하면 완전히 다른 세상이 펼쳐진다. 우리는 여전히 나쁜 일이 일어나면 아파하고 힘들어하지만, '현재에 집중'하면 고통 속에 빠져 허우적대지 않게 된다. 아직 일어나지도 않은 일로 걱정하지 않고, 이미 일어나버린 일로 괴로워하지 않는 사람은 부정적 감정이 아주 적을 것이다.

불교에서는 항상 '지금을 살라'라고 가르친다. 여기서 말하는 '지금'은 무엇일까? 바로 우리가 현재 하는 일, 지금 있는 장소, 친구, 그리고 생활을 말한다. '지금을 살라'는 말은 자신의 모든 주의력을 나의 사람들, 일, 그리고 사물에 집중하여, 최선을 다해 받아들이고, 실행하고, 사랑하라는 뜻이다.

"그게 뭐 어려운 일이라고. 난 늘 그렇게 살아왔는데?"라고 말하는 사람들이 있을지 모르겠다. 하지만 사실 그렇지 않다. '현재에 집중'하지 않고, 과거의 일에 얽매이면서 내일, 내년, 그리고 남은 반평생의 일들로만 머릿속이 가득찬 사람이 많다.

'지난 시험에서 1등을 하지 못했어. 정말 짜증 나!', '대입 시험은 꼭 1등급을 받아야 해', '나중에 주방과 테라스가 딸린 큰 집을 한 채 사야지'

현재에 집중하기란 말하기는 쉬워도 실천하기는 어렵다. 왜냐하면 대부분의 사람이 과거에 매달리고 미래를 생각하며 불안해하기 때문이다. '마음챙김'은 우리에게 '과거도 미래도 아닌 현재에 머무는' 마음가짐을 세우라고 한다.

현재에 집중하고 과거와 미래에서 오는 부정적인 감정을 버리는 것 외에 우리는 다른 일의 영향을 받지 않도록 현재 하는 일에도 집중해야 한다. 식사할 때를 예로 들어보자. 밥 먹을 때 사람들은 보통 밥 먹는 것만 생각하지는 않는다. '오늘 성적이 왜 그렇게 안 좋았지?', '일을 아직도 다 못 끝냈네', '맞은편에서 식사하는 사람이 자꾸 날 쳐다보네'와 같은 생각이 저절로 일어난다. 당신은 보통 몸과 마음을 다해 밥을 먹는 일 하나에만 몰두하거나 최선을 다해 음식의 맛을 보는 것이 아니다. 만약 온종일 '현재' 이외의 다른 일에 사로잡혀 있다면 부정적인 감정이 더 늘어날 수밖에 없다. 이때 마음챙김을 활용하여 '현재' 이외의 다른 일은 생각하지 않고, 최선을 다해 현실을 즐기고 아름다움을 느끼며 음식을 맛보면 긍정적인 감정은 자연스럽게 나오게 된다.

베스트셀러 작가 바바라 디 앤젤리스^{Barbara De Angelis}의 저서 《실제의 순간들》에는 이런 글이 있다. "대부분의 사람은 자신이 지금 하는 일에 완전히 집중하지 못하고, 아무런 잡념 없이 눈앞의 시간을 즐기지 못한다. 우리는 대부분의 시간을 쓸데없는 곳에 쓰며 진짜 순간을 보내지 못한다. 당신이 눈앞의 순간을 온전히 겪어야만 그 순간은 에너지가 넘치고 완전해질 수 있게 된다."

마음챙김은 우리가 현재를 살아가면서 즐거움을 느낄 수 있는 최고의 심리치료 요법이라 할 수 있다.

주관적 판단하지 않기: 최대한 새로운 생각은 피하기

심리학 용어인 '바넘 효과'^{'Barnum effect8)}라는 말을 들어본 적이 있는가?

사람들이 주관적으로 판단을 내릴 때 쉽게 오류를 범하는 것이 있다. 두루뭉술하고 보편적인 성격 묘사가 자신의 특징을 정확히 명시하고 있다고 착각하는 것이다. 일반적이고, 모호하면서, 널리 쓰이는 형용사로 한 사람을 묘사할 때 사람들은 쉽게 내용을 납득하고 그 문장이 바로 자신을 설명하고 있다고 생각한다.

이것이 바로 유명한 '바넘 효과'다. 바넘 효과는 사람의 '주관적인 검증'과 관련이 있다. 사람은 주관적인 판단을 하게 되면 자신의 관점

---

8) Mason & Budge(2011). Schizotypy,self-referential thinking and the Barnum effect. Journal of Behavior Therapy and Experimental Psychiatry, 42(2), 145-148.

을 증명하기 위해 각종 증거를 찾을 수 있다. 설령 그것이 전혀 상관 없는 것이라 할지라도 '자신'의 생각에 완전히 맞아떨어질 때까지 연결고리를 찾아내고야 만다.

하지만 주관적인 판단은 객관적 사실이 이를 뒷받침하지 못해 맹점이 생기는 경우가 허다하다. 예를 들어 자신의 능력을 과대평가한 어떤 사람은 자신이라면 반드시 해낼 수 있다고 주관적으로 생각하지만, 현실적으로는 그런 능력을 전혀 갖추지 않고 있다.

미국 코넬대학교 심리학 박사인 데이비드 더닝David Dunning이 학술지 〈성격 및 사회심리학〉에 발표한 글 중 일부다. "사람들은 자신의 천부적인 재능과 능력에 대해 뿌리 깊게 박힌 생각을 갖고 있다. 고착화된 이 생각 때문에 자기 평가를 할 때 자신이 실제로 얻은 성과를 넘어 현실과 맞지 않는 판단을 내리게 된다." 이 문장에서 보듯 주관적인 판단은 믿을 만한 것이 되지 못하고, 때때로 사람들이 사실을 곡해하게 만들어 '유심론'적인 사고를 하게 한다.

'마음챙김'의 세 번째 요소는 바로 '주관적 판단 하지 않기'다. 현재의 모든 것에 어떤 판단이나 분석도 하지 않고 단순하게 그것을 감지하고 주의하면 된다. 이는 마치 '무지'無知한 상태와도 같다.

우리는 왜 주관적인 판단을 하지 않고 '무지'한 상태를 유지해야 할까? 왜냐하면 우리는 '이미 알고 있는' 지식과 경험에 쉽게 영향을 받기 때문이다. '당연한' 것과 '의심의 여지없이 확실한' 것이 특히 그렇다. 우리는 이를 고정관념이라고 하는데, 이 때문에 우리의 주관적 판단에는 자신에 대한 편견이나 타인에 대한 편견이 생기게 된다.

이러한 사고, 감정, 행동 방식은 완전히 자동화되어 우리 자신조

차도 의식하지 못하는 때가 많다. 머릿속의 '당연한' 길은 우리가 매번 주관적인 판단을 할 때마다 편견이 뒤따라오게 하면서 현실과 멀어지게 한다.

우리 주변에는 자신의 느낌과 생각에 '납치당한' 사람들이 많다. '그 사람은 나 때문에 분명 화났을 거야', '난 학교에서 인기가 없어', '난 머리가 나빠서 공부와는 안 맞아'와 같은 감정과 생각들이 우리를 무기력하게 만든다. 어떠한 반박을 해도 '주관적 판단'에 대한 부정이 되기 때문이다.

이런 상황에서 '마음챙김'은 우리의 '무지' 상태를 커다란 희망으로 바꿔준다. 마음챙김을 통해 우리는 주관적 판단을 하지 않게 되고, 능동적으로 각종 감정과 생각, 그리고 편견을 내려놓으며 '무지'한 상태로 객관적 사물을 인식하게 된다.

주관적 판단을 하지 않으면 머릿속에 새로운 생각도 생기지 않는다. '자신'에 의해 부정적인 것으로 정의되었던 것도 긍정적인 에너지를 만들어낼 수 있고, 선입관에 사로잡혔던 생각들도 새로운 변화를 맞게 된다.

책을 많이 읽고 생각하지 않으면 자신이 많이 안다고 생각한다. 책을 읽고 생각을 많이 할수록 자신이 알고 있는 것이 아주 적다는 사실을 분명히 알 수 있다.

- 볼테르

감정의 균형: 강요하지 않고 길들이기

부드럽게 해소하기: 감정의 홍수를 댐으로 안전하게 유도하기

"감정 표현 문구와 관련하여 내가 본 통계는 558~800여 개에 달한다. 그중 2/3에 달하는 문구가 부정적인 뜻을 포함하고 있다는 것이 석연치 않다. 즉 즐거움이 하나 있으면 우울함과 탐욕스러움도 하나씩 있다는 말이 된다."

베스트셀러 작가 칩 콘리^{Chip Conley}의 저서 《감정 관리도 전략이다》 중 일부분이다.

모든 감정 중 부정적인 감정이 차지하는 비중이 긍정적인 감정보다 훨씬 크다. 어떻게 하면 부정적인 감정과 긍정적인 감정 사이에 균형을 이룰 수 있을까? 이는 부모와 아이가 함께 마주하고 해결해야 할 문제기도 하다.

감정 컨트롤은 모든 부정적인 감정을 없애는 것이 아니라 부드럽게 해소하는 것이라고 감정 관리법은 명확히 알려준다. 자신의 감정을 적절히 토로하면서 감정의 홍수가 안전하게 댐을 통과할 수 있게 하는 것이다. 자신의 감정을 컨트롤하거나 조절하는 방법을 모르면 감정의 불균형이 왔을 때 과도한 부정적인 감정에 빠져서 생활의 질, 그리고 일과 학업의 능률에 부정적인 영향을 미치게 된다.

자유롭고 건장한 야생마 떼가 모래바람을 일으키며 아프리카 대초원을 질주하고 있다. 이때 박쥐 한 마리가 조용히 풀 더미에서 나와 한 야생마의 다리에 달라붙어 뾰족한 이빨로 살을 물어뜯었다. 불같은 성질의 야생마는 박쥐가 자기 다리를 물어뜯어 피가 나는 것을 보고 깜짝 놀라 바로 날뛰기 시작했다. 야생마가 위로 뛰어오르기도 하고 달리기도 하니 야생마 몸속의 피는 점점 더 빨리 흐르게 된다. 하지만 박쥐는 여전히 야생마에 달라붙어 계속 피를 빨아 먹고 있다. 결국 박쥐는 피로 든든히 배를 채우고 만족한 듯 날아가 버렸지만, 불쌍한 야생마는 격노하다 과다출혈로 죽게 되었다.

동물학자의 연구에 따르면 흡혈박쥐는 야생마의 천적이다. 하지만 몸집이 작은 박쥐가 빨아먹는 피의 양은 그리 많지 않다. 야생마를 죽음에 이르게 할 정도의 피를 빨아먹지도 못한다. 사실 야생마를 진짜 죽게 만든 것은 박쥐가 아닌 야생마의 분노다. 분노의 감정으로 피가 빠르게 흘러 아주 작은 상처에도 피가 멈추지 않은 것이다.

이런 야생마가 불쌍하고 가엾지 않은가? 사실 우리 주변에도 '분노한 야생마'와 같은 사람들이 많다. 이 사람들은 슬픔, 혐오, 분노, 공포, 우려 등과 같은 각종 부정적인 감정에 사로잡혀 있다. 이 부정적인 감정들은 홍수처럼 사람들의 마음속을 꽉 막고 있어서 예방을 소홀히 하면 바로 제방이 터져 자신뿐만 아니라 다른 사람에게도 큰 위험이 될 수 있다.

일본 작가 아리카와 마유미는 "사람은 누구나 부정적인 감정에 빠져 쉽게 빠져나오지 못할 때가 있다. 이때 어떻게 대응하는지는 우리의 목표를 실현하고 생활의 질을 올려줄 중요한 열쇠가 된다."라고 말했다. 그녀는 저서 《여자, 못난 감정과 이별하기》에서 다음과 같은 실용적인 감정 조절 방법 몇 가지를 소개했다.

주의력을 전환하고 부정적인 감정 해소하기

사람들은 이런 상황을 자주 겪는다. 집중해서 영화를 보거나, 음악을 듣거나, 연극에 빠져 있을 때 옆 사람의 움직임 같은 것은 신경도 쓰이지 않는다. 이는 집중력이 어느 한 곳에 집중될 때 사람의 뇌는 주변의 다른 상태를 신경 쓰지 않기 때문이다. 따라서 우리는 주의력을 전환하는 방법으로 우리 내면의 부정적인 감정을 모호하게 처리하여 부정적인 감정이 드러나지 않게 함으로써 감정을 해소할 수 있다.

예를 들어 감정이 격해질 때마다 '침착하자'라고 자기 암시를 줄수 있다. 이런 방법으로 감정을 전환할 수 있고 감정이 요동칠 때마다 의식적으로 화제를 바꾸거나 대화하기, 산책, 심호흡 등 관련 없는 일들을 해서 감정을 서서히 안정시킬 수 있다.

입장 바꿔 생각하여 부정적인 감정이 저절로 해소되게 하기

사람들이 부정적인 감정에 빠지는 이유는 자신의 감정은 지나치게 신경 쓰면서 타인의 감정은 소홀히 하기 때문이다. 입장을 바꿔 생각하면 일시적인 감정의 소용돌이에서 벗어날 수 있다. 타인의 입장에서 생각하고 타인과 역할을 바꿔 '역지사지'의 마음으로 문제를 바라보면 자기감정에서 벗어나 부정적인 감정을 자연스럽게 해소할 수 있다.

부정적인 감정과 긍정적인 감정의 균형점 찾기

감정은 양면성을 띤다. 긍정적인 감정으로는 진취적이고 적극적인 힘을 얻어 즐겁고, 침착하며, 냉정해질 수 있고, 조화로운 분위기를 조성할 수 있다. 반면 부정적인 감정은 우리를 걱정, 슬픔, 고통 속으로 빠뜨려 헤어나지 못하게 한다. 따라서 우리는 긍정적인 감정과 부정적인 감정의 균형점을 찾아 부정적인 감정의 영향을 최소화하고 최대한 긍정적인 감정 안에 머물도록 노력해야 한다. 설령 부정적인 감정 상태에 처했더라도 '슬픔을 에너지로 승화'시키는 방법을 터득하여 부정적인 감정 속에서 긍정적인 에너지를 찾아야 한다.

아리스토텔레스는 "삶의 본질은 즐거움을 좇는 것에 있으며, 인생을 즐겁게 만드는 방법은 두 가지가 있다. 하나는 유한한 삶에서 즐거웠던 시간을 찾아내어 이를 증대시키는 것이고, 다른 하나는 즐겁지 않았던 시간을 찾아내어 이를 최소화하는 것이다."라고 말했다. 부정적인 감정의 해로움은 굳이 말하지 않아도 알 것이다. 하지만 모든 부정적인 감정을 완전히 없애버리는 것은 불가능에 가깝다.

부정적인 감정은 홍수와 같아서 막을수록 더 큰 위력을 뿜어낸다. 따라서 우리는 부정적인 감정을 거부하거나 회피하지 말고 온화한 마음으로 감정의 홍수가 다른 곳으로 흘러갈 수 있도록 유도한 뒤 안전하게 댐을 통과시켜 이 거대한 홍수를 다시 '실개천'으로 바꿔 자신과 주변 사람들에게 유익하도록 해야 한다.

표현 방식 바꾸기: 적절한 방법으로 자신의 감정 표현하기

감정 관리[Emotion Management9)]의 개념은 하버드대학의 심리학 박사 다니엘 골먼[Daniel Goleman]이 제시했다. 그는 감정 관리를 이렇게 정의했다. "자신을 컨트롤하고 감정을 합리적으로 조절하는 데 능숙하며, 일상 속 갈등과 사건으로 인한 반응을 적절히 해결할 줄 알고, 낙관적인 태도와 유머러스함으로 제때 긴장감을 풀 수 있는 심리상태."

감정 관리는 다음의 세 가지로 간단히 요약할 수 있다. 첫째, 자신의 감정 인식하기. 둘째, 자신의 감정 해소하기. 셋째, 자신의 감정을 적절히 표현하기. 부모와 아이 모두 '적절히 자신의 감정을 표현하는' 방법을 익혀서 울어야 할 때는 울고, 웃어야 할 때는 웃을 줄 알아야 한다. 깊은 슬픔에 빠졌을 때 자신의 감정을 최대한 억누르기만 하고, 즐거운 일이 있을 때 혼자 울적해 하거나, 화내지 말아야 하는 순간 화를 누르지 못하고 폭발해버리는 것은 모두 감정 표현 규칙에 어긋나는 것이다. 오랫동안 정상적으로 감정을 표현하지 못하면 자신의 몸과 마음이 지치는 것은 물론 주변 환경과도 어울리지 못하게 된다.

자신의 감정을 표현할 때 사람들이 자주 범하는 실수들이 있다. 자신의 감정을 제대로 파악하지 못해서 화를 내거나, 직접 자기 감정을 표현할 용기가 없어서 한마디도 하지 못하거나, 상대방을 책망하고 상대방의 잘못을 드러낼 줄만 알거나, 다른 사람의 의견을 일언지하에 거절하거나, 아니면 반대로 덮어놓고 비위만 맞추는 것 등이다. 이런 잘못된 감정 표현 방식은 오해와 갈등을 불러일으키고, 자신에게도 많은 고민을 안기고, 주변 사람들까지 힘들게 한다.

말을 바꾸거나 표현 방식을 달리하여 자신의 감정을 표현하면 그

---

9) Goleman D(1998). Working with emotional intelligence . New York: Bantam Books.

결과도 완전히 달라질 수 있다. 아이의 시험 성적이 좋지 않으면 부모님은 조금 실망할 수도 있고 화가 날 수도 있지만, 그보다는 아이가 더 노력하여 다음 시험에서는 더 좋은 성적을 얻기를 바라는 마음이 더 클 것이다. 이런 상황에서 부모님이 아이에게 "이번에는 성적이 조금 좋지 않았지만, 괜찮아. 더 열심히 해서 다음 시험에서 더 좋은 성적을 받으면 되지. 조금이라도 발전하는 모습을 보면 엄마, 아빠도 기쁘단다."라고 표현하면 시험으로 스트레스를 받은 아이의 마음도 풀어줄 수 있고, 부모님의 응원에 힘을 얻은 아이는 더 열심히 할 힘을 얻을 수 있다. 만약에 이와 같은 상황에서 잘못된 방식으로 감정을 표현하면 어떻게 될까?

아마 부모님은 아이에게 이렇게 말할 것이다. "엄마, 아빠가 얼마나 실망했는지 아니? 엄마, 아빠는 너 공부시키려고 이렇게 열심히 일하는데 너는 성적이 이게 뭐니? 다음에는 더 열심히 해서 성적 좀 올려봐!" 이런 말을 들은 아이에게는 부정적인 감정이 생겨서 부모님은 나에게 관심도 없고 성적에만 신경 쓴다고 생각할 것이다. 나아가 반항적인 감정과 행동을 보이는 아이들도 있을 수 있고 우울함을 느껴 심리적 스트레스를 받는 아이들이 있을 수도 있다.

따라서 부정적인 감정이 생기거나 다른 사람과 대화를 하다 화가 날 때마다 우선 의식적으로 자신의 감정을 컨트롤한 뒤 적절한 방식으로 자기 감정을 표현해야 한다. '적절히 자신의 감정을 표현하기'는 일종의 기술과 같아서 체득하고 탐구해야 하며, 더 중요한 것은 이를 실제 생활에 적용하는 것이다.

그렇다면 어떻게 자신의 감정을 적절히 표현할 수 있을까?

자신의 감정을 솔직하게 표현하기

다른 사람에게 자신의 감정을 솔직하게 표현하지 못하는 사람들이 많다. 대부분은 어떻게 표현해야 좋을지 모르거나, 자신의 속마음을 드러낸 뒤 어려움을 겪지 않을까 두려워하거나, '진실'을 말했다가 상대방과의 좋은 관계를 망가뜨릴까 봐 걱정한다. 가장 좋은 표현 방식은 바로 솔직하게 자신을 표현하는 것이다. 기쁨, 슬픔, 어려움에 관계없이 이런 감정을 표현하는 것 자체가 감정을 해소하는 방법이 된다.

자신의 감정을 표현할 때는 침착하고 비판적이지 않은 방식으로 감정을 설명하고, 감정을 발산하는 것이 아니라 묘사해야 한다. 그리고 분명하고 구체적인 언어를 사용해서 감정을 표현해야 한다. 이를 통해 자기감정이 출구를 찾을 수 있고, 상대방도 나의 진짜 감정을 이해할 수 있다. 자신의 감정을 솔직하게 표현할 줄 아는 것은 당신이 자신의 감정을 이해하고 컨트롤할 수 있는 능력을 갖췄다는 것을 의미한다.

표현의 축소, 과장, 대체 방식 배우기

'축소'는 의식적으로 감정을 컨트롤하는 방법으로, 특정 상황에서 커져버린 감정을 최소화하는 것이다. 예를 들어 수업 시간 직전에 기쁜 소식을 들어 요동치는 마음을 진정시키기 어렵지만, 수업 시간에는 마음을 가라앉혀야 한다. 요동치는 감정을 축소해서 교실에서의 매너를 지켜야 한다.

'과장'은 어떤 긍정적인 감정을 의도적으로 확대하여 스스로 긍정적인 감정이 주는 에너지를 충분히 흡수하는 방법이다. 즐거운 감정을 확대하여 스스로 즐거움을 배가시키거나 성공 경험을 확대하여 성취감을 최대화하는 것을 예로 들 수 있다.

'대체'는 어떤 부정적인 감정 표현을 긍정적인 표현으로 전환하는 방법이다. 예를 들어 당신의 생일에 친구가 준 선물이 마음에 들지 않는다. 이때 당신은 자신의 감정을 직접적으로 표현하지 말고, '마음에 안 들어'라는 표현을 기뻐하는 태도로 대체해야 한다. 이것이 감정 표현의 가장 좋은 방법이다.

자신의 입장을 고수하면서 용감하게 'No'라고 말하기

자신의 감정을 적절히 표현하는 것이 일방적으로 참으라는 뜻은 아니다. 전체적인 상황을 고려해서 인간관계를 위해 자신의 감정을 조금 등한시하는 것이다. 특별한 상황에서는 아이들도 'No'라고 용감하게 말하는 법을 배워야 한다. 친구들에게 괴롭힘을 당하거나 불합리한 요구를 강요당할 때는 확실하게 'No'라는 감정 표현을 해야 한다.

자신의 감정을 적절히 표현하는 것은 감정 관리의 중요한 부분이자 커뮤니케이션에서도 중요한 역할을 한다. 부모님과 아이 모두 '적절한 감정 표현'이라는 기술을 실생활에 적용할 수 있게 되면 분명 좋은 결과를 얻을 수 있다.

이 세상에 마음의 실패 외에 존재하는 실패는 없다. 여지없는 실패가 아니라면 당신은 반드시 승리할 수 있다.

- 제인 오스틴

좋은 환경에서 좋은 마음이 나온다:
가장 편안한 방식으로 좋은 감정 만들기

의식 만들기: 특별한 하루, 특별한 순간 만들기

자신의 삶이 더 행복해지고 풍성해지는 것을 바라지 않는 사람은 없다. 누구나 항상 긍정적인 감정 속에 머물며 즐거움과 행복을 느끼며 살기를 원한다.

생활 속에서 좋았던 순간이나 긍정적인 감정은 모두 자신이 만들어 내는 것이다. 정성껏 준비한 프러포즈 이벤트, 사랑하는 사람을 위해 계획한 생일 파티, 자신이 좋아하는 카페에 가서 하루의 일이나 공부를 마무리하는 것 등이 바로 그런 것들이다.

프랑스 동화 《어린 왕자》에는 이런 유명한 대화 장면이 있다.

"매일 같은 시간에 오는 게 좋을 거야." 여우가 말했다.

"왜?" 어린 왕자가 물었다.

"예를 들어 네가 오후 4시에 온다고 하면 나는 3시부터 행복해지기 시작할 거야. 약속 시간이 가까워질수록 난 점점 더 행복해지겠지…… 난 벌써 행복의 가치를 발견했어…… 우리에게는 이런 의식이 필요해." 여우가 말했다.

"의식이 뭐야?" 어린 왕자가 물었다.

"어떤 하루를 다른 날들과 다르게 만들고, 어떤 시간을 다른 시간들과 다르게 만드는 거야." 여우가 말했다.

이 대화 부분은 의식을 확실하게 설명하고 있다. 그렇다면 의식이라는 것은 무엇일까? 의식은 일상적인 일을 일상적이지 않게 만들어 신성한 느낌을 주고, 자신을 어떤 감정 상태에서 다른 감정 상태로 전환시키는 가장 좋은 수단이라고 볼 수 있다. 아이들은 종이비행기를 접은 뒤 입김을 한번 불어 넣고 힘차게 멀리 날리는 것을 좋아한다. 이것이 바로 일종의 의식이다. 새 학기가 되어 새로운 교과서를 받은 아이들은 준비한 책 커버로 정성껏 책을 싸는 것을 좋아한다. 이것 역시 일종의 의식이다. 중요한 시합에 나가거나 강단에 서게 되면 사람들은 본능적으로 긴장, 초조, 불안 등과 같은 부정적인 감정을 느끼게 된다. 이때 어떤 의식을 행하게 되면 부정적인 감정이 완화되는 경우가 많다. 이것은 미신이 아닌 과학적 연구를 통해 검증된 이론이다.

하버드대 경영대학원 앨리슨 우드 브룩스Alison Wood Brooks 교수는 "의식은 비현실적인 통제감을 만들어낸다. 스스로 초조함을 없애도록 통제하고, 스스로 실수하지 않도록 통제하고, 스스로 더 발전하도록 만든다."고 말했다. 브룩스 교수는 일련의 과학적 조사를 통해 의식의 효과를 증명했다. 그녀는 한 학교의 학생 85명에게 친구들 앞에서 '돈 스탑 빌리빙'Don't Stop Believing이라는 노래를 부르도록 했다. 학생들은 노래할 때 무척 긴장했다. 이때 그녀는 절반의 학생에게 자기가 느낀 감정을 종이에 쓰도록 한 뒤 종이를 구겨서 휴지통에 던지도록 했다. 그리고 학생들에게 "떨리는 감정은 이 종이와 함께 쓰레기통으로 들어가버렸어요."라고 말했다.

그 결과, 종이를 쓰레기통에 버린 학생들이 노래할 때의 심장 박동은 그렇지 않은 학생들보다 안정적인 것으로 나타났다. 설마 진짜로 종이와 함께 학생들의 긴장감도 쓰레기통으로 들어가버린 것일까? 당연히 아니다. '종이를 버린' 행위는 브룩스 교수가 만들어낸 의식에 불과하다. 그녀의 목적은 의식에 참여한 학생들이 종이와 함께 긴장감도 버려졌다고 믿게 만드는 것이었다. 이 실험을 통해 사람들이 자신의 감정을 컨트롤하고 조절하는 데 의식이 정말 도움이 된다는 것을 알 수 있다.

심리학적으로 의식은 우리가 어떤 감정 상태에서 다른 감정 상태로 전환하는 것을 도울 수 있다. 실연한 뒤 슬픔에 빠진 한 여성을 예로 들어보자. 친구들의 권유로 그녀는 헤어스타일을 바꿔보았다. 그녀는 달라진 자신의 모습을 볼 때 슬픔의 감정에서 조금씩 빠져나올 수 있었다.

중국 작가 왕샤오보[王小波]는 "사람은 그저 한평생을 사는 것만으로는 부족하다. 시적인 정취가 넘치는 세상을 가져야만 한다."고 말했다. 의식의 존재로 황무지 같은 인생에 새싹이 피어나고 결국에는 오아시스가 된다. 아이가 의식을 통해 자신의 감정을 관리하고 조절하는 법을 배우면 자연스럽게 가장 편안한 방식으로 좋은 감정을 만들어낼 수 있고, 나아가 더 긍정적이고 적극적인 감정을 얻을 수 있다.

분위기 만들기: 세심하게 일하고 우아하게 살기

부모와 아이가 함께 TED(미국의 비영리 재단으로, '널리 퍼져야 할 아이디어'[Ideas worth spreading]가 모토)의 강연 영상을 보면 영상 속 비범한 경력을 가진 강연자들은 모두 분위기를 조성하는 데 고수들임을 알 수 있다. 연단에 선 강연자들은 생동감 넘치고 비상한 언어를 사용하여 이야기를 생생하게 전달하면서 청중의 감정을 건드린다. 그러면 청중들은 그들의 표정과 몸동작에 빠져든다.

왜 이런 강연자들은 쉽게 청중의 감정을 움직일 수 있는 걸까? 강연 내용에 가치와 매력이 있다는 것이 첫 번째 이유고, 강연자가 만든 특별한 분위기에 청중들이 빠져들었다는 것이 두 번째 이유다. 이 두 요소는 강연의 성패를 좌우하는 중요한 열쇠다. 강연자가 좋은 강연 분위기를 만들어 청중의 감정을 움직이면 그 강연은 성공한 것이다.

분위기에 따라 사람의 감정 변화는 크게 달라진다. 병원을 예로 들어보자. 병원에서는 의사와 간호사들이 하얀색 가운을 입고 소독약 냄새를 풍기며 단조로우면서도 엄숙한 느낌을 준다. 이런 상황에서는 덩달아 조용해지고 기분도 가라앉게 된다. 특히 중증 환자를 보면 비관적인 감정이 생기기도 한다. 이래서 병원을 싫어하는 사람들이 많다.

이번에는 디저트 가게를 떠올려 보자. 분위기가 완전히 다르다. 디저트 가게는 손님을 끌기 위해 인테리어를 할 때 따뜻한 색상을 선택해서 보는 사람들로 하여금 편안함을 느끼도록 한다. 판매하는 디저트의 색깔과 맛에는 더 심혈을 기울인다. 디저트 가게에서는 어른들과 아이들 모두 맛있는 디저트를 즐기며 기뻐한다. 이런 분위기 속에서 사람들의 감정은 쉽게 감화될 수 있다. 아이들은 왜 디저트 가게, 놀이공원, 동물원 같은 장소를 좋아하는 걸까? 그곳에서 편안하고 즐거운 감정을 느낄 수 있기 때문이다.

감정 관리법에서 분위기 만들기는 아이들이 적극적으로 강점을 컨트롤할 수 있도록 하는 중요한 방법 중 하나다. 좋은 분위기에서는 아이의 감정 상태 역시 좋아지고, 나쁜 분위기에서는 아이의 감정 상태도 불안정해지고 부정적인 감정에 시달리기 쉽다.

그렇다면 부모는 어떻게 해서 적극적이고 긍정적인 분위기를 만들 수 있을까?

먼저, 아이의 감정은 가족 분위기의 영향을 받는다. 부모님의 감정이 안정적이면 가족 분위기도 밝고 조화롭고 아이 역시 활발하고 명랑하다. 반면, 부모님이 자주 다투면 아이의 감정은 불안정해지고 처지거나 거칠어지기 쉽다.

그런 이치로 아이가 열심히 공부하기를 원하는 부모라면 아이에게 좋은 학습 분위기를 조성해줘야 한다. 윗물이 맑아야 아랫물이 맑듯 부모님이 배우기를 좋아하고 독서를 즐기면 아이도 이를 보고 즐겁게 공부할 수 있다. 퇴근 후 집에 돌아와 게임만 하거나 TV만 보는 부모님이 어떻게 아이에게 스스로 공부 좀 하라고 요구할 수 있겠는가. 부모님이 솔선하여 좋은 가족 분위기를 만들기 위해 노력해야 한다.

둘째, 부모는 아이를 위해 깨끗한 생활환경을 만들어야 한다. 지저분한 환경은 아이의 감정에 영향을 미쳐 공부하고 싶은 마음을 사라지게 한다. 하지만 깨끗한 환경이라면 아이 역시 즐거운 마음으로 무슨 일이든 질서정연하게 할 수 있다.

셋째, 부모는 아이가 스스로 분위기를 조성하도록 지도해야 한다. 일상생활에서 아이 스스로 방을 정리하고, 책상 위를 깔끔하게 치우고, 옷장 안의 옷들도 가지런히 접어 차곡차곡 넣어 두고, 책가방 안의 책과 학용품도 잘 정리해야 한다. 공부할 때 아이는 분위기를 갖춘 학습 환경을 선택해야 한다. 깔끔하게 정리된 책상도 좋고, 친구와 함께 도서관에 가서 공부해도 좋다. 자신이 가장 좋아하는 학습 환경과 방식을 찾아서 동기 부여가 되도록 하면 적극적이고 긍정적인 감정을 유지할 수 있다.

독일 뮌헨 유아교육연구소 소장 바실리오스 프테나기스^{Wassilios} ^{Fthenakis}는 중국과 경험 교류를 하며 다음과 같이 말했다. "부모와 가정은 아이의 일생에 영향을 준다. 부모님들은 아이를 교육할 때 말 한마디, 행동 하나도 조심해야 한다. 교육 방법에 주의하면 효과는 더 오래갈 수 있다."

부모와 아이가 함께 좋은 가족 분위기와 학습 분위기를 만들어야만 따뜻한 가족 분위기 속에서 아이가 낙관적이고 적극적인 감정 상태를 유지할 수 있고, 편안하고 조용한 학습 분위기 속에서 근심 없이 성장할 수 있다.

> 우리에게 실패의 교훈을 알려주는 이가 아무도 없다면 우리는 한 가지 일도 제대로 이루지 못한다. 우리는 옳고 잘못된 것 중에 하나를 선택해야 하는데, 잘못된 선택과 옳은 선택의 확률은 같다.
>
> - 루이스 토마스

학구파 스토리: 감정을 끌어안고 용감하게 출발하기

2018년 3월 3일 오전 8시 5분, 설 연휴가 끝나고 학교로 돌아갈 준비를 하던 왕루덩王露橙은 알람을 끈 뒤 눈을 비비며 휴대폰의 이메일 수신 알림을 확인했다. '새로운 메일이 1개 있습니다.' 눈에 잠기운이 가득한 채 휴대폰을 터치한 그녀는 이메일 발신자가 하버드대학교 교육대학원이고, 메일 제목이 '석사과정 지원 상태 업데이트'임을 발견했다. "정말 너무 놀랐어요. 떨리는 손으로 메일을 열었더니 오색 리본이 펄럭이는 합격통지서가 나왔어요." 당시를 떠올리던 왕루덩은 그날의 기억이 아직도 선명했다. "엄마는 그때 주무시고 계셨는데, 제가 가서 흔들어 깨우고 작은 목소리로 알려드렸어요. '저 하버드 합격했어요'라고." 왕루덩의 어머니는 인터뷰에서 이렇게 말했다. "너무 기뻤죠. 정말 감개무량했어요. 아장아장 걸음마를 하던 루덩이 그렇게 좋은 결과를 얻다니. 우리 딸은 항상 저의 걱정 1순위예요."

그런 왕루덩은 이미 하버드대학교 교육대학원을 졸업하고 '인류발전과 심리학' 분야의 석사학위도 취득했다. 그러나 이렇게 뛰어난 성과를 거둔 왕루덩이 순풍에 돛을 단 듯 편안한 인생길만 걸어온 것은 아니다. 심리학을 공부한 그녀가 심리상담사의 도움을 받던 때도 있었다. 왕루덩은 침착하게 자신의 과거를 이야기했다. "저도 많은 좌절을 겪었어요. 불안한 감정에 호되게 당하기도 하고, 가장 사랑하는 엄마와 사이가 틀어지기도 했어요. 정말 미친 사람처럼 최선을 다했는데, 노력할수록 결과는 실패로 돌아왔죠." 왕루덩은 훗날 사람은 자신의 감정을 모른 체하고 살아갈 수 없다는 사실을 깨달았다. "자기의 감정을 이해하고 적극적으로 자신의 감정을 조절하면 건강한 마음가짐으로 모든 어려움을 극복할 수 있어요."

노력할수록 실패하고 불안해진다

어려서부터 왕루덩은 말을 잘 듣는 착한 아이였고 가족들도 루덩의 교육과 양육을 아주 중요하게 생각했다. 루덩의 어머니는 이렇게까지 말한다. "어떤 것보다 딸의 일이 제일 중요하죠." 노력파였던 왕루덩은 어려서부터 명문 학교에서 열심히 공부하며 부모님을 실망시키지 않았다. 그녀는 노력한 만큼 성과를 얻는다는 말을 굳게 믿었다. 하지만 고3이 된 왕루덩은 그녀의 인생에서 가장 중요한 변곡점을 맞았다. 그녀는 아무리 노력을 기울여도 성과가 나지 않자 절망했다. 당시 감정을 관리할 줄 몰랐던 그녀는 왜 자신의 노력에 상응하는 결과가 나오지 않는지 알 수 없었다.

명문 고등학교에 진학한 왕루덩은 입학하자마자 계획을 세우고 이를 실천하기 시작했다. 고3이 된 그녀에게는 1분 1초도 아까웠다. "지금 생각해보면 고3 때는 쉰다는 개념이 아예 없었던 것 같아요." 대입 시험을 준비하던 시기, 그녀는 매일 아침 6시 15분에 일어나면 곧바로 공부를 시작했다. 수업 시간에도 최선을 다했고, 자습 시간에도 최대한 집중해서 문제를 풀었다. 밥 먹는 시간, 물 마시는 시간, 화장실 가는 시간까지도 쪼개서 공부에 투자했다. "저는 스스로에게 잠시 멈춰서 숨 고를 시간조차 주지 않았어요. 잠깐이라도 풀어지거나, 휴식을 취하거나, 수다를 떠는 것은 죄악처럼 느껴졌죠." 그런 노력에도 불구하고 결과는 기대에 미치지 못했다. 고3 2학기가 되고 왕루덩

하버드대학에서 어머니와 함께한 왕루덩

은 2등에서 10등으로, 다시 15등으로, 또 100등으로 석차가 점점 떨어졌다. 필사적으로 공부할수록 성적은 계속해서 떨어져만 갔다. "제 시험 성적이 좋지 않은 건 노력이 부족해서였다고 생각했어요. 그래서 성적이 떨어질 때마다 더 절박하게 매달렸죠. 나중에는 10분의 쉬는 시간과 점심시간에도 문장을 외우고, 작문을 하고, 문제를 푸는 데 할애했어요. 지금 생각해보면 그때의 저는 부정적인 감정을 깨닫지 못했고 그 감정들을 덮어놓고 억누르기에 급급했어요." 그렇게 자신을 막다른 길까지 내몰던 왕루덩은 밤에 잠을 이루지 못했고 대입시험 당일 답안 마킹에서 실수를 하고 말았다.

시험 성적은 기대에 미치지 못했지만, 다행히 베이징사범대학교 교육학부의 자체 시험을 무사히 통과하여 교육에 대한 탐색과 실천의 여정을 시작할 수 있었다.

감정 인지하기: 마음가짐의 변곡점

대학 입학 후에도 왕루덩은 여전히 바쁜 나날을 보냈다. 일찍이 석사 유학이라는 계획을 세워두었던 그녀는 입학한 뒤 줄곧 토플과 미국 대학원 입학시험인 GRE 등 영어 시험을 준비하기 시작했다. 왕루덩은 자신의 별명이 '왕바쁨'이라고 소개했다. 학교 수업, 실습, 학생회, 동아리 활동으로 그녀의 스케줄은 꽉꽉 차 있었다. 여름방학에는 교육 지원을 나가고, 영어 수업을 듣거나, 봉사활동을 하느라 집에 있을 시간이 거의 없었다. 당시 왕루덩의 심리 상태는 고3 때와 별반 다를 바가 없었다. 단지 목표가 대입 시험에서 유학으로 바뀌었을 뿐, 여전히 초조하고 피곤한 생활을 이어나갔다. 하지만 타조처럼 머리를 모래 속에 처박는다고 부정적인 감정이 사라질 리 없다. "급기야 저는 자신을 의심하고 아득함을 느끼기에 이르렀죠. '왜 이렇게 바빠야 하지? 왜 꼭 유학을 가야 하지? 왜 이렇게까지 노력해야 하는 거지?'라고 생각했어요." 왕루덩은 이런 생각도 들었다. 부모님은 유치원부터 유학까지 그녀의 인생의 1/5을 계획하셨는데, 자신의 삶이 송두리째 부모님께 지배당하는 것만 같았다. 그녀는 그런 굴레에서 벗어나고 싶었지만, 가족과의 소통이 어렵게만 느껴졌고 어머니와의 갈등도 늘어만 갔다. "밤에는 잠을 못 자고 낮에는 졸리고 피곤했어요. 또 밤이 되면 불안감이 커져갔죠. 그러다가 신경성 두통에 시달리기도 했어요." 건강에 빨간불이 켜지고 나서야 왕루덩은 자신의 몸과 마음의 건강이 모두 나빠졌다는 사실을 깨닫고 학교 심리상담소를 찾았다.

왕루덩은 심리상담사와 이야기를 나누면서 자신의 감정과 스트레스를 직시해야 한다는 것을 알게 됐다. 당시 상담 선생님은 그녀에게 종이 한 장을 건넸다. 종이 위에는 일과 공부, 관심사, 대인관계, 자기보호라는 네 가지가 있었다. 선생님은 그녀에게 이 네 곳에 할애하는 시간을 각각 써보라고 하셨다. "그 과정을 통해 그림 한 장이 완성되고 나서야 저는 제가 대부분의 시간을 일과 공부에만 쏟아 붓는다는 사실을 깨달았어요. 친구도 잘 안 만나고 여름 방학에는 취미생활 같은 것도 하지 않았죠. 감정을 해소할 수 있는 잠깐의 시간조차 허락하지 않은 거예요. 이런 상태로는 더 이상 안 될 것 같아서 공부와 휴식의 균형을 맞추고 감정이 자기만의 출구를 찾도록 해야겠다고 다짐했어요."

왕루덩은 자신의 감정 조절 방법을 이야기하면서 자신의 모든 감정, 특히 부정적인 감정을 받아들이는 것이 첫 단계라고 설명했다. 그녀는 자신의 가족은 '긍정적 에너지'가 넘친다고 했다. 그녀가 시무룩해 있으면 어머니는 딸이 긍정적인 태도를 유지할 수 있게 도와주셨다. 딸이 즐겁기를 바란 것이다. 물론 즐거움은 좋은 것이다. 하지만 즐겁지 않은 일과 마주했을 때조차 '미소'라는 가면을 쓰고 즐겁지 않은 감정을 마음 깊은 곳에 숨겨두어서는 안 된다. 왕루덩은 이렇게 설명했다. "사람은 누구나 기분이 나쁠 때가 있고, 초조하고, 막막해지고, 짜증 날 때가 있잖아요. 이런 감정들은 전부 자연스러운 거예요. 우리는 자신의 감정을 깨닫고, 이를 묘사하고, 받아들여야 해요. 그래야 다음에 그 감정과 다시 조우했을 때 어떻게 처리해야 할지 알게 될 테니까요."

적극적인 통제: 덤덤하게 불완전함을 받아들이기

감정 조절은 익숙해질 때까지 계속 연마해나가는 과정이다. 자신의 부정적인 감정을 알아차린 뒤부터 왕루덩은 자신의 감정을 점점 더 잘 파악할 수 있었다. 여러 가지 방법을 통해 자신의 감정을 표현하고 토로하기 시작했다. "연약함, 실패, 불안, 아픔, 이런 감정들이 생기는 것이 결코 나쁜 것만은 아니다. 너는 이 감정들에서 도망칠 필요가 없다. 부정적인 감정은 자신을 더 강하게 만들어주는 힘이자 공감의 시작이고 사람과 사람을 이어주는 역할도 한다." 왕루덩이 일기에 기록한 내용이다. 자신의 감정을 묘사하고 자신과의 대화를 통해 그녀는 고집 세고 완강하며 감정도 없는 사람이 아닌, 자기감정을 지배할 줄 아는 사람으로 거듭났다.

하버드에 입학한 그녀는 세계 각지에서 몰려온 엘리트들과의 경쟁과 강도 높은 수업에 갈피를 못 잡기도 했다. 하지만 스트레스와 불안감에 맞서게 된 그녀는 도망가는 타조를 선택하는 대신 바쁜 일상에 작은 의식을 하나 추가하기로 했다. 명상이었다. 잠시나마 머릿속을 비우고, 초조하고 충동적인 감정을 가라앉혀, 뇌에 충분히 생각할 시간을 주는 것이다. 이런 과정을 통해 더 이성적이고 냉정한 감정으로 문제를 보고 해결할 수 있게 되었다. 능률도 올랐고 몸과 마음 모두 편안한 상태를 유지할 수 있었다. 왕루덩은 이 밖에도 가족, 친구, 선생님과 대화하거나 인터넷을 통해서 많은 사람과 자신의 체험과 생각을 공유하기도 했다. 자신의 SNS 계정에 대학 생활, 하버드 대학원 생활, 교육, 유학, 여행과 관련된 내용을 올리며 사람들과 소통하고 정기적으로 자신의 유학 생활과 관련된 느낌을 써서 올리기도 했다. 또한 매년 자신의 생일에는 1년 동안의 노력과 결실, 미래에 대한 기대 등이 포함된 장문의 글을 올렸다.

자신의 감정을 조절할 수 있게 된 이후 왕루덩은 가족과의 관계도 훨씬 좋아졌다. "예전에는 엄마가 너무 저의 일만 생각하시는 것 같아서 불만이었는데, 나중에 생각해보니 엄마는 제가 잘못된 길로 가지 않고 행복하게 살기를 바라셔서 그랬던 거였죠. 엄마의 공감 능력은 정말 뛰어나세요. 제가 울적해 하면 엄마는 저보다 더 울적해하시죠. 하지만 그건 감정을 처리하는 데 도움이 되지 못했어요. 나중에는 엄마에게 지금은 기분이 조금 좋지 않은 것뿐이니 풀리면 괜찮아질 거라고 말씀드렸죠. 그러면 엄마도 너그럽게 이해해주세요.

지금은 엄마와 자매처럼 친하게 지내요."

왕루덩의 어머니는 자신의 자녀 교육과 관련하여 이렇게 정리했다. "저는 딸과 함께 성장했어요. 처음부터 엄마로 태어난 사람은 없잖아요. 딸아이가 커가는 과정에서 제가 때때로 실수할 때도 있고 속수무책인 경우도 많았어요. 그래서 더 열심히 공부했죠. 우선 저 자신을 아낄 줄 알아야 다른 사람을 사랑할 힘과 에너지가 생겨요. 저도 제 감정을 관리하려고 노력하며 딸과 함께 성장했습니다. 또 하나, 부모로서 아이와 자주 소통하는 것이 중요해요. 아이의 솔직한 감정을 이해하면서, 아이에 대해 더 많이 알아가고, 잔소리는 줄여야 합니다. 아이와 진솔하게 소통해야만 아이의 진짜 친구가 될 수 있어요."

장기 목표가 있으면 잠깐의 좌절로 낙담하지 않는다.

-찰스 C. 노블

3
····

시간 관리법
비능률적 부지런함과 작별하기

- 어떻게 하면 자신에게 맞는 시간 관리법efficiency을 찾아 시간을 컨트롤 할 수 있을까?
- 실행 가능한 계획을 세우고 체계적으로 목표를 실현하고 싶은데 어디서부터 시작해야 할지 모르겠는가?
- 능률적인 사람들이 사용한다는 포모도로 기법과 파레토 법칙은 무엇일까?

우리는 왜 '한 것도 없는데 하루가 다 지나가 버렸어.'라고 느끼게 되는 걸까? 이는 집중력이 부족하고 시간 관리 능력이 없어서 생기는 전형적인 문제점이다. 우리는 의미 없이 바쁘게 지내며 시간을 허비하고 그 결과 한 가지 일도 제대로 해내지 못한다. 효율이 가치를 결정하는데, 어떻게 하면 학습 효율을 최대화할 수 있을까? 시간 관리의 최적화부터 시작해보자.

시간 관리: 더 짧은 시간 안에 더 많은 일 하기

시간은 끝이 있다는 데 그 의미가 있다

시간이란 무엇인가? 인류는 수천 년에 걸쳐 이 문제에 대한 답을 찾고 있다.

고대 그리스의 철학자들과 수학자들은 시간을 어떻게 정의해야 할지 고민하며 지혜를 모았지만, 결국 명확한 답을 내리지 못했다. 영국의 물리학자 뉴턴은 "시간은 신비로운 숨결에 덮인 객체다. 시간은 모든 물체로부터 독립되었기 때문에 절대적이다."라고 말했다. 그리고 아인슈타인은 시간은 대자연 속의 '자유로운 개'가 아니라 실질적인 척도라고 했다. 또 스티븐 호킹은 아인슈타인의 일반 상대성 이론에 근거하여 자신의 관점을 이렇게 제시했다. "우주의 시간에는 시작점이 존재한다. 그것은 빅뱅에서 시작되며 이 시작점을 '특이점'이라고 한다. '특이점'에는 '이전'이라는 것이 없기 때문에 이전의 시간에 관해 토론하는 것은 아무런 의미가 없다. 우리는 또 시간, 공간, 물질을 분리하여 설명할 수도 없다. 시간과 공간은 4차원 시공을 이뤄 우주의 기본 구조를 형성하기 때문이다. 따라서 물질과 시공은 공존하며, 물질이 존재해야 시간도 의미가 있게 된다."

현대 물리학에서는 시간이 인류가 물질 운동 과정이나 사건 발생

과정을 기술할 때 사용하는 계수로, 물질의 운동, 변화의 지속성, 순차적인 표현이라고 정의한다. 비록 우리는 일상생활에서 시간을 측정할 수 있고 심지어 '시간'을 손목에 차거나 벽에 걸어둘 수도 있지만, 시간의 추상적 개념에 대해서는 아직도 명확하게 정의하지 못하는 것이 사실이다.

만약 시간의 시작점이 빅뱅이라면 시간의 끝은 어디일까?

스티븐 호킹은 시간에는 시작도 있고 끝도 있다고 했다. '빅뱅 이론'에 따르면 우주는 계속해서 팽창 상태에 있으며 더 이상 자신의 질량을 견딜 수 없을 만큼 팽창하면 안쪽으로 붕괴되어 거대한 블랙홀을 형성하게 된다. 이 블랙홀이 바로 시간의 '끝'이라는 것이다.

비록 시간에는 끝이 있지만, 인류에게 시간은 여전히 끊임없이 앞을 향해 나아가는 '영원한 것'이다. 중요한 것은 시간의 의미가 어디에 있느냐는 것이다. 영국 작가 재닛 윈터슨 Jeanette Winterson의 저서 《시간의 틈》에는 다음과 같은 문장이 있다. "시간은 끝이 있다는 데 그 의미가 있다. 만약 시간에 끝이 없다면 시간은 시간이 아니지 않는가?" 계속해서 앞으로 나아가는 시간이라는 긴 강에서 살아가는 모든 이의 삶에 주어진 시간은 유한하다. 다른 점이라면 어떤 이는 허송세월하며 시간을 낭비하고, 어떤 이는 시간을 소중히 여겨 더 의미 있는 일에 쓰며, 1분 1초에 가치와 의미를 부여하며 산다는 것이다.

시간은 신이 모든 사람에게 공평하게 나눠준 선물이다. 시간 앞에 인간은 누구나 평등하다. 재산이 얼마나 있든, 얼마나 대단한 권력을 쥐고 있든, 출신이 어디든 관계없이 누구에게나 하루는 24시간이다. 중요한 것은 주어진 시간을 당신이 어떤 태도로 대하느냐다.

"시간은 가장 공평하다. 누구에게나 24시간이 주어진다. 시간은 불공평하기도 하다. 누구에게나 24시간이 주어지지 않는다." 영국의 유명 박물학자이자 교육가인 토마스 헉슬리Thomas Henry Huxley의 말이다.

시간 관리의 중요성을 아는 사람은 1분 1초의 시간도 잘 활용하여 효율적으로 공부와 일을 한다. 이들에게 주어진 하루 24시간은 남들보다 더 길어 보인다. 이들은 같은 시간 안에 의미 있는 일을 더 많이 할 수 있다. 반면 시간 관리를 하지 못하는 사람은 대부분의 시간을 헛되이 보낸다. 똑같이 주어진 24시간이 소리 없이 흘러가지만, 그들은 알아차리지도 못한다. 헉슬리는 이런 이유에서 위와 같은 말을 했다.

그렇다면 우리는 어떻게 하면 유한한 시간을 최대한 활용할 수 있을까? 시간 관리법이 강조하는 것이 바로 시간 관리를 배우라는 것이다. 짧은 시간 안에 훌륭하게 목표를 달성하여 시간의 진정한 가치를 드러내야 한다.

수십 년밖에 없어도 시간의 주인이 되어 보자

시간의 중요성은 말할 필요도 없다. 우리는 시간을 잘 활용해야 한다. 부모님들이 일할 때나 아이들이 공부할 때도 마찬가지다. 자신의 시간을 잘 관리하지 못하면 생활뿐만 아니라 일, 공부 할 것 없이 모두 엉망이 되고 만다.

노벨문학상 수상자인 가와바타 야스나리는 "시간을 허비하는 것은 삶을 허비하는 것과 같다."고 했다. 루쉰魯迅 역시 "자신의 시간을 낭비하는 것은 만성적 자살과 같고, 다른 사람의 시간을 낭비하는 것은 그 사람의 재물을 탐하여 목숨까지 해치는 것과 같다."고 했다.

시간을 소중히 여겨야 한다는 사실은 모두가 알고 있지만, 실제 생활에서 사람들이 시간 관리하는 것을 보면 그다지 낙관적이지 않다. 인생은 짧다고 한탄하면서도 삶을 낭비하며 사는 사람들이 많다. SNS에서 이런 문장을 보고 초조함을 느껴본 적이 있는지 모르겠다. "행복했던 어린 시절은 눈 깜짝할 사이에 흘러가버리고, 청춘은 언제 있었냐는 듯 사라지고, 내가 중년의 길로 접어들었다는 사실을 받아들이지도 못했는데 어느덧 흰머리가 하나둘 늘어만 간다. 어쩌면 죽을 때가 되어야만 시간의 의미를 알게 되는 것인지도 모르겠다."

아직 시간관념이 없는 아이들은 일을 마무리하지 못하고 질질 끌거나 학습 효율도 떨어진다. 저녁 6시까지 충분히 끝낼 수 있는 숙제도 꾸물대다 8시까지 붙잡고 있기 일쑤다. 이때 "다른 집 애들은" 하고 불평하기 시작하는 부모들도 있다. 왜 어떤 아이들은 자제력이 뛰어나서 공부할 때도 한눈팔지 않고, 적당히 놀 줄도 알고, 시험 성적으로 부모님 속을 썩이지도 않는 걸까? 이렇게 아이들 간의 격차를 벌려 놓는 것은 IQ의 차이가 아니다. 시간 관리 습관을 길러 효율적인 학습이 가능한 데서 차이가 벌어지는 것이다.

부모님이 곁에서 도와주셔서 시간을 잘 관리하는 아이들은 자신의 일상 계획도 잘 세울 줄 안다. 언제 숙제하고, 언제 참고서를 보고, 언제 놀고, 운동하고, TV를 보고, 언제 잠자리에 들지 등을 결정할 수 있다. 좋은 습관을 들이고 나면 이와 같은 일들을 할 때는 부모님의 걱정을 크게 덜어줄 수 있다.

하지만 시간 관리를 못하는 아이들은 공부할 때와 쉴 때가 규칙적이지 않고, 밥 먹고 잠자는 것조차 늑장을 부리며, 숙제할 때도 뭉

그적거린다. 또한 수업 시간에 필요한 배분적 주의력과 지속적 주의력이 부족하기 때문에 성적은 자꾸 떨어지게 된다. 어린 시절 형성된 습관은 아이들의 평생을 따라다니게 된다.

미국의 경영학 대가인 피터 드러커^{Peter Ferdinand Drucker}는 "시간을 관리하지 못하면 아무것도 관리하지 못한다. 시간은 이 세상에서 가장 부족한 자원이기 때문에 엄격하게 관리하지 않으면 제대로 할 수 있는 것이 아무것도 없다."고 말했다. 세상에 알려진 유명한 학구파들은 모두 시간 관리의 고수들이다. 그들은 학습 능력이 뛰어날 뿐만 아니라 어떻게 하면 능률적으로 공부할 수 있고, 어떻게 하면 짧은 시간 안에 학습을 마무리하여 최고의 성적을 거둘지를 알고 있다.

이번 챕터에서 소개하는 시간 관리법을 통해 부모님과 아이들은 시간 개념에 대해 새롭게 이해할 수 있고, 시간 관리를 할 수 있는 구체적이고도 합리적인 방법을 찾을 수 있으며, 나아가 시간의 주인이 될 수 있다. 시간 관리법은 특히 아이의 배분적 주의력과 지속적 주의력을 키우는 데 도움이 된다. 아이가 시간 관리법을 익히고 나면 자신의 시간과 주의력을 합리적으로 배분할 수 있고, 정해진 시간 동안 주의력을 지속할 수 있으며, 능률적이고 집중력이 향상된 학습 능력을 갖출 수 있게 된다.

> 쓸데없는 말은 듣지 말고 자신의 의지대로 행하라. 그러면 반드시 성공할 것이다.
>
> - 나스레딘 호자

큰 그림 보기: 목표 지향적인 삶

계획이 구체적이어야 더 잘 실행할 수 있다

아이가 시간의 중요성과 시간 관리의 필요성을 깨달은 뒤에는 큰 그림을 볼 수 있도록 부모님의 지도가 필요하다. 아이가 '시간 통제자'라는 위치에서 자신을 위한 구체적인 학습 계획을 세우도록 도와야 한다. 계획은 구체적일수록 더 잘 실행될 수 있다.

아이가 계획도, 목적도 없이 공부한다면 주의력을 집중하기 어렵고 시간을 잘 활용하기도 어렵다. 반대로 아이에게 자세하고도 명확한 계획이 있다면 나아갈 방향이 생기고, 자신의 집중력을 어디에 쏟으면 좋을지도 알게 된다. 이런 아이들은 1분 1초의 시간을 써도 최대의 효과를 얻을 수 있다. 성인들을 대상으로 교육한 미국의 데일 카네기^{Dale Carnegie}는 이렇게 말했다. "어떤 일을 하든 어떤 말을 하든 일의 크고 작음이나 말의 많고 적음과는 관계없이 당신은 우선 계획이 있어야 한다. 이 일을 하고 이 말을 하는 데 의미가 있는지 먼저 스스로 물어봐야 한다. 이렇게 할 수 있다면 당신은 분투의 기초를 쌓은 것이다." 아이에게 계획은 '행동 지침서'와 같은 것이다. 무슨 일을 하든지 먼저 계획을 세워야 한다. 머릿속에 있는 간단한 구상이라 할지라도 계획을 세워야 행동에 옮길 수 있다.

계획이 없는 아이들의 생활과 공부는 어떻게 될까? 이런 아이들은 목표도 없이 천방지축으로 날뛰는 것처럼 보인다. 언제 무슨 일을 해야 할지도 모르는 아이들은 부모님이 주신 용돈을 홀라당 다 써버리기도 하고 아무런 목표가 없으니 공부할 때도 선생님이 설명해주시는 지식만 수동적으로 받아들일 뿐이다. 또 수업 시간에는 교과서와 필요한 학용품을 찾아 헤매고 방과 후에는 선생님이 내주신 숙제도 제때 끝내지 못한다. 생활과 학습 과정에서 이런 모습을 자주 보이는 아이는 계획성이 없고 체계적이지 않다.

또 어떤 아이들은 부모님의 격려와 도움 아래 '주말 중 하루는 숙제 끝내기', '한 달 안에 성적 올리기', '이번 학기에는 엄마, 아빠께 발전하는 모습 보여드리기' 등과 같은 계획을 세운다. 하지만 성적에는 별반 변화가 없다. 왜일까? 이 아이들이 세운 계획이 지나치게 모호하고 공허하기 때문이다. 실행 과정에서도 정확한 목표나 시간을 제대로 알 수 없으니 집중력을 발휘하지 못하고, 결국 계획을 완수하지 못한다. 이렇게 모호하고 공허한 계획으로는 움켜쥔 손가락 사이로 모래가 빠져나가는 것처럼 시간만 속절없이 흘러간다. 그러다 보면 결국 계획은 완수하지 못하고 시간만 허비하게 되는 것이다. 따라서 부모는 아이가 모호하거나 공허하지 않고 구체적이고 명확한 계획을 세우도록 곁에서 지도하고 격려해야 한다.

계획 세우기의 첫 번째 단계는 바로 목표를 정하는 것이다. 미국 심리학자 로크^{Edwin Locke}의 '목표 설정 이론'에 따르면 목표 설정은 구체적이고 명확한 것이 가장 좋다. 예를 들어 '주말 중 하루는 숙제 끝내기'를 '10분 안에 수학 문제 15개 풀기'로 바꾸거나, '이번 학기에는 엄마, 아빠께 발전하는 모습 보여드리기'를 '수학 성적을 70점에서 90점으로 올리기'로 바꾸는 것이다.

계획 세우기의 두 번째 단계는 바로 목표 실현을 위한 구체적인 절차를 작성하는 것이다. 목표를 '종착점'이라고 한다면 구체적으로 실행에 옮기는 절차는 '노선도'라고 볼 수 있다. 목표 지점에 도착하려면 어디를 지나가야 하고, 또 무엇을 해야 하는지 보여주는 것이다. 목표를 '월말시험에서 1등 하기'로 정했다면 이 목표를 이루기 위해 책을 얼마나 읽고 문제를 얼마나 풀어야 하는지 등을 보여준다.

계획 세우기의 세 번째 단계는 절차마다 '타임 스탬프'를 찍는 것이다. 이 역시 매우 중요한 부분이다. 정한 목표가 아무리 원대하고 실행 절차가 아무리 완벽해도 이는 단지 '공수표'에 불과하다. 모든 절차마다 완료 기한을 두어야만 계획은 비로소 가치를 갖게 된다. 구체적인 완료 기한이 있으면 아이도 실행해야 할 절차에 얼마만큼의 시간을 할애해야 하는지 명확하게 알 수 있다.

부모는 아이가 학습 계획을 세워서 체계적으로 지식을 습득하고 시간을 잘 관리하도록 격려하고 지도해야 함은 물론이고, 계획이 모호하거나 공허하지 않고 구체적이고 명확하도록 지도해야 한다. 그렇게 해야만 아이는 자신의 목표를 정확히 찾아서 한 단계 한 단계 목표에 가까워지며 길을 잃지 않는다.

차근차근, 효율적으로 계획 실행하기

구체적이고 명확한 계획이 있다고 아이가 진짜 '시간의 주인'이 되는 것은 아니다. 계획이 아무리 훌륭해도 이는 여전히 말뿐이거나 종이 위에 적혀진 글자에 불과하다. 이를 행동에 옮겨야만 계획은 현실이 될 수 있다.

미국 보험업의 대가인 글렌 블랜드Glenn Bland의 저서 《인생의 계획》에는 이런 문장이 있다. "목표와 계획은 즐거움과 성공으로 이끌어주는 마법의 열쇠다. 명확한 학습 목표와 계획이 있고 이를 행동에 옮기는 사람들은, 목표와 계획이 머릿속과 종이 위에만 머물러 있는 사람들보다 10배에서 50배 정도 더 나은 미래를 보장받는다."

계획이 아무리 완벽해도 탁상공론으로 말만 앞세우며 실행하지 않으면 어떤 효과도 얻을 수 없다. 아이를 '이론의 거인, 행동의 난쟁이'로 키우고 싶지 않다면 아이가 즉각 행동에 옮기도록 지도해야 한다. 계획에 따라 차근차근, 과제를 하나씩 실행에 옮기며 모든 절차를 완수하다 보면 시간 관리도 능숙하게 해낼 수 있다.

1단계 시간을 어디에 썼는지 알 수 있게 아이가 시간을 기록하도록 지도한다

아이가 계획을 실행하다 보면 '시간 도둑'과 조우하기 마련이다. 30분이면 끝낼 수 있는 일을 2시간이나 걸려 끝내는 일이 빈번하다. 예를 들어 단어 뜻을 찾고 싶어서 휴대폰을 들었다가 SNS를 열어 친구들이 올린 게시물을 구경하고, 동영상도 보고, 노래 몇 곡 듣다 보면 자신도 모르는 사이 시간을 '도둑맞게' 된다.

그럴 때는 시간을 어디에 다 썼는지 알 수 없게 된다. 하지만 아이가 시간을 기록하면 자신의 행동을 점검할 수 있고, 주어진 시간 안에 어떤 가치 있는 일과 의미 있는 일을 했고, 어떤 성과를 얻었는지도 알 수 있다. 또 별로 중요하지 않은 일에 얼마나 많은 시간을 썼는지도 확인해 볼 수 있다.

부모는 아이가 공부에 얼마나 많은 시간을 썼는지, 식사와 휴식에는 또 얼마나 시간을 할애했는지 등을 기록하도록 독려할 수 있다.

시간의 '행방'을 알고 나면 아이는 취사선택을 함으로써 시간을 더 중요한 일에 사용할 수 있게 된다.

2단계 정해진 시간 안에 계획을 재점검해본다. 피드백이 있어야 자신이 얼마나 나아갔는지 알 수 있다

학습 계획의 모든 절차에 구체적인 완료 시간을 설정하면 아이는 계획에 따라 실행하면서 점검해 볼 수 있는 기회를 가질 수 있다. '오늘 내가 어떤 학습 목표를 끝냈지?', '이번 주에는 성적이 얼마나 올랐지?', '최종 목표까지 얼마나 남았지?' 이렇게 점검할 수 있는 시간을 가질 수 있다.

이런 피드백은 '학습 점검'과도 같은 것이다. 이를 통해 아이들은 자신을 점검할 수 있고 자신의 추진력을 더 잘 파악할 수 있다. 정해진 시간 안에 얼마만큼의 일을 할 수 있는지, 한계에 도달했는지, 더 올라갈 곳이 있는지 등을 스스로 가늠하는 것이다.

아이는 스스로 점검을 하면서 크고 어려운 목표를 발견하면 생각을 분해하는 방법으로 하나의 큰 목표를 다시 여러 개의 작은 목표로 분해할 수 있다. 이런 방식으로 실행의 효과도 높일 수 있다. 큰 목표든 작은 목표든 미루지 않고 최대한 계획한 기한 안에 완성할 수 있다.

3단계 계획의 실행 상황에 맞게 자신에게 벌이나 상을 준다

상벌 제도는 교육과 가정에서 쉽게 볼 수 있다. 아이가 한 행동에 상을 주면 긍정적이고 적극적인 심리적 경험을 얻게 되어 해당 행동을 더 강화하게 된다. 반면 벌을 받은 아이는 부정적이고 소극적인 심리적 경험을 하게 되어 해당 행동을 하지 않거나 줄여나가게 될 것이다.

계획을 실행하는 과정에서 부모가 아이와 상벌제도를 만드는 것에 대해 함께 논의한다면 더 효율적으로 계획을 실행할 수 있게 된다. 부모와 아이는 상에 관한 내용을 미리 정하고 상을 줌으로써 아이가 과제를 완수하도록 격려할 수 있다. 상을 받은 아이는 가볍고 즐거운 심리적 경험을 얻어 다음 과제를 완수할 때 활력과 자신감도 넘치게 된다. 상벌 제도를 도입할 때 부모는 당연히 감독도 해야 하겠지만, 상이나 벌을 받은 뒤 아이와 그 일에 대해 자세히 이야기를 나누는 것이 더 중요하다. '나는 왜 계획한 과제를 완수하지 못했지? 나중에는 어떻게 피할 수 있을까? 이번 과제를 순조롭게 완수할 수 있었던 이유는 무엇일까? 성공의 경험은 어떤 것들일까? 어떻게 하면 더 잘 할 수 있을까?'와 같은 대화를 나누는 것이다. 아이가 자신을 되돌아볼수록 더 많은 경험을 쌓을 수 있고, 나아가 아이의 성장에 밑거름이 될 수 있다.

"신은 당신에게 사명만 주지 않는다. 이를 완수할 시간도 주지 않는다." 존 러스킨John Ruskin의 명언이다. 계획을 실행할 때 부모는 반드시 아이가 시간을 지키고 낭비하지 않는 습관을 기르도록 지도하고 감독해야 한다. 또한 계획에 포함된 모든 목표와 절차에는 정해진 완료 기한이 있음을 아이 스스로 깨닫게 하는 것이 더 중요하다. 주어진 시간 안에 완수해야만 계획의 실행이 의미가 있다.

삶의 목표가 있어야 한다. 평생의 목표, 한 시기의 목표, 한 단계의 목표, 일 년의 목표, 한 달의 목표, 일주일의 목표, 하루의 목표, 한 시간의 목표, 일 분의 목표가 있어야 한다.

- 톨스토이

포모도로 기법[10]: 효율적으로 25분 이용하기

시간의 개념을 '점'에서 '선분'으로 바꾸기

부모는 모두 아이가 자신의 시간을 잘 관리하기를 바라지만, 좋은 시간 관리법을 찾을 수 없어서 고민이다. 시간 관리에 관한 책과 방법은 셀 수 없을 정도로 많지만, 실제로 효과를 볼 수 있는 것은 극히 드물다. 이때 좋은 해결책이 될 수 있는 것이 바로 '포모도로 기법'이다. 포모도로 기법은 현재 유행하는 가장 간단하고 효과가 좋은 시간 관리법 중 하나다. 그러면 여기서 포모도로 기법은 어떤 시간 관리법인지 알아보자.

포모도로 기법은 일하는 시간을 여러 개의 '포모도로 시간'으로 쪼개는 것이다. 우선 완수할 과제를 하나 선택한 뒤, 포모도로 시간을 25분으로 설정하고 집중해서 공부나 일을 하는 것이다. 중간에 해

---

10) Wiley D(2010). Pomodoro Technique Illustrated: The Easy Way to Do More in Less Time. Online , 34(4),63.

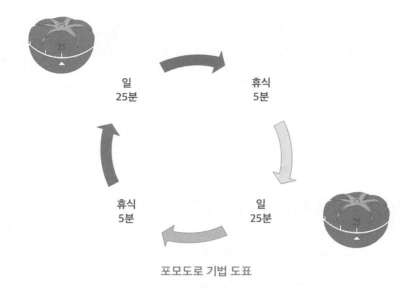

일
25분

휴식
5분

휴식
5분

일
25분

포모도로 기법 도표

당 과제와 관련 없는 일에 방해받지 않고 타이머가 울릴 때까지 진행
한 다음 5분간 휴식하는 방법이다. 포모도로 시간을 3~4번 반복한
뒤에는 15~30분 정도의 긴 휴식 시간을 가져도 좋다. 포모도로 기법
의 구체적인 순서는 다음과 같다.

1단계 도구 준비

포모도로 기법에 필요한 준비물은 아주 간단하다. 펜 한 자루, 종
이 두 장, 타이머 하나만 있으면 된다. 타이머는 꼭 토마토 모양일 필
요는 없다. 시간을 잴 수 있는 것이면 무엇이든 좋다. 자명종, 모래시
계 등도 사용할 수 있지만 되도록 휴대폰은 사용하지 말도록 하자.
휴대폰 속 앱이 아이들의 주의력을 빼앗을 수 있기 때문이다.

두 장의 종이 위에 표를 그린다. 한 장은 '오늘 할 일 목록', 다른 한 장은 '작업 목록'이다. '오늘 할 일 목록'에는 그날의 날짜를 쓰고 그날 반드시 마쳐야 하는 과제를 나열한다. 이 종이는 매일 새것으로 바꾼다. '작업 목록'에는 당신이 가까운 시일 내에 마쳐야 하는 과제를 작성하는데, 이때 중요한 것과 중요하지 않은 것, 급한 것과 급하지 않은 것에 따라 우선순위를 정할 수 있다. '작업 목록'은 여러 날 사용하기 때문에 언제든지 새로운 과제를 추가할 수 있고 이미 완료한 과제는 지워나가면 된다.

2단계 타이머에 설정할 포모도로 시간 정하기

다음은 부모와 아이가 대화를 통해 포모도로 시간을 정한다. 25분도 좋고, 1시간도 좋다. 아이가 자신의 포모도로 시간을 25분으로 정했다면 그 25분 동안은 반드시 공부에만 집중한 뒤 5분간 휴식하고 다시 다음 포모도로 시간을 시작한다. 포모도로 시간을 3~4번 반복한 뒤에는 15~30분간 휴식을 취해도 좋다.

아이가 포모도로 시간을 25분으로 정해서 '오늘의 할 일 목록'에 있는 과제를 완수하면 능률이 오른 것을 직접 확인할 수 있을 것이다. 이 25분 동안은 아이가 한 가지 일에만 몰두했기 때문이다. 25분은 그렇게 긴 시간이 아니다. 특별히 급한 일이 없다면 보통 사람이 25분간 집중력을 유지하는 것은 크게 어렵지 않다.

한 번의 포모도로 시간 안에 한 가지 과제만 처리하는 것이 일반적이지만, 만약 과제가 너무 복잡하다면 여러 개의 포모도로 시간으로 나누어 완성할 수도 있고, 반대로 과제가 간단하다면 몇 개의 작은 과제를 하나로 합쳐서 한 번의 포모도로 시간 내에 완수하는 것도 하나의 방법이다.

이때 기억할 점은 타이머가 울리면 아이는 즉각 하던 일을 멈추고 뇌를 쉬게 만들어 줘야 한다는 것이다. 쉴 때는 방금 처리한 과제에 대해서 생각하지 말고, 다음에 이어서 진행할 과제에 대해서도 생각하지 않는 것이 가장 좋다. 쉴 때도 집중해서 쉬도록 해야 한다.

3단계 방해 요소에 대응하기

포모도로 시간이 25분에 불과하지만, 여러 방해 요소로 인해 집중하지 못할 가능성이 있다. 이런 방해 요소는 보통 두 가지 형태로 나타나는데, 내부 중단과 외부 중단이 바로 그것이다.

내부 중단은 친구에게 전화해줘야 하는 것을 깜빡한 것처럼 갑자기 다른 할 일이 생각나는 것을 말한다. 이때는 갑자기 생각난 일을 '오늘의 할 일 목록'에 써넣은 뒤 진행하던 포모도로 시간을 중단하지 않고 끝까지 이어나가면 된다.

외부 중단은 바로 처리해야 할 긴급하고도 중요한 일을 말한다. 이런 경우에는 진행하던 포모도로 시간을 포기해야 한다. 5분밖에 남지 않았더라도 우선 더 급하고, 더 중요한 일을 먼저 처리한 뒤 다시 포모도로 시간을 새로 시작하면 된다.

포모도로 기법은 시간의 개념을 '점'에서 '선분'으로 바꿔 놓기 때문에 아이는 시간 관리를 확실히 할 수 있고, 시간 배분 역시 감을 잡아 능숙하게 할 수 있다. 포모도로 기법을 올바르게 사용하면 학습 과제에 대한 아이의 예측 능력을 키울 수 있을 뿐만 아니라, 자신의 학습 효율도 파악할 수 있고, 나아가 정확한 목표를 가지고 문제점을 개선할 수 있게 된다.

성취감을 맛보며 조금씩 정상을 향해 올라가기

포모도로 기법은 스웨덴 작가 프란체스코 시릴로 Francesco Cirillo가 제안했다. 프란체스코 시릴로는 학창 시절 열등생이자 미루는 병을 앓는 중증 환자였다. 시간 관리라고는 전혀 모르는 사람이었다. 대학생이 돼서도 공부에 집중하지 못하고 공부 효율 역시 낮아 매일 혼란 속에서 지냈다. 그는 자신이 대학에서 무엇을 얻었는지는 알 수 없었지만, 자신이 매일 시간을 허비하고 있다는 사실은 알고 있었다. 공부할 때는 딴 데 정신을 팔고 대부분의 시간을 게임을 하는 데 쓰다 보니 성적은 엉망이고 매번 시험 때가 되면 스트레스를 심하게 받았다.

어느 날, 그는 진지하게 자신을 성찰한 뒤 자신과 내기를 했다. "내가 10분 동안 집중해서 공부를 할 수 있을까, 없을까?" 그는 주방에서 토마토 모양의 타이머를 하나 가져왔다. 이것이 바로 '포모도로 시간'의 유래다. 안타깝게도 그는 자신과의 내기에서 지고 말았다. 고작 10분도 집중하지 못한 것이다. 하지만 그 결과가 오히려 그의 투지에 불을 지핀 계기가 되었다. 그는 집중력을 키울 수 있는 방법을 찾기 위해 무수히 시도했고, 결국 간단하고도 효과적인 포모도로 기법을 발명하며 큰 인기와 더불어 삶의 정상에 오를 수 있었다.

아이들은 포모도로 기법을 통해 학습을 수행하는 과정에서 느끼는 불안감을 해소할 수 있고 공부에만 집중할 수 있게 된다. 포모도로 시간 동안 아이는 전심전력을 다하기 때문에 두뇌 회전은 빨라지고, 생각이 분명해지며, 주의력도 향상되어 학습 능률을 효과적으로 높일 수 있다.

포모도로 시간 동안 아이는 복잡한 학습 과제를 간단한 몇 개의 포모도로 시간으로 쪼갬으로써 복잡한 학습 과제로 인한 두려움을 줄여나갈 수 있다. 포모도로 기법을 사용할 때는 이의 상황에 맞게 시간을 조절해도 좋다. 25분이라는 포모도로 시간이 맞지 않는다고 생각되면 시간을 늘리거나 줄여도 되며 중간의 쉬는 시간 역시 조절할 수 있다. 맞춤형으로 조절한 포모도로 계획을 통해 아이는 더 뚜렷한 목표를 가질 수 있고, 하나의 포모도로 시간을 끝낼 때마다 성취감도 맛볼 수 있다.

성취감은 아이의 학습 효율을 높여주는 최고의 원동력이 되기도 한다. 심리학에서 성취감은 긍정적인 감정의 경험이자 아이가 자아 가치를 구현하고 인정을 받는 '보상'과도 같은 것이다.

헤겔의 《미학》에는 깊이 되새겨 볼 만한 이런 예시가 있다. "한 소년이 돌멩이 하나를 강물에 던지고는 놀란 눈빛으로 강물에 떠오른 파문을 바라보았다. 소년에게 그것은 작품이었다. 그 작품 속에서 소년은 자신이 만든 결과물을 보았다."

헤겔이 말한 '소년은 자신이 만든 결과물을 보았다'는 성취감을 설명한다. 다시 말해, 성취감은 아이가 학습 목표를 완수하고 성공한 뒤에 느끼는 만족감을 뜻한다. 아이가 목표를 성공적으로 완수하고 상과 칭찬을 받으면 만족감은 더 커지게 되고, 계속해서 다음 학습 목표를 이어나갈 힘을 얻게 된다.

포모도로 기법의 최종 목적은 아이가 포모도로 시간을 마칠 때마다 높아지는 능률을 통해 더 큰 성취감과 만족감을 느끼게 하는 것이다. 아이가 성취감을 얻게 되면 의욕이 강해지고 공부에 더 집중할 수 있게 된다. 성취감 속에서 학습 능률도 높일 수 있고 정상을 향해 한 걸음씩 차근차근 오를 수 있게 된다.

> 세상에는 두 가지 물질만 있다. 고효율과 저효율. 세상에는 두 종류의 사람만 있다. 고효율의 사람과 저효율의 사람.
>
> -버나드 쇼

파레토 법칙: 유한한 시간을 더 옳은 일에 사용하기

명확하게 하기: 모든 일에는 우선순위가 있다

현대인들은 '눈코 뜰 새 없이' 바쁘게 살아간다. 그런데 매일 많은 시간을 일과 공부에 쏟아붓지만 결과는 미미하다. 왜 그럴까? 시간을 과학적으로 관리하지 못하는 데서 그 원인을 찾을 수 있다. 분명한 목표도 없고 모든 일에 우선순위가 있다는 것도 모르기 때문이다. 한정된 시간은 더 중요한 일에 우선 써야 한다.

부모 아이 할 것 없이 다들 이런 난처한 경험들이 있을 것이다. 분명 하루면 충분히 끝낼 수 있는 일이었는데, 안 해도 될 다른 일을 하다가 계속 미루기만 하고 결국 제시간에 끝내지 못한다. 비교적 간단한 학습 계획을 세웠는데 엉뚱한 일을 하다가 계획은 결국 '물거품'

이 되고 만다. 시간이 흐르면서 완성하지 못한 일들과 끝내지 못한 계획들은 쌓여만 가고 초조함도 더해만 간다. 이때 꼭 해야 할 일과 과제의 우선순위를 명확히 해서 급하고 중요한 일부터 처리했다면 이런 난처한 상황은 피할 수 있었을 것이다.

미국의 34대 대통령 드와이트 아이젠하워^{Dwight David Eisenhower}는 시간 관리를 위한 지혜가 넘치는 '아이젠하워 박스'를 제시했다. 이를 통해 자신의 시간을 어디에 사용해야 할지를 명확히 할 수 있다. '아이젠하워 박스'의 구체적인 절차는 다음과 같다.

먼저, 열십자를 그려 네 개의 사분면으로 나눈다. 여기에 중요하고 긴급한 일, 중요하지만 긴급하지 않은 일, 긴급하지만 중요하지 않은 일, 중요하지도 긴급하지도 않은 일을 각각 하나씩 넣는다.

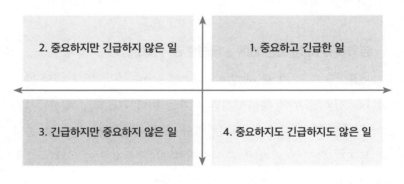

| 2. 중요하지만 긴급하지 않은 일 | 1. 중요하고 긴급한 일 |
| 3. 긴급하지만 중요하지 않은 일 | 4. 중요하지도 긴급하지도 않은 일 |

아이젠하워 박스

제1사분면 중요하고 긴급한 일 – 반드시 곧바로 처리해야 한다
중요하다는 것은 일이 갖는 영향력과 의미가 커서 다른 일에까지 크게 영향을 미칠 수 있다는 것을 의미한다. 긴급하다는 것은 바로 처리하고 바로 대응해야 하는 일을 말한다. 제1사분면에 포함될 일로는 선생님이 내주신 학교 숙제, 곧 있을 영어 시험, 수업 시간에 대답할 문제 등이 있다. 제1사분면 안의 일들은 매우 중요하고도 긴급하므로 아이가 에너지를 집중해 바로 처리해야 한다. 만약 이를 미루거나 제대로 처리하지 않으면 일은 더 긴급해지고 부정적인 영향을 초래하게 된다.

제2사분면 **중요하지만 긴급하지 않은 일 – 간과하거나 누락해서는 안 된다**

제2사분면의 일들은 그다지 긴박하지는 않지만, 장기적으로 보면 크게 영향을 주는 일들이다. 집에서 스스로 하는 숙제, 학습 계획, 이상, 포부 등이 여기에 포함된다. 간단한 예를 들어보자. 선생님이 여름방학 숙제를 내주셨다. 아이에게는 방학 동안 이것을 다 할 수 있는 시간이 충분히 주어졌고, 급하게 처리하지 않아도 될 뿐만 아니라 자유롭게 숙제를 할 수 있다. 하지만 많은 시간을 투자해야만 숙제를 마칠 수 있다. 만약 이 과정에서 돌발 상황이나 어떤 문제가 발생한다면 이 제2사분면의 일들은 제1사분면의 일로 바뀌고 아이는 더 많은 시간과 에너지를 투자해서 처리해야 할 것이다.

제3사분면 **긴급하지만 중요하지 않은 일 – 적당히 간과할 수 있다**

이런 상황을 상상해 볼 수 있다. 쉬는 날, 집에서 혼자 숙제를 하거나 소파에 누워 책을 읽고 있는데 갑자기 전화벨이 울린다. 전화를 받으니 친구가 함께 문제집을 사러 서점에 가자고 한다.

이 일은 아주 긴급해 보이지만 중요하지는 않다. 심지어 가지 않아도 문제가 될 것이 없다. 만약 친구가 '친절하게 제안한 요청'을 거절하지 않고 함께 서점에 간다면 하던 숙제는 끝내지 못하게 되고 다음 학습 진도와 계획에 차질이 생기게 된다. 친구의 요청은 긴급해 보이지만 특별한 의미는 없다. 오히려 공부와 생활에 영향을 줄 뿐이다. 이것이 바로 제3사분면 안의 일들에 대한 설명이다. 이런 일을 제1사분면의 일처럼 처리한다면 분명 잘못된 것이다.

제4사분면 긴급하지도 중요하지도 않은 일 - 빠지지 않도록 주의해야 한다

제4사분면 안의 일은 해도 되고, 안 해도 된다. 하지만 아이의 삶에 분명 도움이 되는 것들이다. 긴급하지도 중요하지도 않기 때문에 아이가 너무 그 안에 빠져서 많은 시간과 에너지를 쏟지 않도록 주의해야 한다. 게임, 인터넷, 윈도쇼핑, 영화 보기, 음악 듣기 등이 여기에 포함된다.

시간 관리에서 가장 중요한 핵심은 바로 분명한 목표가 있고 일이나 과제의 우선순위를 분명히 해야 한다는 것이다. 먼저 부모가 '아이젠하워 박스'의 개념을 이해한 뒤, 이 시간 관리 방법을 아이에게도 가르쳐주면 좋다. 아이는 이 방법을 통해 생활 속의 일을 분류하는 방법을 익히고 긴급함과 중요성의 정도에 따라 합리적으로 사분면으로 나눌 수 있게 된다. 이런 과정을 통해 허둥지둥하는 상황을 피할 수 있고, 능률적으로 일을 진행할 수 있으며, 시간의 가치를 최대화하여 문제 해결에도 도움이 될 수 있다.

선택: 최후의 승리를 위한 취사선택

'아이젠하워 박스'도 있지만 중요한 시간 관리 방법이 또 하나 있다. 바로 '파레토 법칙(80대 20의 법칙)'이다. 경영학을 배운 사람이라면 '파레토 법칙'의 개념이 결코 낯설지 않을 것이다. '파레토 법칙'은 19세기 말, 이탈리아의 경제학자 빌프레도 파레토^{Vilfredo Pareto}가 처음 제시했다.

1897년, 이탈리아 경제학자 빌프레도 파레토는 19세기 영국의 부와 소득의 유형에 주목하기 시작했다. 그는 표본 조사를 진행하던 중 영국 대부분의 부는 소수의 사람에게로 흘러간다는 사실을 발견했다. 여기에 또 다른 중요한 현상을 발견하게 된다. 한 집단이 전체 인구에서 차지하는 비율과 이들이 향유하는 총소득 간에 미묘한 관계가 존재한다는 것이다. 이 미묘한 관계는 다른 시기와 다른 나라에서도 똑같이 존재했다. 초기 영국뿐만 아니라 다른 나라에도 이런 미묘한 관계가 존재하고 수학적으로 안정적인 상태를 보여주었다.

파레토는 훗날 다시 여러 조사를 실시하고 사회에서 20%의 사람들이 80%의 부를 차지한다고 지적했다. 다시 말해 부의 분배가 평등하지 못하다는 것이다. 파레토는 여기에 그치지 않고 생활 속에 존재하는 불균형의 현상들을 여럿 발견했다. 파레토는 이렇게 말했다. "이런 불평등한 관계는 '80대 20의 법칙'으로 설명할 수 있다. 물론 통계학적으로 정확하게 80%와 20%로 나타날 가능성은 적지만, 이 법칙은 대부분의 현상을 설명하기에 충분하다."

'파레토 법칙'은 경제학과 경영학에서만 사용되는 것이 아니다. 아이의 시간 관리에서도 매우 중요한 현실적 의미를 갖는다. '파레토 법칙'을 통해 아이는 정확한 선택을 할 수 있고, 자신의 시간과 에너지를 가장 중요한 '20%의 일'에 쓸 수 있으며, 나머지 '80%의 중요하지 않은 일'은 나중에 진행해도 괜찮다는 것을 알 수 있다.

사람은 누구나 유한한 시간 내에 더 많은 일을 하기를 바란다. 하지만 '파레토 법칙'은 우리에게 모든 일에는 우선순위가 있어야 하고 최후의 승리를 위해 때로는 포기나 희생이 필요한 때도 있다는 사실을 알려준다.

일상생활에서도 '파레토 법칙'을 쉽게 찾아볼 수 있다. 예를 들면 이런 것들이다. 20%의 사람은 긍정적인 사고를 하지만, 80%의 사람은 부정적인 사고를 한다. 20%의 사람은 자신만의 목표를 갖고 있지만, 80%의 사람은 쓸데없는 생각만 한다. 20%의 사람은 문제 안에서 답을 찾지만, 80%의 사람은 답에서 문제를 찾아낸다. 20%의 사람은 멀리 내다볼 줄 알지만, 80%의 사람은 눈앞의 일에만 신경 쓴다. 20%의 사람은 기회를 잡을 줄 알지만, 80%의 사람은 기회를 놓친다.

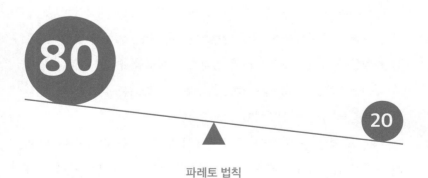

파레토 법칙

많은 부모와 아이가 시간 관리의 오류를 쉽게 범하면서 자신의 시간과 에너지를 중요하지 않은 곳에 써버린다. 그리고 나중에 돌이켜보면 자신은 80%의 시간과 에너지를 투입했는데, 결국은 20%만이 결과로 돌아왔다는 것을 알 수 있다.

부모와 아이가 '파레토 법칙'을 시간 관리에 활용할 줄 안다면 시간의 효과를 최대화할 수 있다. 부모는 아이가 하루의 학습 계획을 세우도록 지도할 수 있다. 먼저 오늘 할 일을 모두 나열한 뒤에 특히 중요한 몇 가지 일을 따로 구분하여 '20%' 범주에 포함시킨다. 그리고 80%의 시간을 투자하여 집중해서 이 일들을 완성한다. 나머지 중요하지 않은 일들은 '80%'의 범주에 포함시켜 '20%'의 시간을 들여 완료한다. 이렇게 하루의 공부가 끝나면 그날의 학습 상황을 정리해본다.

아이는 80%의 시간을 '20%의 일'에 사용했을 때 학습 효과가 눈에 띄게 올라간다는 사실을 발견하고는 놀라지 않을 수 없을 것이다. 그리고 '20%의 중요한 일'을 통해 얻은 결과는 '80%의 중요하지 않은 일'에서 얻은 결과보다 훨씬 뛰어나다는 사실도 알게 될 것이다.

이해하지 못하는 것도 항상 이해할 수 있다고 믿어야 한다. 그렇지 않으면 다시는 생각하지 않게 된다.

- 괴테

자유자재로 전환하기: 시간을 가지고 노는 방법

시간의 활동성과 유연성을 존중하라

성공학에서는 당신이 노력한 만큼 그에 상응하는 대가를 얻게 되며, 당신에게 돌아오는 대가는 당신이 어떤 노력을 기울였는지에 달려 있다고 말한다. 당신이 얻은 결과가 충분하지 않다는 것은 당신의 노력이 그만큼 적었다는 것을 의미한다. 일반적으로 노력과 대가는 상호작용을 한다. 봄에 파종을 하지 않았다면 가을에 수확을 기대하기 힘들지 않겠는가?

하지만 맹목적인 노력이 아닌 제대로 된 방식을 선택해서 노력을 기울여야만 할 때도 있다. 만약 우리가 어떤 일에 쏟아 부은 시간이 지나치게 많다면 우리의 생각은 무뎌지기 쉽다. 이때의 고생은 시간에 비례하는 결과를 얻기 어려워진다. 결과가 있다고 해도 아마 미미한 수준에 그칠 것이다. 학부모들도 이런 경험이 있을 것이다. 무슨 일을 하든지 한 가지 일을 쉬지 않고 계속 진행하다 보면 싫증을 느끼고 능률이 오르지 않게 된다. '포기하지 않고 끝까지' 일을 하기 위해 많은 시간을 할애했지만 제대로 잘 처리하기는 어려울 것이다.

누구나 뛰어난 지속적 주의력을 갖고 어떤 일을 완벽하게 단숨에 해치워버리기를 바랄 것이다. 하지만 현실은 꼭 그렇지만은 않다. 똑같은 일을 처리하는 데 집중력을 유지할 수 있는 시간은 사람마다 다르다. 나이가 어린 아이일수록 집중할 수 있는 시간은 짧기 마련이다. 만약 아이가 오랜 시간 집중력을 유지해서 수업을 듣든지, 숙제를 하든지, 아니면 다른 일을 하든지 모두 효율적으로 해낼 수 있다면 더없이 좋을 것이다. 그러나 관련 연구에 따르면 대부분의 성인이 집중력을 유지할 수 있는 시간은 20~25분에 불과하다. 그리고 극소수의 아이만 주의력을 집중할 수 있고 대부분의 아이는 오랫동안 이런 주의력을 유지하지 못한다.

우리 역시 생활 속에서 '계획이 변화를 따라가지 못하는' 상황과 자주 마주하게 되고, 이로 인해 불안감이 생기곤 한다. 시간 계획을 잘 세우고 계획표대로 시간을 엄격하게 준수하여 과제를 완성하다 보면 융통성이라고는 없이 계획표의 순서대로만 일을 진행하기 마련이다. 우리는 두 가지에 주의해야 한다. 첫째, 계획표의 시간은 '죽은' 시간이 아니다. 개인의 능력이나 과제의 난이도, 돌발 상황 등에 따라 시간을 합리적으로 조절해야 한다. 둘째, 시간 그 자체는 '죽은' 시간이 아니다. 우리는 시간의 활동성과 유연성을 존중하여 시간을 합리적으로 배분하고 과학적으로 계획을 수립해야 한다.

오랫동안 한 과목이나 내용만 계속 공부하다 보면 아이는 피로감을 느끼고 집중력도 떨어지게 된다. 아이의 주의력이 흩어지기 시작하면 부모는 아이가 사고방식을 바꾸거나, 공부 내용을 바꾸거나, 적절히 공부와 쉬는 시간을 조율해가며 다른 일을 하도록 도와줄 수 있다. 공부와 휴식 시간을 유연하게 조절하면 능률도 오르게 된다.

수업 시간에 학생들의 주의력이 흩어진다고 생각되면 선생님은 우선 진행하던 수업을 멈추고 아이들에게 재미있는 이야기를 들려주거나, 다른 숙제를 내주어 아이들의 관심을 집중시킬 수 있다. 이렇게 하면 아이들도 더 효율적으로 학습 모드를 유지할 수 있다.

수업시간 사이 10분의 쉬는 시간 역시 아이들이 공부와 휴식을 잘 조절하기 위한 시간이다. 아이들은 이 10분을 활용하여 책상을 정리하고, 다음 수업에 필요한 준비물도 준비하고, 교실 밖으로 나가 상쾌한 공기를 마시거나, 친구와 수다를 떨고, 적당히 몸을 움직여 운동해야 한다.

학교 수업이 끝나면 아이들은 공부는 잠깐 잊어버리고 최대한 지친 몸과 마음을 풀어줘야 한다. 친구들과 수다를 떨며 집으로 향하거나, 요즘 유행하는 노래를 듣거나, 게임 몇 판을 하는 등 자신이 좋아하는 일을 할 수 있다. 하지만 집에 돌아온 뒤에는 다시 집중해서 숙제를 마무리해야 한다. 과목마다 숙제가 있다면 자신이 좋아하는 분야와 숙제의 난이도를 고려해서 과목별로 숙제를 끝낼 시간을 유연하게 정할 수 있다. 그리고 30분마다, 또는 한 과목의 숙제를 끝낼 때마다 우선 책상을 벗어나 일어나 몸을 움직이거나 눈을 감고 잠시 마음을 편안하게 만들어야 한다.

방학에는 선생님이 여러 과목의 숙제를 내주신다. 한 과목의 숙제를 한꺼번에 모두 끝내놓고 다음 과목의 숙제를 하기보다는 매일 과목을 달리하여 계획을 짜는 것이 좋다. 국어 숙제에 지쳤다면 생각을 바꿔서 수학 문제를 풀어볼 수 있다. 수학 문제를 풀다 지치면 다시 영어 단어를 암기해도 좋다.

이렇게 시간의 활동성과 유연성을 존중할 줄 알아야만 아이가 공부와 휴식을 적절히 조절할 수 있게 되고 아이의 전환적 주의력과 배분적 주의력도 향상될 수 있다.

똑똑하게 계획하기: 역량에 맞게 실행할 통제력 얻기

많은 사람이 시간 계획을 세울 때 '시간 지각'의 영향을 받는다. 예를 들어 어떤 아이들은 자신의 능력을 과대평가해서 정해진 시간 안에 학습 과제를 마칠 수 있을 거라고 생각한다. 하지만 공부를 하다 보면 여러 문제에 부딪히고 자신이 생각한 만큼 과제를 빨리 진행하지 못한다. 학습 계획은 반드시 자신의 능력에 맞게 세우고 실행해야 한다.

부모는 아이의 학습 능력을 정확히 파악하고 아이가 자신의 학습 능력을 고려하여 난이도를 조절한 뒤 학습 계획을 세우도록 지도해야 한다. 아울러 학습을 완료할 수 있는 충분한 시간을 설정해야 한다. 반면에 아이는 절대 '아직 시간이 충분하네'라고 생각하면 안 된다.

시간대를 나눠 학습 과제 계획하기

너무 긴 시간 동안 한 과목만 쉬지 않고 공부하는 것이 아닌, 적절한 시간대를 설정해서 각기 다른 과목을 공부할 수 있다.

예를 들어 쉬는 날 오전 9:00~11:00에는 수학을 공부하고, 11:00~13:00에는 점심을 먹은 뒤 적당한 휴식을 취하며 오후 공부를 위해 에너지를 보충한다. 그리고 오후 13:00~15:00에는 국어 공부를 하고, 15:00~16:00에는 명상하며 뇌가 쉴 수 있도록 한다. 다시 16:00~18:00에는 영어 공부를 하고, 저녁 식사를 한 뒤 그날 공부한 내용을 종합하고 복습하는 시간을 갖는다. 이렇게 적절히 시간을 배분하면 아이는 자유자재로 과목을 바꿔가며 공부할 수 있고 자신의 시간과 에너지를 잘 배분하여 학습 효율도 크게 높일 수 있다.

공부하기 좋은 '황금시간대' 찾기

방송국에서 TV 프로그램을 방영할 때 '황금시간대'라는 것이 있다. 시청률이 가장 높은 시간대를 가리키는 말이다. 마찬가지로 아이가 공부를 할 때도 자기만의 '황금시간대'가 있다. 이 '황금시간대'에 공부를 하면 노력에 비해 훨씬 큰 효과를 볼 수 있다. '황금시간대'를 활용할 줄 모르면 '쓸데없이 바쁘기만 한' 악순환에 빠지기 쉽다. 공부하기 좋은 '황금시간대'에 놀거나 TV를 보고, 휴식을 취하기 좋은 시간대에는 책을 꺼내 숙제를 시작하는 것이다. 이렇게 효과적이지 않은 방법으로 공부와 쉬는 시간을 조절하다 보면 피로감만 쌓일 뿐 학습 능률은 크게 떨어진다.

그럼 하루 중 가장 공부하기 좋은 '황금시간대'는 언제일까?

생리학자들은 인간의 머리가 가장 맑을 때는 하루에 네 번이 있다는 사실을 발견했다.

이른 아침, 잠에서 깬 뒤 아이의 머리는 가장 맑은 상태다. 밤사이 휴식을 취했기 때문에 전날 하루 동안 쌓인 피로가 전부 해소되었기 때문이다. 이때는 시구, 또는 영어 단어를 외우거나 문제를 풀면 좋은 효과를 볼 수 있다.

아침 8:00~10:00도 공부하기에 가장 적합한 '황금시간대'다. 이때가 두뇌 회전이 가장 빠르므로, 이 시간대에는 에너지를 집중하여 복잡한 분석적 사고를 필요로 하는 내용을 공부하면 좋다.

오후 16:00~18:00 역시 아이가 공부하기에 적합한 '황금시간대'다. 아이는 이 시간대에 복습을 하거나 수업 시간에 배운 지식을 다시 소화하여 내 것으로 만들고 어려운 숙제를 하면 좋다.

잠들기 전 한 시간 동안은 그날 하루 동안 공부한 지식을 다시 살펴볼 수 있다. 아침에 일어나서부터 밤에 잠들기 전까지를 되짚어 보며 스스로 무엇을 공부했고 무엇을 얻었는지를 물어볼 수 있다. 이 시간대에 기억한 내용은 쉽게 잊지 않는다.

당신의 '자투리 시간'을 함부로 낭비하지 마라

자신의 시간을 똑똑하게 배분하기 위해서는 '황금시간대'를 파악 하는 것도 중요하지만, '자투리 시간'을 함부로 낭비해서도 안 된다.

모든 사람의 인생은 똑같이 1초씩 흘러간다. 그렇게 우리가 흘려 버린 '자투리 시간'이 모여서 우리의 인생을 이룬다. 시간 관리를 잘 하는 사람들은 시간을 조각으로 본다. 적절한 방법으로 이 시간의 조각들을 다시 결합시키기 때문에 돌발 상황이 닥쳐도 일의 진행에 영향을 주지 않는다.

아이들 역시 자신의 '자투리 시간'을 활용해서 더 많은 시간 자원 을 확보할 수 있다.

지금부터 매일 1시간씩 시간을 내서 자신이 좋아하는 일을 하거 나 어떤 공부를 하게 된다면 1년 동안 365시간, 10년이면 3,650시간 을 하게 되는 셈이다. 티끌 모아 태산이 되듯, 못할 공부가 어디 있겠 는가?

융통성 없이 정해진 계획대로만 진행하는 것은 시간 관리가 아니 다. 정해진 시간 안에 반드시 일정한 학습 과제를 완수하고 학습과 휴식 시간을 잘 배분해야 한다. 시간대를 나눠 학습 과제를 계획하 든지, 하루의 '황금시간대'를 잘 활용하든지, '자투리 시간'을 잘 모아 활용하든지, 최종 목적은 아이가 시간의 주인이 되어 더 효과적으로 시간 관리를 하는 것이다.

> 독립적인 사고 능력은 과학 연구와 창조나 발명에 반드시 필요한 재능이다. 역사상 중요한 과학적 창조와 발명은 모두 발명가의 독립적이고도 심도 있게 문제를 바라보는 방법과 밀접한 관련이 있었다.
>
> -화뤄겅

학구파 스토리: 실속 없는 헛수고

중국어, 영어, 독일어, 한국어, 4개 국어에 능통한 루린시^{魯林希}는 밴드에서 키보드를 담당할 만큼 피아노 실력도 출중하다. 미국으로 유학을 떠난 뒤 학부 3년 만에 복수 학위를 취득하고, 1년 뒤 우수한 성적으로 하버드대학 인간발달심리학의 교육학 석사학위를 취득했다. 현재는 박사학위를 위해 박차를 가하고 있다. 이런 이력을 가진 루린시는 젊은 엄마기도 하다. 하버드대학 교육대학원 졸업식에 아이를 안고 참석하기도 했다. 학업을 넘어 가정에서도 루린시는 놀랄 만큼 짧은 시간 안에 많은 이들이 꿈꾸는 일들을 이뤄냈다. 어떻게 이렇게 단시간에 그 많은 성과를 훌륭하게 이뤄낼 수 있었던 걸까? 시간 개념이 없던 아이가 어떻게 놀고 싶은 천성을 누르고 자제력이 뛰어난 학생으로 성장할 수 있는 걸까? 어떻게 집중력을 높이고, 시간을 합리적으로 계획하며, 자투리 시간을 효율적으로 활용할 수 있게 된 걸까? 루린시의 성장 스토리를 보면 당신도 그 비결을 발견할 수 있을 것이다.

놀고 싶은 천성 극복하기

아이들이라면 으레 숙제가 쌓여 있어도 우선 친구들과 나가 놀거나 빈둥대며 만화영화를 한 편 더 보는 등 눈앞의 유혹에 빠지기 쉽다. 그리고는 시간이 얼마 없음을 알아차리고 후회하게 된다. 숙제를 끝내지 못하고, 시험 준비도 제대로 하지 못하는 등 정해놓은 목표를 달성하기 어렵다. 처음부터 관리의 천재로 태어나 무수한 유혹을 과감하게 뿌리치고 장기적인 목표를 완성할 수 있는 사람은 없다. 루린시 역시 예외가 아니었다.

루린시가 네 살 때 그녀의 집 근처에는 악기점이 하나 있었다. 루린시는 악기점을 지나갈 때마다 아름다운 음악 소리에 걸음을 멈추곤 했다. 그러던 어느 날 루린시는 엄마 손을 붙잡고 가게 안으로 들어가 보았다. 가게 안을 둘러본 그녀는 피아노를 가리키며 배우고 싶다고 말했다. 루린시의 어머니는 그날을 이렇게 회상했다. "아이가 악기에 관심을 보이고 먼저 피아노를 배우겠다고 말하니 기쁘긴 했죠. 하지만 아시다시피 피아노를 구입하고 매주 선생님을 모셔서 레슨도 해야 하니 결코 적지 않은 지출을 해야만 했어요." 그녀의 어머니는 루린시가 피아노에 진짜로 관심이 있는 건지 확인해야 했다. 피아노를 사면 열심히 연습해야 하고 절대 '작심삼일'이 되어서는 안 된다고 딸과 잘 이야기했다. 루린시는 그러겠노라고 약속했고 부모님은 어린 딸의 다짐에 기뻐했다. 약속대로 피아노는 그녀의 집으로 들어왔지만, 루린시는 두 달 정도 연습하는가 싶더니 이내 '파업'에 돌입했다. "그때 기억으로는 꽤 오래 연습을 한 것 같은데도 계속해서 간단한 곡들만 연습했어요. 새롭고 신기한 기간이 끝나자 지겨워지기 시작한 거죠. 특히 유치원이 끝나고 다른 친구들은 모두 놀기 바쁜데 저만 집에 가서 다시 피아노를 연습하러 가야 했어요. 그래서 더 이상 피아노를 치기 싫었어요." 피아노 연습은 지루하고 힘들다. 더욱이 친구들과 함께 뛰어놀 시간까지 희생해야 하니 어린아이로서는 당연히 싫증이 났을 것이다. 하지만 루린시의 어머니는 그냥 넘어가지 않았다.

"어머니는 늘 저의 결정을 존중해주셨어요. 하지만 일단 결정한

루린시의 하버드대 교육대학원 졸업사진

일은 절대 쉽게 포기하게 내버려두지 않으셨죠. 그때 어머니는 저에게 진지하게 말씀하셨어요. 이건 저의 선택이니 끝까지 해야 한다고요." 훗날, 루린시의 부모님은 먼저 놀고 나중에 연습을 해도 좋다고 하셨다. 그러나 엄격하게 시간제한을 두었다. 무슨 일을 하든지 계획이 있어야 하고 누구든지 자신의 행동에 책임을 져야 한다. 이런 조건하에 루린시는 계속 피아노 연습을 이어나갔다. "그래도 저는 여전히 억울했어요. 다른 아이들은 마음껏 놀아도 되는데, 왜 나만 피아노 연습을 해야 하는지 납득이 되지 않았죠. 특히 창밖에서 친구들이 뛰어노는 소리가 들려오면 가만히 앉아있기가 힘들었어요. 몰래 울었던 적도 있었고요. 하지만 그 순간을 참고 이를 악물고 계속했더니 나중에는 진정으로 음악을 이해할 수 있게 되었고, 서서히 피아노 연주가 가져다주는 기쁨을 맛볼 수 있게 됐죠." 5학년이 된 루린시는 피아노 10급 시험을 통과할 수 있었다. "처음에 연습한 곡들은 비교적 간단한 곡이었고, 계속 기계처럼 반복해서 연습만 하다 보니 연주의 즐거움 같은 것은 느낄 수도 없었어요. 하지만 나중에는 아름다운 곡들을 연주하면서 성취감도 맛볼 수 있었고, 음악에 빠지고, 연주를 더 잘하고 싶다는 마음도 들었어요." 루린시의 어머니는 더 이상 그녀에게 피아노 연습을 하라고 말하지 않아도 됐다. 오히려 바쁜 와중에 시간을 쪼개서 피아노를 치고 있는 루린시에게 그만하고 빨리 가서 공부하라고 독촉하기에 이르렀다.

"지금 돌이켜보면 엄마께 정말 감사해요. 부모님들은 아이의 질적 변화를 원하시잖아요. 저에게 피아노 연주는 어떤 재능이나 성취감을 얻기 위한 것이 아니었어요. 피아노는 저에게 책임감을 가르쳐 주었죠." 목표를 정하기는 쉽다. 하지만 이를 실천에 옮기고 목표를 달성하는 것은 다른 차원의 일이다. 이때 부모가 곁에서 아이를 응원하면서, 아이가 계획에 맞게 잘 진행하도록 관리한다면 아이는 결국에는 즐거움을 맛보고 성장하게 될 것이다. 피아노 연습 '파업'에 돌입했던 그녀가 진정으로 음악을 즐길 수 있게 되기까지는 매일 불과 한 시간 정도의 시간을 투자했을 뿐이다. 오랫동안 이런 습관을 꾸준히 이어나가고 합리적으로 계획한 결과 큰 변화를 이끌 수 있게 된 것이다.

목표를 세우고 시간 관리를 습관화하기

고등학교 2학년이 된 루린시는 캐나다를 방문해 현지 학교를 둘러봤다. 새로운 환경과 혁신적인 수업 방식, 자유로운 분위기에 매료되어 대학은 유학을 가기로 결심했다. 독립적인 생활도 해보고 다른 문화도 경험해봐야겠다고 생각한 루린시는 중국으로 돌아온 뒤 부모님께 자신의 꿈을 말씀드렸고, 공부의 중요성도 스스로 깨닫게 되었다.

"일찍부터 유학 준비를 하던 친구들과 비교하면 저는 고2가 돼서야 토플과 SAT(미국의 대학입학 자격시험)를 준비하기 시작했으니 시간이 많이 부족했어요. 수업 시간에 몰래 유학 시험 관련 책을 보거나 단어를 외우는 친구들이 많았는데, 저는 짧은 시간 안에 집중해서 더 능률적으로 한 가지 일만 완성하고 싶었어요." 유학 준비를 위한 시간 분배에 대해 루린시는 기쁜 마음으로 자신의 노하우를 공개했다. "저는 한 달이라는 시간을 투자해 본격적으로 시험 준비를 했어요. 아침 6시경 일어나면 문제를 훑어보고, 단어를 외우고, 오답 문제를 정리했어요. 최선을 다해 집중하여 준비하면서 한 번에 통과하기를 바랐죠." 여러 과제를 동시에 수행하는 것은 능률적인 방법일 수도 있다. 하지만 이 방법은 루린시에게 두 가지에 다 집중하지 못하는 결과만 안겨줬을 뿐, 이도 저도 되지 않아 결국 아무것도 제대로하지 못했다. "저는 한 번에 한 가지 일만 해야겠다고 생각했어요. 영어 시험을 준비하기에 1~2개월은 좀 짧게 느껴질지 모르지만, 저는 1분 1초도 헛되이 쓰지 않고 전심전력으로 달려들었어요."

능률의 전제는 명확한 목표가 있어야 한다는 것이다. 루린시는 이렇게 말했다. "아마 많은 학생들이 강요에 못 이겨 공부를 하고 결과적으로 좋은 성적도 낼 거예요. 하지만 그 친구들은 공부의 가치와 공부의 중요성을 아직 제대로 알지 못하고 있어요. 부모님이 아이를 깨닫게 해도 좋고 학생이 직접 발견해도 좋아요. 아무튼 반드시 목표를 세워야 한다고 생각합니다. 그리고 목표는 단기 목표와 장기 목표가 다 포함되어야 해요. 분명하고 뚜렷한 단기 목표를 통해 자신이 기울인 노력의 가치를 발견할 수 있어요. 한 달 안에 토플 시험 성적을 정한 만큼 올려야 하는 것을 그 예로 들 수 있죠. 그리고 장기 목표가 있으면 흔들리지 않고 끝까지 해낼 수 있어요. 고등학교 시절의 저에게 장기 목표는 바로 유학이었어요. 이렇게 목표가 있으면 공부는 더 이상 고통스러운 일이 아니에요. 목표가 있으면 외부 방해 요소를 쉽게 제거할 수 있고, 잠재력을 최대한 발휘해서 '몰입' 상태에 이르러 목표를 향해 전력으로 질주할 수 있게 되죠."

나중에는 합리적인 시간 분배가 습관이 되었다. 대학생이 된 루린시는 여전히 공부에 의욕이 넘쳤다. "유학 초반에는 언어와 수업 방식이 달라서 공부를 따라가지 못했어요. 그래서 애를 많이 썼죠. 매일 아침 7시에 일어나서 7시 반이면 나갔어요. 그때 학교 식당에서 아침 식사를 하는 사람들은 저 말고 딱 두 그룹이 있었는데, 바로 학교 조정팀과 ROTC였어요. 새벽 훈련을 마치고 돌아와 아침을 먹는 사람들과 마주친 거죠." 루린시는 다른 사람들은 4~5년 걸리는 코스를 3년 만에 끝내고 경제학과 독일어 복수 학위를 취득할 수 있었다.

공부하는 학생이었지만, 그녀는 한 남자의 아내이자 한 아이의 엄마기도 했다. 정해진 시간 안에 학업, 일, 가정의 밸런스를 맞추기 위해 그녀는 자투리 시간을 최대한 활용했다. "아이가 태어나기 전에는 시간을 컨트롤하면서 합리적으로 계획을 세울 수 있었어요. 하지만 아이는 컨트롤할 수가 없더군요. 저는 집중해서 일하고 싶은데 아이가 갑자기 대성통곡하기 시작하면 달래지 않을 수가 없어요. 그래서 그때부터는 자투리 시간을 이용해서 이메일 회신처럼 자잘한 일들을 처리하기 시작했어요. 자투리 시간보다 많은 시간이 생기면 정말 소중하게 활용해야 했어요. 아이가 낮잠을 자는 두 시간이 그런 시간이죠. 그래서 난도가 높고 도전적인 일을 그 두 시간 안에 처리했어요."

피아노 연습부터 유학 준비까지, 또 3년 안에 학부 과정을 마치는 것에서부터 하버드 석사과정 졸업에 이르기까지, 루린시는 단계마다 최선을 다하며 더 중요한 일에 시간을 사용한 것을 다행스럽게 여겼다. 루린시는 그녀의 시간 관리 비법을 이렇게 정리했다. 첫째, 명확한 목표를 세워야 한다. 부모와 아이가 함께 계획을 세우는 것을 권장한다. 목표를 빨리 수립할수록 시간과 에너지를 다른 일에 분산 시켜 낭비하지 않게 된다. 둘째, 비교적 긴 시간을 활용하여 한 가지 일을 집중해서 진행한다. 시간을 두 가지 이상의 일에 사용하지 말고 한 가지에 전념하는 것을 권장하며, 자투리 시간도 최대한 활용하도록 한다. "그때는 힘들었는데, 흘린 땀과 비전, 그리고 허투루 보내지 않았던 그 시간을 절대 잊을 수 없어요."

자신의 감정을 통제할 줄 아는 사람이 성 하나를 얻은 장군보다 위대하다.

- 나폴레옹

4
....

에너지 관리법

최고의 컨디션 유지하기

- 똑같은 사람인데 왜 그 사람은 당신보다 에너지가 넘칠까?
- 어떻게 하면 자신의 에너지를 관리하고 충전할 수 있을까?

집중력을 유지하려면 에너지 소모가 불가피하다. 특히 자신의 능력을 과대평가하거나 일의 복잡함을 과소평가한 경우 집중력은 급격히 떨어진다. 그래서 집중력을 소모한 뒤 다시 집중력을 모으는 일은 아주 중요하다. 일과 휴식을 적절히 조절하면서 식생활, 휴식, 운동 방법을 개선하면 집중력의 효과를 높이고 최대의 가치를 창출할 수 있다.

에너지^{energy} 관리의 본질: 삶의 리듬 따르기

에너지의 근원 찾기

'인간의 에너지는 유한하다'라는 이치는 모두가 알고 있다. 우리는 '에너지를 집중하자', '에너지가 고갈됐다', '에너지가 넘친다' 같은 말을 입에 달고 산다. 여기서 말하는 인간의 에너지는 무엇일까? 에너지는 또 어디서 오고, 어떻게 소모되는 것일까? 이런 문제에 대해 깊이 생각하는 사람은 많지 않고 이에 대해 정답을 제시해줄 수 있는 사람도 많지 않다.

에너지를 뜻하는 '정력'이란 단어는 《한서·광형전》漢書·匡衡傳에서 처음 나왔다. "광형에 이르러 학문을 즐겼으나, 집안이 빈곤하여 품을 팔아 살았으며, 특히 정력이 다른 사람들보다 뛰어났다." 다시 말해 광형은 집안 형편이 좋지 않아 낮에는 다른 사람의 밭에서 일하며 생계를 이어나가느라 공부할 시간이 없었다. 또, 밤이면 불을 밝힐 초가 없어서 이웃집의 촛불을 '훔쳐' 책을 볼 수밖에 없었다. 훗날, 광형은 서한西漢의 승상이 되었다. 이 이야기를 통해 광형이 보통 사람과는 비교도 되지 않을 만큼 에너지가 넘쳤음을 알 수 있다. 이는 벽에 구멍을 뚫어 이웃집의 불빛을 빌려 쓴다는 뜻의 고사성어 '착벽투광'鑿壁偸光의 유래이기도 하다.

'정력'精力이란 한자는 사람의 정신精神과 체력體力을 뜻한다.

다음은 베스트셀러 작가 탐 래스Tom Rath의 저서 《당신은 충전되었나? 삶에 활기를 불어넣는 에너지 관리》의 일부분이다. "에너지는 동력 시스템이다. 사람의 몸을 배터리라고 한다면 에너지의 상태는 바로 남은 전력의 상태라고 볼 수 있다. 에너지는 의미, 상호작용, 그리고 동력이라는 세 가지 요소를 포함한다."

영국의 컨설턴트 대니얼 브라운^{Daniel Browne}은 자신의 저서 《에너지 방정식》에서 에너지를 이렇게 정의했다. "어떤 일을 할 때 사람마다 몰입하는 정도는 기진맥진, 완전히 몰입, 여유 있게 처리 등 여러 형태로 나타난다. 이는 운동, 식습관, 수면 등 생리적 습관과 감정 및 스트레스의 영향에 따른 것이다."

유명 심리학자인 짐 로허^{Jim Loehr}와 에너지 관리학자인 토니 슈워츠^{Tony Schwartz}는 인간의 에너지는 체력, 감정, 사고방식, 정신에서 나온다고 했다.

체력

에너지의 생산과 체력은 밀접한 관련이 있다. 체력은 자동차 엔진의 마력처럼 에너지의 기초가 된다. 왜 체력이 좋은 사람이 더 에너지가 넘치는 걸까?

현대 의학의 연구에 따르면 체력이 좋은 사람들 가운데 특히 심폐 기능이 뛰어난 사람은 혈액 공급, 산소 공급, 당 공급의 능력이 훨씬 좋다. 대뇌 사용의 효율도 높기 때문에 오랜 시간 공부하거나 일을 해도 쉽게 피로감을 느끼지 않는다고 한다.

미국 육군사관학교는 학생들의 체력 훈련에 크게 신경을 쓰는데, 이는 학생들이 졸업한 뒤 힘들고 고된 업무를 소화하도록 기초를 닦는 과정이다. 체력이 약하면 육군사관학교를 졸업한다고 해도 매일 그 복잡하고 힘든 일들을 어떻게 견디겠는가?

강인한 체력은 에너지 관리의 기본이다. 그렇다면 어떻게 강인한 체력을 유지할 수 있을까? 건강한 몸을 유지하는 것이 첫째고, 둘째는 좋은 음식을 섭취하는 것, 셋째는 적절한 운동, 넷째는 숙면을 취하는 것이다.

감정

인간의 에너지는 감정의 영향을 받는다. 아이가 아침에 일어나서 기대하던 선물을 받으면 온종일 기분이 좋아서 에너지가 넘치고 반응도 빨라진다. 반대로 아침에 눈을 뜨자마자 잔소리부터 들으면 기분이 나빠져서 온종일 풀이 죽어 무슨 일을 해도 힘이 나지 않는다. 현대 심리학의 연구에 따르면 감정은 사람의 에너지뿐만 아니라 기억력, 인지력, 판단력에도 영향을 준다.

학생이나 근로자, 그리고 예술가들도 안정적인 감정 상태에서 더 능률적으로 일할 수 있고 더 좋은 결과물을 얻을 수 있다. 따라서 적극적이고 긍정적인 감정은 에너지를 내는 데 가장 중요한 조건이라고 할 수 있다.

체력이 자동차 엔진의 마력이라면 감정은 엔진의 점화 플러그에 비유할 수 있다. 적극적이고 긍정적인 감정이 없으면 아무리 마력이 뛰어나도 자동차는 시동이 걸리지 않는다. 소극적이고 부정적인 감정이 많은 아이는 에너지를 많이 소모하게 된다. Me^5 모델 중 감정 관리법을 익히면 아이는 적극적이고 긍정적인 감정을 유지할 수 있게 된다.

사고방식

인간의 사고방식은 인간의 행위를 결정한다. 구조적 사고방식과 체계적 사고방식을 통해 에너지를 효과적으로 만들 수 있고 더 좋은 결과를 만들어 낼 수 있다.

예를 들어 도로에서 주행하고 있는 자동차의 마력과 점화 플러그가 아무리 좋아도 노선이 복잡하면 안전한 운행이 힘들 뿐만 아니라, 최종 목적지에도 이를 수 없게 된다. 구조적 사고방식과 체계적 사고방식을 통해 에너지를 올바른 곳에 사용할 수 있다. 생각이 산만하거나 혼란스럽다면 에너지가 분산되어 허비하게 된다.

정신

정신은 인간이 살아가면서 가장 우선으로 추구하는 것이자, 인생의 목표와 사명이며, 에너지의 최종 원천이기도 하다.

철학자 니체는 "삶의 의미를 알아야만 모든 것을 감내할 수 있다."고 말했다.

명확한 가치관을 가진 사람은 삶의 의미가 무엇인지, 자신이 어떤 방향으로 나아가야 할지를 알고 있다. 이런 사람들은 바다에서 항해를 할 때도 등대를 잘 발견하고, 도로에서 운전을 해도 표지판을 잘 찾는다. 그렇기 때문에 이들은 일상에서 지속적이고도 왕성한 에너지를 만들어 낼 수 있다.

사람들은 에너지를 전환할 때도 한 가지 차원에서만 전환하는 것이 아니라 체력, 감정, 사고방식, 정신의 상호작용을 통해 전환한다. 부모와 아이 모두 자신의 에너지를 잘 관리해서 에너지 소모와 보충 사이의 밸런스를 유지해야 한다. 집중력의 다섯 가지 차원에서 에너지 관리는 지속적 주의력 단련에 특히 유용하다. 에너지가 넘쳐야만 오래도록, 꾸준히 공부나 일에 집중할 수 있다.

세 가지 에너지 관리 모드

에너지 관리를 이야기하기 위해 우선 우리의 몸을 휴대폰이라고 상상해보자. 효율적으로 에너지를 관리하면 휴대폰을 오래 쓸 수 있지만, 효율적이지 못한 에너지 관리는 휴대폰을 금세 방전시킬 것이다.

우리가 전심전력으로 일이나 공부에 몰입하면 능률과 집중도를 크게 높일 수 있지만, 에너지를 남용하고 낭비하게 된다. 예를 들어 체력을 제때 회복시켜주지 않거나, 건강하지 않은 식습관을 갖고 있거나, 운동과 수면도 부족하다면 에너지가 빠르게 소모되어 지치게 된다.

에너지를 얼마나 쏟아 붓는지는 그 결과에 큰 영향을 미치며, 집중력과 능률을 높이기 위해서는 에너지 관리가 기본이 되어야 한다. 우리가 에너지 관리를 잘하고, 유한한 에너지를 충분히 활용하며, 적절하게 에너지를 보충한다면 일이나 공부를 할 때 더 높은 집중력을 발휘할 수 있고, 능률도 오르며, 더 좋은 결과를 얻게 된다.

에너지 관리의 개념은 프로 운동선수의 성적 차이에 관한 연구에서 나왔다. 해당 연구는 세계 정상급 선수들이 스트레스를 크게 받는 상황에서도 장기적이고 안정적인 상태를 유지하고 경기의 중요한 순간을 잘 넘겨 승리하도록 돕는 데 그 취지가 있었다. 그리고 오늘날, 이 에너지 관리라는 개념은 여러 분야에서 널리 사용되고 있다.

짐 로허와 토니 슈워츠는 저서 《에너지 관리》에서 아래와 같은 세 가지 에너지 관리 모드를 제시했다.

일상 모드 **소비와 보충**

일상생활에서 사람들은 누구나 자신의 에너지를 끊임없이 소비하고 보충한다.

부모는 일하고, 요리하고, 집안일을 할 때나, 여가 활동을 즐길 때 에너지를 소비하고, 아이는 공부하고, 숙제하고, TV를 볼 때 에너지를 소비한다. 에너지를 소비한 뒤에는 다시 에너지를 보충해야 한다. 휴대폰도 배터리가 있어야 정상적으로 작동하는 것처럼 사람도 에너지를 소비한 뒤에는 적절한 휴식을 취해서 에너지를 보충해야 한다. 일상에서 에너지를 보충하는 방법은 두 가지가 있다. 하나는 매일 수면을 취해 긴 휴식을 하는 것이고, 또 하나는 활동하는 중간에 짧은 휴식을 하는 것이다.

스트레스 모드 과도한 소비와 회복

휴대폰 배터리 잔량이 20% 이하로 떨어지면 바로 '배터리 전원 부족'이라는 경고 메시지가 뜬다. 그리고 배터리 잔량이 1% 이하로 떨어지면 휴대폰은 자동으로 꺼진다. 이때는 충전을 해야만 휴대폰을 다시 정상적으로 사용할 수 있다.

같은 원리로 사람의 몸 역시 체력을 과도하게 소모하고 나면 에너지 부족과 같은 상황이 생길 수 있다. 황금연휴 기간 내내 게임을 하거나, 시험 전날 밤을 새워 공부를 하거나, 장거리를 쉬지 않고 달리는 경우를 그 예로 들 수 있다. 이런 '스트레스 모드'에서 우리 몸은 평상시 비축해 둔 에너지를 과도하게 소비하여 에너지 부족 현상이 나타나게 된다. 만약 몸이 제때 쉬지 못해서 충전되지 못하면 쉽게 문제가 발생하고, 심하면 치료나 요양을 통해서만 다시 건강과 활력을 되찾을 수 있다.

극한 모드 비축과 소진

휴대폰 배터리도 수명이 있다. 배터리의 충전과 방전 횟수가 바로 수명이다. 일반 휴대폰의 배터리는 1년 정도 사용하고 나면 100% 충전해도 대기 시간은 점점 짧아지고 마지막에는 충전도 불가능해져 결국 사용하지 못하게 된다.

우리는 에너지의 구성 요소에 맞게 적절한 강화 훈련을 할 수 있다. 훈련을 통해 체질도 건강해지고 노화도 늦출 수 있는 것처럼 적절한 강화 훈련을 통해 에너지 비축량을 늘릴 수 있다.

부모는 아이가 '충전'이 되도록 올바른 식습관을 갖고, 충분한 수면을 취하고, 적당한 운동과 편안하고 즐거운 마음을 유지하도록 도울 수 있다. 그리고 아이는 충전된 에너지를 공부에 쏟아 능률과 집중력을 높일 수 있다.

> 성공의 비결은 고통과 즐거움이라는 힘에 제압당하는 것이 아닌, 이를 통제할 줄 아는 데 있다. 당신이 이를 통제할 줄 안다면 자신의 인생을 지배할 수 있다. 그렇지 않으면 인생을 통제할 수 없게 된다.
>
> -토니 로빈스

음식의 비밀: You are what you eat

에너지의 원천은 산소와 혈당의 화학 반응

건강한 식생활을 중요하게 여기는 현대인들은 아이들을 위해 음식을 준비할 때도 영양을 꼼꼼히 따지게 되었다. 영양소를 골고루 갖춘 식사를 규칙적으로 하는 아이는 몸도 튼튼하고 에너지가 충분하지만, 심하게 굶주리거나 식사할 때 돌아다니면서 먹는 아이는 에너지가 부족하거나 분산되는 문제에 직면하기 쉽다. 생리학적으로 에너지의 원천은 산소와 혈당의 화학 반응이다. 음식과 에너지는 떼려야 뗄 수 없는 불가분의 관계다. 'You are what you eat'이라는 영어 문장이 유행하고 있다. '당신이 먹는 음식이 바로 당신을 만든다'는 뜻이다.

그렇다면 음식은 어떻게 사람의 에너지에 영향을 주는 걸까? 오후만 되면 졸려서 정신을 차리지 못하는 사람이 많은데, 이는 보통 점심에 먹은 음식과 관련이 깊다. 점심에 쌀밥이나 면 요리 같은 탄수화물 위주의 식사를 했다면 졸음이 쏟아지기 쉽다. 탄수화물이 당으로 변해 혈당이 빠르게 치솟기 때문이다. 혈당이 빠르게 상승하면 인슐린도 빠르게 분비되어 트립토판이 뇌로 들어가게 된다. 트립토판은 합성 멜라토닌의 주요 원료로, 멜라토닌이 많을수록 졸리게 된다. 그리고 식사량이 너무 많아도 다량의 혈액이 소화기관으로 들어가서 혈액 공급이 부족하게 된 뇌는 쉽게 피로감을 느낀다. 이렇게 음식과 관련된 이유로 사람은 졸음을 느끼고 에너지도 영향을 받게 된다. 이런 상황을 피하기 위해서는 음식에 신경을 써서 최대한 혈당을 안정적으로 유지하는 것이 중요하다.

그렇다면 우리는 어떻게 식사를 조절해서 아이의 에너지를 충전시켜 줄 수 있을까? 첫째, 적은 양을 여러 번 나눠 식사하는 것이 좋다. 하루 세끼를 '다섯 끼'로 늘리는 것이 가장 좋다. 여기서 '다섯 끼'는 식사를 다섯 차례 한다는 뜻이 아니라 세 끼는 최대한 적게 먹고, 끼니 중간에 견과류나 과일, 채소 샐러드 등을 먹는 것이다. 이렇게 하면 혈당의 기복을 줄일 수 있다. 그리고 한 끼 식사량이 너무 많거나, 끼니와 끼니 사이의 시간이 너무 길면 혈당의 기복이 크고 빨라져서 뇌의 정상적인 활동에 영향을 줄 뿐만 아니라 에너지에도 영향이 미치기 마련이다. 따라서 혈당을 안정적으로 유지하기 위해 우리는 아이들이 적은 양을 여러 번 먹을 수 있도록 지도해야 한다.

둘째, 저당과 영양밀도지수가 높은 음식을 많이 먹어야 한다. 영양밀도지수는 음식 안의 영양소 함량을 말하며, 영어로는 Nutritional Quality Index, 줄여서 NQI라고 한다. 단백질, 비타민, 무기질, 섬유소 함량이 높을수록 NQI는 높아지고 열량은 낮아진다. 반대로 NQI가 낮은 음식일수록 열량은 높다. 보통 NQI가 1이면 영양소와 열량이 차지하는 비율이 같은 것이다. 이런 음식은 비교적 좋은 편에 속한다. NQI가 1보다 작으면 영양소 함량은 적지만 열량은 높아서 되도록 먹지 않는 것이 좋다. NQI가 1보다 크면 영양소 함량은 높고 열량은 낮기 때문에 아이가 먹기 적합하다. NQI는 음식에 들어 있는 어떤 하나의 영양소에만 해당하기 때문에 전면적이지 않고, 어차피 모든 음식에는 여러 영양소가 들어 있다. 이 맹점을 해결하기 위해 미국 예일대학의 연구팀은 ONQI^{Overall Nutritional Quality Index} 시스템, 즉 '종합영양지수'를 개발했다. ONQI는 음식의 각종 NQI의 총합 점수를 계산하여 보여주기 때문에 어떤 음식이 영양이 풍부하고, 열량이 낮으며, 건강에 좋은지를 한눈에 이해할 수 있다. ONQI가 높은 음식에는 신선한 채소, 과일, 콩류, 견과류 등이 있는데, 그중에서도 시금치나 브로콜리 같은 짙은 녹색 채소의 ONQI가 가장 높다. 흰쌀, 밀가루, 디저트는 열량이 높고 영양 함량은 낮아서 ONQI도 상대적으로 낮은 편이다. 그리고 가공식품 중 특히 비스킷이나 감자칩은 ONQI가 가장 낮기 때문에 가능한 한 적게 먹는 것이 좋다.

셋째, 아이가 물을 많이 마셔서 충분한 수분 공급이 이루어지도록 관리해야 한다. 사람의 몸은 70%의 수분으로 이루어졌고, 뇌의 80% 이상이 수분이다. 피로감이 느껴질 때 사람들은 대부분 진짜 피로한 것이 아니라 우리 몸에 수분이 부족해서 피로감을 느끼는 것이다. 목이 마르면 배가 고플 때처럼 몸이 분명한 신호를 보내지 않는다. 우리가 목마름을 느꼈을 때는 이미 몸에 수분이 부족한 지 오래된 후이다. 왜 어떤 사람은 여름에 밖에서 조금만 돌아다녀도 땀을 뻘뻘 흘리고, 피로감을 느끼며, 심한 경우 어지럼증까지 나타나는 걸까? 이는 몸에 수분이 부족해서다. 몸에 수분을 충분히 공급하기 위해 아이가 제때 수분을 섭취하도록 도와줘야 한다. 아침에 눈을 떴을 때 우리 몸은 수분이 부족한 상태다. 이때 물 한잔을 마시면 좋다. 오전 10시경이 되면 몸에서 수분이 점점 빠져나간다. 이때 한 번 더 수분을 보충하자. 낮잠을 자고 일어난 뒤, 오후 3시경, 그리고 밤에 잠들기 전에 다시 한 번씩 더 수분을 보충하면 아이는 하루에 필요한 수분을 충분히 공급받을 수 있다. 또 어떤 아이는 음료수를 굉장히 좋아해서 마치 물처럼 자주 마시기도 한다. 하지만 오랫동안 다량의 첨가제와 당분이 들어 있는 음료수를 마시면 골다공증이나 비만같은 질병에 걸릴 수 있다. 부모는 아이가 음료수를 마시는 빈도나양을 관리하고, 음료수를 너무 많이 마시면 몸에 어떻게 해로운지를아이에게 잘 설명해 주어야 한다. 아이가 아무 맛도 나지 않는 따뜻한 맹물을 싫어한다면 물에 레몬 슬라이스를 한 조각 넣거나 신선한과즙을 조금 짜 넣어 마시게 하는 것도 방법이다.

균형 잡힌 식사,
다양한 색상의 식재료가 어우러진 '일곱 가지 컬러 푸드'

단조로운 식단으로는 아이에게 필요한 영양을 충족시켜줄 수 없고, 오히려 건강에 악영향을 끼친다. 때문에 당연히 에너지에도 부정적인 영향을 줄 수밖에 없다. 그래서 여러 가지 음식으로 구성된 식단이 가장 합리적이라고 할 수 있다. 식재료의 색상에 따라 배합하는 '일곱 가지 컬러 푸드'가 세계적으로 유행하고 있다. 이는 균형 잡힌식사와 음식의 다양화를 위함이다.

흔히 볼 수 있는 식재료의 색상에는 초록, 빨강, 노랑, 주황, 보라, 검정, 흰색이 있다. 이 색상들은 음식을 일곱 빛깔 무지개처럼 다채롭게 하고, 다양한 영양소가 골고루 포함된 것이다. 토마토는 리코펜이다량 함유되어 화려한 빨간색을 띠고, 당근은 풍부한 카로틴 때문에매혹적인 주황색을 띠며, 블루베리는 안토시아닌이 다량 함유되어 있어 짙은 남색과 검은빛을 띤 자색을 보인다.

영양을 고려해서 부모는 먼저 아이에게 녹색 식재료를 주고, 그다음으로는 노랑, 빨강, 보라색의 식재료를, 그리고 흰색 식재료를 마지막에 줘야 한다. 서로 다른 색상의 식재료에는 주로 어떤 것들이 있을까? 그리고 이 식재료에는 어떤 영양소가 있을까?

녹색 식재료

대표적인 녹색 식재료로는 청경채, 브로콜리, 시금치, 오이, 상추, 껍질콩, 편두, 미나리, 녹두, 키위, 아보카도 등이 있다. 녹색 식재료에는 엽록소, 엽황소, 커큐민, 엽산, 플라보노이드, 폴리페놀, 비타민C, 칼슘, 마그네슘 등이 다량 함유되어 항산화, 종양 억제, 면역력 강화, 시력 보호, 뼈와 치아 강화 등의 효과가 있다.

노란색과 주황색 식재료

대표적인 노란색과 주황색 식재료로는 당근, 호박, 고구마, 옥수수, 피망(주황색), 황두, 파파야, 파인애플, 망고, 살구 등이 있다. 이 식재료들에는 카로틴, 제아잔틴, 커큐민, 안토시아닌, 사포닌, 리그닌, 이소플라본, 엽산, 비타민C 등이 다량 함유되어 눈과 피부 건강에 좋다.

빨간색 식재료

대표적인 빨간색 식재료로는 토마토, 고추, 비트, 수박, 자몽, 체리, 사과, 딸기, 석류 등이 있고, 동물성 식재료로는 붉은 새우, 연어, 살코기 등이 있다. 빨간색 식재료에는 리코펜, 안토시아닌, 아스타잔틴, 헴철, 페놀산, 비타민A, 비타민C가 다량 함유되어 심장 건강과 기억력 향상에 도움이 된다.

보라색과 검정색 식재료

대표적인 보라색과 검정색 식재료로는 김, 자색고구마, 적채, 검은콩, 흑미, 검은깨, 포도, 다시마 등이 있다. 이 식재료들에는 안토시아닌, 카테킨, 플라보노이드, 비타민A, 비타민C, 비타민E, 엽산, 셀레늄 등이 풍부하게 함유되어 눈의 피로를 풀어주고 망막증을 예방한다.

흰색 식재료

대표적인 흰색 식재료로는 컬리플라워, 버섯, 감자, 무, 토란, 마름, 죽순, 바나나, 배 등이 있다. 흰색 식재료에는 유기황화물, 알리신, 커큐민, 터핀, 사포닌, 플라보노이드, 리그닌, 다당류 등이 다량 함유되어 있다. 흰색 청과의 비타민과 무기질 함량은 짙은 색의 청과보다는 적지만, 흰색 채소에는 다량의 유기황화물이 들어 있어 유리기를 제거하고, 효소를 활성화하며, 암 예방에 도움이 된다.

이렇듯 어떤 색상의 식재료든 그 안에는 풍부한 영양소를 포함하고 있음을 알 수 있다. 부모는 여러 가지 색상의 식재료를 배합하여 아이에게 보기에도 좋고 영양도 만점인 '일곱 가지 컬러 푸드'를 줄 수 있다. 아이는 영양을 골고루 갖춘 음식을 통해 몸에서 필요한 영양분을 공급받아 몸도 건강해지고 에너지도 충전할 수 있다.

한 사람의 기분을 결정하는 것은 환경이 아닌 마음이다.

- 플라톤

충분한 수면: 밤은 에너지 재생을 위한 시간

몸을 회복시켜주는 수면

우리는 인생의 1/3을 자면서 보낸다. 태어난 지 얼마 안 되는 아기는 하루에 20시간 이상을, 성인은 하루에 7~9시간 정도를 잔다. 수면은 인간에게 꼭 필요한 행위다.

충분한 수면과 높은 수면의 질을 유지하는 것은 에너지 관리를 위한 첫걸음이다. 생리학적으로 보면 사람이 잠을 잘 때 몸은 능동적으로 회복 과정에 들어간다.

수면은 피로를 풀어주고 체력을 회복시켜준다

자는 동안 사람의 체온, 심장 박동, 혈압은 내려가고, 호흡과 일부 내분비는 줄어들며, 기초 대사율 역시 떨어지고, 위장과 기타 장기가 몸에 필요한 에너지를 만드는 과정은 강화된다. 이렇게 사람의 체력은 회복되고 피로도 해소된다.

수면은 뇌를 보호하고 에너지를 회복시켜준다

수면 상태에서 뇌의 산소 섭취량은 크게 줄어들어 뇌세포가 에너지를 저장하고 회복하는 데 도움이 된다. 따라서 잠을 충분히 자는 사람은 늘 에너지가 넘치고, 생각이 빠르며, 일과 공부 능률도 높다. 하지만 잠이 부족한 사람은 활기가 없고, 주의력 산만, 기억력 감퇴와 같은 문제를 겪게 된다.

수면은 면역력을 강화하고 유기체를 회복시켜준다

정상적인 상황에서 각종 항원 물질이 우리 몸 안으로 들어오면 항체가 생성되고, 면역체계를 통해 이를 제거하여 몸의 건강을 유지한다. 수면은 신체 면역력을 강화시켜 줄 뿐만 아니라 각각의 조직 기관의 회복 속도도 높일 수 있다.

수면은 아이의 성장 발육을 촉진시켜준다

영유아는 출생 후 오랜 시간을 잔다. 뇌의 발육과 수면은 밀접한 관련이 있기 때문이다. 잠을 자는 동안 혈장 성장 호르몬은 몇 시간이든 연속으로 높은 수준을 유지할 수 있기 때문에 아이가 충분한 수면을 취하면 성장 발육에 도움이 된다.

위와 같은 이유로 우리는 수면을 중시해서 낮 동안 소모한 에너지를 밤에 보충하는 것이다. 그렇다면 성인과 아이는 각각 하루에 몇 시간씩 잠을 자야 에너지를 제대로 보충할 수 있을까?

미국수면재단National Sleep Foundation이 권장하는 성인의 하루 수면 시간은 7~9시간이다. 중국수면재단에서 연구한 수면 시간 기준은 다음과 같다. 6~13세 어린이의 수면 시간은 9~11시간 정도가 되어야 하며, 수면 시간이 7시간에 못 미치거나 12시간을 초과하는 것은 권장하지 않는다. 14~17세 청소년은 8~10시간 정도 자는 것이 좋으며, 역시 7시간보다 적게 자거나 12시간 이상 자는 것은 좋지 않다.

의학적으로 수면은 1단계에서 5단계까지 다섯 단계로 나눌 수 있다. 먼저 1단계는 정신이 몽롱하게 잠들어가는 단계로, 수면 상태가 좋은 사람은 전체 수면 시간에서 이 1단계가 차지하는 비중이 약 5%밖에 되지 않는다. 2단계는 이제 막 잠이 든 단계로, 전체 수면 시간에서 50%를 차지한다. 3단계는 과도기 역할을 하는 단계로, 전체 수면 시간에서 7%를 차지한다. 4단계는 에너지가 회복되는 주요 단계로, 전체 수면 시간의 15%를 차지한다. 사람이 이 4단계에 접어들면 쉽게 깨지 않는다. 렘수면 단계라고도 하는 5단계는 전체 수면 시간의 20% 정도를 차지한다. 이 5단계는 뇌의 학습 능력과 기억력을 강화하는 데 매우 중요하다. 위의 다섯 단계가 하나의 완전한 수면 사이클을 형성한다. 매 수면 사이클은 약 90~120분간 지속되며, 보통 사람은 밤에 잘 때 하루에 4~5번의 수면 사이클을 가지기 때문에 총 수면시간은 6~9시간에 달한다.

그러나 현대인의 생활 리듬은 빠르고 스트레스도 많다. 많은 직장인이 늦은 밤까지 야근을 하고 아이들은 학업 스트레스에 짓눌려 숨쉬기도 힘들다. 이렇듯 많은 사람이 충분한 수면 시간을 갖지 못한다. 스트레스를 많이 받는 사람들은 일과 공부를 할 때 더 많은 에너지를 소모하지만, 잠자는 시간이 충분하지 않아서 불면증에 시달리거나 자면서도 꿈을 많이 꾸는 등 여러 가지 수면 문제를 겪고 있으며 에너지를 회복하기도 쉽지 않다. 상황이 이러니 일과 공부할 때 능률이 떨어지는 것은 어찌 보면 당연한 결과다. 이런 수면 문제를 해결하지 못하면 몸 건강에 빨간불이 켜지게 된다.

《백 년의 고독》의 저자 가브리엘 가르시아 마르케스[Gabriel Garcia Marquez]는 "불면은 역병, 즉 시대의 전염병이다."라고 말했다. 쉬지 않고 에너지를 소모하면서 잠시 멈춰 다시 보충할 줄 모르면 결국 몸에 저장해 둔 에너지가 고갈될 수밖에 없다. 부모의 일이 아무리 바쁘고, 아이의 공부가 아무리 중요해도 충분한 수면 시간만큼은 포기하면 안 된다. 잠을 자고 에너지를 회복해야 일이든 공부든 능률적으로 해낼 수 있다.

수면의 질을 높이는 방법

충분한 수면 시간을 유지하는 것 외에 또 하나 중요한 문제가 있다. 어떻게 수면의 질을 높일 수 있는지가 바로 그것이다. 수면 시간이 길수록 에너지가 더 잘 회복될 거라고 생각하겠지만 사실은 그렇지 않다. 충분한 수면 시간을 갖는 것도 중요하지만, 수면의 질이야말로 에너지 회복의 가장 중요한 조건이다.

능률이 높은 아이라고 해서 수면 시간이 마냥 긴 것이 아니다. 수면 시간이 너무 길면 오히려 역효과가 나타날 수 있다. 능률이 높은 아이는 충분한 수면 시간 외에 수면의 질도 높다.

그렇다면 수면의 질을 높일 방법에는 어떤 것들이 있을까?

닉 리틀헤일즈Nick Littlehales 영국수면협회 전 회장은 "많이 잔다고 잘 자는 것이 아니다. 수면의 질이 좋아야 생활의 능률도 오르고 정신도 맑아진다."고 했다. 그는 저서 《수면 혁명》에서 현재 수면의 질을 높이는데 가장 좋은 방법이라고 여겨지는 'R90 주기 수면법'을 소개했다. 'R90 주기 수면법'은 사람의 수면 주기와 낮과 밤의 리듬을 배합하여 가장 효과적인 수면의 질을 얻는 방법이다. 'R90 주기 수면법'의 핵심은 바로 '주기'에 있다. 깊은 잠과 얕은 잠은 90분을 기준으로 교체되고, 한 번의 충분한 수면은 총 7.5시간에 달하며 보통 5번의 주기를 갖는다. 'R90 주기 수면법'은 7.5시간을 기반으로 다섯 가지 수면 원칙을 정했다.

기상 시간은 일정하게

지각하지 않는 것을 전제로 부모와 아이가 기상 시간을 함께 결정한다. 예를 들어 아침 7시로 기상 시간을 정했다면 아이에게 늦잠 잘 기회를 주지 말아야 한다. 하지만 휴일에는 적절히 풀어주는 것도 좋다.

잠자리에 드는 시간 역추산하기

부모는 다섯 번의 주기에 따라 잠드는 시간을 약 7.5시간 전으로 역추산할 수 있다.

수면 전과 수면 후

아이가 잠들기 1시간 전(최소 30분 전)에는 최대한 휴대폰과 컴퓨터 사용을 피한다. 그리고 기상 후 1시간 이내(최소 30분 이내)에 적당한 운동을 하는 것이 좋다. 운동을 통해 아이 몸의 체내시계는 날이 밝았음을 의식해서 더 빠르게 에너지가 왕성한 상태를 유지할 수 있다.

휴식 보충

밤에 정상적으로 잠을 자는 것 외에, 아이는 낮과 저녁에도 휴식을 취할 수 있다. 낮 1시와 저녁 7시 정도가 휴식을 취하기 가장 좋은 시간이다. 이 시간에는 얕은 잠을 자다가 금방 깨어날 수 있도록 휴식 시간이 각각 30분을 넘기지 않도록 주의해야 한다. 만약 30분을 넘기면 깊은 잠에 빠질 수 있는데, 수면 주기가 아니라면 두통과 현기증 증상이 나타날 수 있다.

주기 계산

'R90 주기 수면법'은 수면의 질을 평가하는 방법으로 '하루 8시간 수면'이라는 전통적인 관념을 타파했다. 'R90 주기 수면법'은 매주 몇 번의 주기를 잤는지에 따라 수면의 질을 평가한다. 일주일에 최소 몇 번의 주기가 충족되기만 하면 가끔 하루 정도는 3번의 주기밖에 자지 못해 수면 부족을 겪어도 수면의 질에는 그다지 큰 영향을 주지 않는다.

'R90 주기 수면법'을 시행한다고 바로 아이의 수면의 질이 올라가지는 않는다. 부모는 앞의 책《에너지 관리》에서 소개한 '인지 행동 치료'를 활용하여 아이의 수면의 질을 개선하고 향상시킬 수 있다.

깨어 있을 때는 잠자는 공간에서 벗어나기

아이가 깨어 있을 때는 잠자는 공간을 벗어나는 행위를 기상과 수면 사이의 조건 반사처럼 만드는 것이 좋다. 부모는 아이가 평소 수면 외의 다른 활동을 할 때는 침대 위에서 하지 않도록 한다. TV 시청이나 휴대폰 사용 등을 예로 들 수 있다. 또한 아이가 알람으로 설정한 기상 시간에는 즉각 일어나도록 해야 한다.

야외 활동 늘리기

낮에는 야외에서의 활동을 늘리는 것이 좋다. 야외 중에서도 특히 햇볕 아래가 좋다. 야외 활동을 통해 밤에 멜라토닌을 합성하여 수면을 도울 수 있다.

취침 준비 미리 하기

잠자기 전에는 샤워하거나 발을 씻는 등의 준비를 마쳐서 몸의 긴장을 충분히 푼다. 아울러 수면 환경을 어둡게 만들거나, 편안한 음악을 듣거나, 뇌를 빠르게 피로하게 할 수 있는 책을 몇 장 읽는 것도 좋다. 이러한 행위를 통해 아이는 더 빠르고 더 효과적으로 수면 상태로 들어갈 수 있다.

아이가 양호한 수면의 질을 유지해야만 넘치는 에너지를 통해 최고의 컨디션으로 새로운 하루의 공부와 도전을 맞이할 수 있다. 수면의 질이 낮은 아이가 있다면 부모는 적극적으로 아이가 자신에게 맞는 수면 방법을 찾을 수 있도록 도와서 아이의 수면의 질을 높여주도록 해야 한다.

내면의 평온함은 타인과 다른 일이 당신의 감정을 좌지우지하지 못하도록 하는 것에서부터 시작된다.

- 페마 초드론

체력 단련: 공부와 운동 집중력 키우기

자투리 시간을 활용해 '간단한 운동' 하기

'생명은 운동에 달려 있다'라는 말이 있다. 운동을 통해 아이의 체질과 함께 정신력도 강화하여 에너지를 보충할 수 있기 때문에 아이는 공부할 때뿐만 아니라 운동할 때도 집중해야 한다.

운동할 때는 우리 몸의 산소 섭취량과 에너지 소모가 크게 증가하고, 혈액 순환은 빨라지며, 아드레날린, 성장 호르몬, 엔도르핀 등이 대량 분비된다. 그리고 뇌는 흥분 상태에 놓여 충분한 산소와 에너지를 공급받아 더 효과적으로 움직이고 에너지도 더 많이 충전할 수 있다. 그리고 운동을 통해 심폐 기능도 강화할 수 있다. 심폐 기능이 약한 아이는 운동(등산 또는 계단 오르기)을 조금만 하면 바로 숨이 차거나 힘이 달리게 되는데, 이는 폐의 산소 공급과 심근 수축 기능이 떨어지기 때문이다. 운동을 꾸준히 하면 아이의 심폐 기능이 강화되어 폐의 산소 공급과 심근 수축 기능이 좋아지고 격한 운동을 해도 쉽게 호흡이 가빠지거나 심장 박동이 빨라지지 않는다.

운동을 하면 피로감이 몰려온다. 몸이 피로해지면 뇌의 반응은 깊은 잠에 빠지는 시간이 길어지는 것으로 나타난다. 아이의 하루 운동량이 충족되면 밤에 빨리 잠들 수 있고 푹 잘 수 있게 된다. 다음날 일어나면 에너지가 넘친다. 이것이 바로 깊은 잠을 자는 시간이 길어질 때 나타나는 효과다. 운동을 좋아하는 아이들은 성격도 낙관적이고 밝으며 적극적인 모습을 보이기 때문에 더 좋은 정신 상태로 공부와 일상생활에 집중할 수 있다.

운동이 가져다주는 장점은 무수히 많지만 계획을 세워가며 운동하는 아이는 그리 많지 않다. 아이가 시간과 에너지를 모두 공부에만 쏟기를 바라는 부모가 많기 때문에 운동은 간과되기 쉽다. 누워서 TV와 만화를 보고 휴대폰을 갖고 놀지언정 일어나 뻣뻣하게 굳어버린 몸을 움직이고 싶은 아이가 얼마나 될까? 아이가 바깥으로 나가 걷기도 하고 간단히 운동하는 것보다 온종일 공부와 숙제만 하기를 바라는 부모는 또 얼마나 될까? 그러나 운동이야말로 아이의 피로를 풀어주고 에너지를 충전해주는 가장 좋은 방법이다.

부모는 아이와 상의해서 장기적인 운동 계획을 세우는 것이 좋다. 일반적으로 일주일에 3~5회 정도 운동하는 것이 좋고, 한 번 운동할 때마다 40~60분 정도 진행하면 된다. 아울러 부모는 아이가 운동의 중요성을 깨닫도록 돕고 가능하면 아이와 함께 운동해야 한다. 퇴근 후 집에 돌아와 아이와 체조를 하거나, 주말에는 공원으로 가서 달리기를 하거나, 아이와 스포츠 경기를 관람하러 경기장을 찾아도 좋다. 그리고 아이가 운동을 마치면 아이의 적극성을 키울 수 있도록 바로 격려를 해주는 것도 잊지 말아야 한다. 아이는 운동하는 것이 습관화되면 점점 운동에 관심을 두게 되어 스스로 운동을 하게 된다.

장기적인 운동 계획 수립과 매주 진행하는 체육 수업 외에 자투리 시간을 이용해서 '간단한 운동'을 하는 것도 좋다. 학교에서는 쉬는 시간 10분 동안 체조를 하거나, 잠시 교실 밖으로 나가 걷거나, 친구들과 고무줄놀이, 제기차기 등을 할 수 있다. 또 방과 후에는 야외에서 산책하거나, 음악을 들으며 가볍게 달리기를 해도 좋고, 피트니스 센터 같은 곳에서 단련도 할 수 있다. 이렇게 자투리 시간을 활용하여 이루어진 간단한 운동들이 쌓이고 쌓여 오랫동안 지속하다 보면 체질과 에너지 모두 강화되는 효과를 볼 수 있다.

물론 운동은 좋은 것이지만 주의할 점이 몇 가지 있다. 성장기의 아이는 절대 맹목적으로 운동해서는 안 된다. 강도가 너무 높거나 위험 요소가 있는 운동은 되도록 피해야 한다. 학교에서 쉬는 시간에 진행하는 운동 역시 지나치게 격렬하게 하지 않도록 주의하고, 부딪히거나 넘어져 다치지 않도록 친구들과 심한 장난을 하지 말고, 에티켓을 지키며 적당히 운동해야 한다. 운동 종목을 선택할 때는 아이가 좋아하는 것을 반영해 결정해야 한다. 축구를 하고 싶은 아이에게 억지로 수영을 시키면 안 된다. 강제로 시켜봤자 역효과만 볼 뿐이다. 본인이 좋아하는 운동을 해야 가볍고 즐거운 마음으로 임해서 더 좋은 효과를 볼 수 있다. 사실 아이에게 가장 적합한 운동은 학교에서 진행하는 체조다. 체조의 모든 동작에는 목적이 있기 때문에 아이의 뼈, 근육, 신경 계통을 모두 단련할 수 있다. 아이는 운동을 하면서 생명의 리듬을 느끼며 체질을 강화함과 동시에 넘치는 에너지를 얻을 수 있다.

정신노동자에게 적합한 체력 단련

사람들은 육체노동자가 정신노동자보다 에너지를 더 많이 소모한다고 생각한다. 왜냐하면 몸을 쓰면 뇌, 심폐, 근육, 운동 신경도 함께 사용하기 때문에 엄청나게 많은 에너지가 소모되는 것이 당연하기 때문이다. 반면 정신노동자는 뇌만 사용하면 되기 때문에 그다지 많은 에너지를 사용하지 않아도 된다고 생각하는 것이다.

이는 당연히 잘못된 생각이다. 정신노동자는 보기에 편하게 일하는 것 같지만 뇌가 움직일 때는 수백만 개 이상의 뉴런을 동원하여 정보를 전달해야 한다. 따라서 뇌를 오래 사용하면 긴장감이 지속되고 생각을 지나치게 많이 하게 되는데, 이때 뇌의 피로도는 몸의 피로도보다 훨씬 크고 회복도 더디다. 다시 말해 정신노동자가 육체노동자보다 에너지 소모가 더 클 때도 있는 것이다.

학생도 정신노동자에 포함된다. 학생들은 평소에 교실에 조용히 앉아 고개를 숙여 책만 들여다보고 책상에 들러붙어 앉아 숙제를 하기 때문에 계속해서 몸을 숙인 자세를 유지하게 된다. 그런 자세는 뇌로 흐르는 혈관에 영향을 주어 뇌에 혈액이 충분히 공급되지 않는다. 뇌에서 소모하는 산소 섭취량은 매우 많다. 특히 정신노동자의 경우 머리를 쓸 때 뇌가 소모하는 산소는 몸 전체 소모량의 1/4 이상을 차지한다. 뇌의 혈액 공급량이 부족하면 산소 공급도 충분히 이뤄지지 않게 되고, 오랫동안 이런 현상이 지속되면 어지럼증, 두통, 정신피로 등의 증상이 나타날 수 있다. 또한 오랜 시간 고개를 숙이고 허리를 굽혀 공부하다 보면 가슴이 충분히 펴지지 않아서 흉강이 좁아져서 폐활량이 감소한다. 그리고 심장도 단련되지 못해서 운동을 조금만 하면 바로 숨이 차고 심장 박동이 빨라진다. 만약 아이의 심폐 기능이 약하면 에너지도 충분하지 못하기 때문에 학습 능률이 오를 수 없다.

위와 같은 이유로 정신노동자에게 체력 단련이 더욱 필요하다. 특히 학생들은 너무 오래도록 책상 앞에서 공부만 할 것이 아니라 적당한 운동을 병행하면서 체력을 강화하여 뇌에 혈액을 충분히 공급해주고 심폐 기능을 키워야 한다. 해외의 초등학생들은 체력 훈련이 잘 실행되고 있다. 영국 사립학교 학생들의 일주일 평균 운동 시간은 5~6시간에 달하며, 운동 종목만 해도 40여 가지에 달한다. 여기에 운동 시합과 스포츠클럽 활동에도 참여한다. 학교 기숙사에서 생활하는 학생들은 아침 6시면 일어나 마라톤을 하거나 럭비 연습을 한다. 또 통학생들은 아침 7시 반이면 학교에 도착해 축구나 농구 연습을 시작한다. 핀란드에서도 학생들은 도보, 자전거, 스키로 학교를 가면서 등교 길에서부터 운동을 시작한다. 매 수업이 끝난 뒤에는 '강제'로 15분간 교실 밖으로 나가 자유 운동을 해야만 한다. 나이가 어린 학생이라도 반드시 실외 운동을 해야 한다. 핀란드 영토의 1/3이 북극권에 있는 것을 고려하면 실외 기온이 얼마나 낮을지 상상이 갈 것이다. 일본의 초등학교에서도 체육 활동을 매우 중요하게 생각한다. 그중 '동계 내한 훈련'이 가장 대표적인 예다. 매년 겨울이면 일본의 초등학생들은 운동장에서 달리기를 하며 인내력을 키운다. 이때 학생들은 여름과 마찬가지로 하얀 반팔 티셔츠에 파란 반바지 차림의 체육복으로 갈아입고 달린다. 양말을 싫어하는 학생은 맨발로 달리기도 한다.

현재 중국의 초등학교와 중학교도 학생들의 체육 활동을 점점 중시하는 분위기가 되었다. 앞으로는 부모들도 아이가 운동을 더 많이 하도록 독려하고 솔선수범하여 아이와 함께 운동하며 학교에서 하지 못한 운동을 보충해주도록 하자.

운동을 통해 아이의 인내력과 의지력을 키우고 적극적인 성격을 형성할 수도 있다. 중국의 유명 체조 선수인 리닝^{李宁}은 TV 토크쇼

'양란의 인터뷰'에서 이렇게 말했다. "저도 모르는 사이에 체조는 저에게 엄청난 영향을 줬어요. 어떻게 고난에 맞설지, 어떻게 어려움을 극복할지, 어떻게 목표를 세울지, 어떻게 의지를 갖고 목표를 실현할지에 대해 알려줬죠."

학생들의 성장에 운동이 그렇게 중요하다면 학생들에게 가장 적합한 체력 단련 방법에는 어떤 것들이 있는지 알아보도록 하자.

달리기

학생은 휴식 시간을 이용해 먼저 천천히 5~10분 정도 달리다가 몸에 열이 나기 시작하면 속도를 올려 달리면 된다. 한 번에 20분 정도, 매주 3~5회 정도 달리는 것이 좋다.

제자리 뛰기

이 운동은 학교 쉬는 시간에 하기 적합하다. 학생은 제자리에 서서 무릎을 올리며 제자리 뛰기를 하면 된다. 한 번에 1~2분 뛰다가 1분 쉬고, 다시 이를 반복하며 몸이 피로를 느낄 때까지 계속한다.

턱걸이

먼저 턱걸이를 한번 해보고 본인이 어느 정도 유지할 수 있는지 가늠한 뒤에 최대한으로 할 수 있는 턱걸이 횟수를 3세트로 나눠 진행한다. 1세트를 마친 뒤 1분간 휴식한다. 이 훈련을 진행할 때는 횟수를 점점 늘리고 운동량도 늘어날 수 있도록 신경 쓰자.

제자리 높이뛰기

이 운동은 교실 밖이나 운동장처럼 비교적 넓은 공간에서 진행해야 한다. 제자리에서 두 무릎을 굽히며 수직으로 점프한다. 한 번 할 때마다 2~3분 정도 뛰고 1분간 휴식한 뒤 다시 2~3분을 뛴다.

이 외에도 학생들이 할 수 있는 체력 단련 방법은 많다. 부모는 아이가 자신에게 맞는 운동법을 찾도록 곁에서 도와줘야 한다. 정신 노동자인 아이가 오랜 시간 머리를 썼다면 의식적으로 중간에 몸을 움직여야 한다. 몸을 움직여야 뇌도 잠시 쉬면서 긴장을 풀 수 있고 앞으로 진행할 공부를 위해 더 좋은 에너지를 충전할 수 있다.

> 의지가 법적 권한을 가지려면 이성이 명령할 때 이성의 제재를 받아야만 한다.
>
> - 아퀴나스

명상 여행: 무형의 에너지가 가장 큰 힘이다

마음을 가라앉히고, 명상하고, 무의식에 도달하기: 머릿속 잡념 없애기

정신이 편안해지면 몸과 마음도 즐거워지고 좋은 에너지도 유지할 수 있다. 어떻게 하면 평온함을 얻어 몸과 마음이 편안해지고 즐거워질 수 있을까?

가장 간단한 방법은 바로 명상이다. 명상은 몸과 마음을 편안하게 하여 감각기관이 잠시나마 휴식을 취하도록 하고, 의식인 대뇌 신피질의 활동을 잠시 쉬게 하며, 잠재의식(대뇌 구피질 활동)과 무의식의 동물적 본능(의식의 통제를 받지 않는 자율 신경의 활동)이 나오도록 한다. 명상을 하면 내면의 평온함을 통해 몸과 마음이 편안해지고, 스트레스가 풀리며, 에너지도 회복된다. 명상 훈련으로 머릿속 잡념을 깨끗이 없애면 한 가지에만 몰두할 수 있고 외부와 내면의 방해 요소에 영향을 받지 않게 된다.

부모와 아이가 알아야 할 명상의 주요 포인트에는 어떤 것들이 있을까?

명상 장소 선택

전통적으로 명상은 정원, 사찰, 깊은 산, 숲속, 시냇가 등 고요한 자연 속에서 한다. 이런 장소에서 명상하면 자연과 원시의 기운과 더 가까워질 수 있다.

하지만 아이를 이런 장소에서 명상하게 하기는 힘들다. 오히려 아이는 자신의 활동 범위 안 어디서든 명상할 수 있다. 수업이 끝나고 자기 자리에서 명상할 수도 있고, 집으로 돌아온 뒤 거실 소파나 자기 방에서 할 수도 있고, 주말이나 휴일에 공원으로 나가 풀밭에 눕거나 나무 밑에 앉아서도 명상할 수 있다.

명상은 어떤 자세로 해야 할까

명상의 자세는 여러 가지가 있는데, 그중 전통적인 자세는 가부좌다. 두 팔을 자연스럽게 무릎 위에 올리고, 두 눈은 살짝 감고, 등은 곧게 세운다. 아이가 명상할 때는 꼭 전통적인 자세를 고집할 필요는 없다. 편안하게 앉아서 자신에게 맞는 자세로 진행하면 되고 다리도 꼭 양반다리를 하지 않아도 된다. 의자도 좋고 소파에 앉아서 해도 좋다. 자세가 편하기만 하면 된다. 명상은 이렇게 언제 어디서나 가능하다는 사실을 잊지 말자.

명상은 눈을 뜨고 해야 할까, 감아야 할까

명상할 때 눈은 반 정도만 감거나 완전히 감는 것이 좋다. 시각적인 명상을 할 때만 눈을 뜨고 한다. 아이의 경우 눈을 감고 명상하는 것이 제일 좋다. 눈을 감으면 편안한 느낌을 받을 수 있고 눈도 쉴 수 있기 때문이다. 졸리거나 잠이 들 것 같으면 눈을 살짝 뜨고 하면 된다.

인도의 요가 대가인 스와미 아디스와라난다Swami Adiswarananda의 저서 《명상의 힘》에는 이렇게 설명되어 있다. "눈은 반 정도 뜨고 주의력을 미간이나 눈썹 사이에 고정한다." 따라서 명상할 때는 눈을 반 정도 뜨고 하는 것이 가장 좋다.

명상의 내용은 무엇인가

명상을 시작한 지 얼마 되지 않았을 때 아이의 머릿속에는 온갖 생각이 떠오르면서 나쁜 일이 생각날 수도 있고 긴장하거나 상실감이 생길 수도 있다. 또는 좋은 일이 떠올라 즐겁고 유쾌해질 수도 있다. 이는 모두 정상적인 현상이다. 이런 때는 그냥 생각들이 흩어지게 내버려 두면서 억지로 억압하려 하지 않아도 된다. 그리고 최대한 노력해서 현실을 벗어나 끝없이 펼쳐진 초원이나 쪽빛 하늘과 같은 아름다운 것들을 떠올려보자.

물론 가장 좋은 명상은 아무것도 생각하지 않는 것이다. 명상冥想의 '冥'은 사라진다라는 뜻이고, '想'은 사람의 생각을 뜻한다. 명상은 즉 모든 생각을 없애 아무것도 없는 편안함을 느끼게 하는 것이다.

명상은 한 번에 얼마나 해야 할까

많은 명상 전문가가 명상은 한 번에 20분 정도, 하루에 최소 두 번 정도 하는 것이 좋다고 한다. 소걀 린포체Sogyal Rinpoche의 저서 《티베트의 삶과 죽음》에는 이런 문장이 있다. "문제의 핵심은 명상을 얼마나 했는지에 있지 않다. 명상을 통해 당신이 자아 존재의 상태로 들어가 그곳에 자신을 내려놓고 자신의 내면과 교류했는지에 있다." 소걀 린포체는 처음에는 4~5분간 명상하고 1분간 휴식한 뒤 다시 명상하는 것이 좋다고 했다. 어쩌면 우리가 휴식을 취할 때 비로소 명상이 시작되는지도 모른다.

명상은 원래 참선을 뜻하며 요가에서 '무의식에 도달'하는 경로로 사용됐다. 명상의 최종 목적은 마음을 정복하고, 잡념에서 벗어나며, 진정한 '무의식의 상태로 들어가는' 데 있다. '무의식으로 들어간다'는 말은 명상의 대상과 명상하는 사람이 완벽하게 융합되고, 자아의식이 사라지며, 지성智性을 균형 잡힌 상태로 유지한다는 뜻이다.

물론 '무의식에 도달'하는 것은 수행자가 명상에서 이를 수 있는 최고의 경지다. 그런 점에서 아이들의 명상은 아주 간단하다. 뇌를 편안하게 쉬게 해주면 그것이 바로 명상이다. 음악 명상을 예로 들면 아이가 음악을 들으며 몸을 편안하게 하고 머리를 쉬게 해주는 건데, 이것도 명상에 속한다. 운동 명상은 아이가 운동을 통해 잡념을 없애는 것이며, 이 또한 명상이라 할 수 있다.

아이가 명상하는 주요 목적은 바로 머릿속의 복잡한 생각을 내려놓음으로써 마음을 평온하게 하고, 아무 잡념도 없는 상태에서 빠르게 회복하기 위함에 있다. 또 명상은 아이의 스트레스와 우울감, 초조함을 완화해서 평온하고, 즐겁고, 적극적인 마음을 유지하도록 돕는다.

홀로 머무는 것은 마음 수행이다

머릿속이 잡념과 복잡한 생각들로 가득하고 고민이 많을수록 더 많은 에너지를 소모하게 된다. 특히 뇌가 피로해졌을 때 제때 머릿속의 생각들을 비워주지 않으면 에너지가 고갈된다. 이런 때에 명상은 마음을 깨끗하게 씻어주고 머릿속을 비워주는 가장 좋은 방법이 된다. 명상을 통해 세속적인 것들을 말끔히 씻어내고, 욕망을 없애며, 마음 깊은 곳까지 다다를 수 있다. 그리고 나를 둘러싼 여러 방해 요소에서 벗어나 자신과 독대할 수 있는 시간과 공간도 제공한다.

쿠가야 아키라 예일대학교 의과대학 정신의학과 박사는 뇌 속의 과다한 잡념과 생각을 '몽키 마인드'Monkey Mind에 비유했다. 인간의 머릿속은 늘 여러 생각으로 차 있어서 마치 시끄럽게 떠들어대는 원숭이 같다. 이 생각들은 에너지를 빠르게 소모하여 뇌를 피로하게 만드는데, 이때는 명상을 통해 이 '원숭이들'을 떨쳐버려야 한다. 쿠가야 아키라 박사는 '몽키 마인드'를 떨쳐낼 수 있는 좋은 명상 방법을 하나 제시했다. 우리는 먼저 자신이 기차역 플랫폼 위에 서 있다고 상상해보자. 열차가 역으로 들어온다. 열차 안에는 수많은 '잡념과 생각'이라는 원숭이 승객들이 앉아 있다. 열차는 잠시 멈췄다가 다시 떠난다. 그리고 우리는 여전히 제자리에서 움직이지 않고 가만히 서 있다. 나 자신 외에는 아무것도 없다. 시간이 조금 지난 뒤 원숭이 승객을 태운 열차가 또 역으로 들어온다. 우리는 열차가 다시 떠날 때까지 여전히 움직이지 않는다……. 이렇게 열차는 차례대로 왔다가 원숭이 승객을 싣고 떠나지만, 우리는 여전히 플랫폼 위에서 움직이지 않고 가만히 서 있다.

이런 명상을 통해 우리는 머릿속 잡념과 생각들을 효과적으로 비울 수 있고, 여러 '몽키 마인드'를 떨쳐버릴 수 있으며, 진정한 자아를 찾고, 나 홀로 머무는 세계를 즐길 수 있다. 나 홀로 머무는 세계에서 우리는 그저 방관자처럼 플랫폼에 가만히 서서 시끄러운 '원숭이 승객들'이 역으로 왔다가 떠나는 것에 아무 신경도 쓰지 않으면 된다.

토니 로빈스^{Tony Robbins}는 "우리는 일생에 두 가지 일을 잘해야 한다. 하나는 자신과 세상과의 관계를 처리하는 것, 또 하나는 자신과 자신과의 관계를 처리하는 것이다."라고 말했다. 늘 머릿속 잡념과 생각에 사로잡혀 영향을 받으면 어떻게 일이나 공부에 에너지를 쏟을 수 있겠는가? 또 어떻게 내재적인 자신을 찾고 홀로 머무를 수 있겠는가?

명상을 통해 우리는 '몽키 마인드'가 만드는 방해 요소를 어느 정도 제거할 수 있고, 나아가 맑고 깨끗한 자아 존재의 상태로 들어갈 수 있다. 그리고 자신과 독대할 기회를 얻을 수 있다. 이는 숙련된 사람들이 추구하는 경지이기도 하다. 바깥세상은 너무 시끄럽고 사람들의 머릿속에는 잡념이 가득하다. 자신과 독대하는 방법을 익히는 것만이 생활의 본질로 회귀하는 것이다.

중국의 화가이자 작가인 장쉰蔣勳은 이런 말을 했다. "홀로 머무는 것은 가라앉는 것이다. 고요히 앉아 있거나 명상을 하면 깨끗한 마음을 되찾을 수 있다. 불순물은 우리 몸의 안과 밖 어디든지 존재하기 때문에 이 불순물을 없앨 수는 없다. 하지만 이를 가라앉힐 수는 있다. 불순물이 가라앉으면 깨끗함이 떠오르는데, 이때 당신의 머릿속은 분명해지고 아주 냉정해진다."

명상을 하면 우리는 마음속 목소리에 귀를 기울일 수 있고, 진정한 내 모습을 찾을 수 있으며, 시끄러운 '몽키 마인드'의 영향을 받지 않고, 유한한 에너지를 사소한 일에 낭비하지 않을 수 있다. 장자가 말하는 자신과의 독대의 경지는 '홀로 천지와 정신적 왕래를 하는 것'이다. 우리는 이런 경지까지 이를 필요는 없고 명상으로 머릿속 잡념과 생각들을 비워내고 자신과 독대하는 법을 익히면 된다. 우리가 머릿속 '몽키 마인드'를 떨쳐내고 진정한 자신을 찾는다면 우리는 이미 플랫폼에 서 있는 '방관자'가 되어 있음을 발견할 수 있을 것이다. 모든 잡념과 생각들은 자신과 무관해지고 깨끗하고 즐거운 느낌이 절로 생기게 된다.

복잡하고 바쁜 일상에 시달리는 부모는 명상을 통해 자신을 편안하게 만들고, 일하면서 생기는 번뇌와 걱정을 떨쳐버릴 수 있다. 아이도 오랫동안 공부에만 몰두하다 잠시 시간을 내어 조용히 명상함으로써 들뜬 마음을 가라앉히고 머릿속 잡념을 깨끗이 비워낼 수 있다. 명상할 때는 가볍고 편안한 음악을 들으며 해도 좋다. 심호흡을 크게한 뒤 음악의 리듬을 따라 잡념을 비우고 나만의 세계를 만끽해보자!

인간은 이성적, 사회적 동물이자 생산적 동물이다. 인간은 이성과 상상력을 이용해 눈앞의 물질을 바꿀 수 있다. 인간은 생산이 가능할 뿐만 아니라 반드시 생산으로 삶을 유지해야 한다.

- 프롬

학구파 스토리: 바쁨과 한가함 사이에 에너지 충전하기

장성난張勝男은 온화한 성격에 붙임성이 좋은 베이징 아가씨다. 젊고 활력 넘치며 경험이 풍부한 그녀는 청소년 리더십과 글로벌 문화 교류의 강사다. 2016년 대학 졸업 당시 '글로벌 대학생 노벨상'이라 불리는 로즈 장학금Rhodes scholarship 수혜자에 이름을 올리기도 했다. 2018년 하버드대학 교육학과를 졸업하고 교육학 석사학위도 취득했다. 그녀는 늘 에너지가 넘친다. 대학 시절에는 중학생의 리더십을 기르는 공익 프로그램에 기여하기도 하고, 각종 기회를 놓치지 않고 24

개 국가에서 인턴과 자원봉사자로도 활약했다. 교육 사업 외에도 장성난은 3개 국어 통역이 가능한 인재다. APEC(아시아태평양경제협력체) 정상회담, 미국 정부 고위 인사의 중국 방문 등 여러 국제회의 무대에서 통역을 하기도 했다.

다채로운 모험의 길을 밟아온 장성난은 강도 높은 공부와 일을 할 때도 지치지 않고 항상 에너지가 넘친다. 장성난은 이렇게 말했다. "학구파는 공부에 시간을 가장 많이 투자한 사람이나 성적이 가장 뛰어난 사람이 아닙니다. 요령을 갖고 자신에게 주어진 유한한 에너지를 최대한으로 사용해서 공부도 잘하고, 놀기도 잘하는 사람이 진짜 학구파죠." 놀라운 이력을 보유한 장성난이 어떻게 에너지를 효과적으로 관리하는지 함께 알아보도록 하자.

'You are what you eat'

장성난은 어릴 때부터 부모님의 속을 썩이는 딸이 아니었다. 장성난의 어머니는 그런 딸을 자랑스럽게 여기며 이렇게 말했다. "초등학교 1학년 때부터 성난은 아주 독립적인 아이였어요. 머리는 꼭 스스로 빗고, 샤워하려고 하는데 욕실 전등 스위치가 손에 안 닿으면 작은 의자를 가져다가 불을 켜곤 했죠. 한번은 집에 돌아와 받아쓰기 숙제를 봐줘야 했어요. 제가 요리를 하면서 책을 펼치고 있으니 책이 더러워질까 봐 그냥 저에게 하지 말라고 하더군요." 그 후로 장성난은 교과서 본문 뒤에 있는 새로운 단어를 모두 녹음해서 혼자 들으며 받아쓰기를 했다.

장성난은 말했다. "저희 부모님은 권위적이지 않으세요. 초등학생 때부터 점심시간에는 집에 와서 밥을 먹어야 했는데, 부모님은 저를

데리러 오실 수 없었어요. 그래서 미리 제가 먹을 밥을 준비해두시면 저 혼자 열쇠로 문을 열고 들어가서 음식을 데워 먹고, 밥을 다 먹으면 낮잠을 자고, 알람이 울리면 다시 학교에 가곤 했어요." 그렇듯이 어릴 때부터 장성난의 부모님은 아이의 독립심을 키워주었다. "부모님이 저에게 주신 가장 큰 영향은 바로 믿음이었어요. 제가 스스로 잘할 수 있다고 믿어주셨죠. 저도 부모님의 기대를 저버리지 않고 시간과 에너지를 잘 관리했어요."

몇 년간 해외에서 공부한 딸에 대해 어머니는 이렇게 말했다. "성난이 제대로 된 밥을 못 챙겨먹을까 봐 걱정했었어요. 외국에 살면 피자, 햄버거같이 기름에 튀긴 패스트푸드만 먹고 살 거라고 생각했죠." 어릴 때부터 독립심이 강했던 장성난은 이 부분에 대해서도 부모님을 걱정시키지 않았다. "하버드에서 공부할 때 주변에 채식주의자 친구들이 있었어요. 식당에는 좋은 재료로 만든 음식들이 있었죠." 친구들의 얘기를 듣고 직접 연구도 하면서 자신의 건강과 환경보호를 생각한 장성난은 식생활을 바꿔나가기로 결심했다. "우리 몸은 균형 잡힌 여러 음식이 필요하잖아요. 저는 채소처럼 섬유질이 풍부한 음식을 많이 먹어요. 우리 몸은 또 단백질도 많이 필요로 하는데, 마침 하버드가 해산물이 많이 나는 보스턴에 있어서 생선과 새우를 충분히 먹을 수 있었어요. 적색육이나 기름진 고기는 잘 먹지 않아요. 식생활을 바꾸니 제 몸이 조금씩 변하는 것을 느낄 수 있었죠. 배고프면 기분이 저조하고 배가 너무 부르면 주의력이 떨어지죠. 저는 적은 양을 여러 번 먹어서 에너지가 충분한 시간을 오래 유지할 수 있었어요."

하버드대학을 졸업할 당시의 장성난

몸의 법칙을 따르면 효율을 높일 수 있다

하버드대학 재학 기간, 장성난은 모든 과목을 이수하고, 하버드 이노베이션 랩Harvard Innovation Lab. i-Lab에서 집필도 하며《학생을 변화시 키는 세계 60가지 수업》도 출판했다. 그녀는 인턴십에도 참여하며 12 시간의 시차가 나는 중국의 동료, 학생들과 소통하기도 했다. 하버드 대학에서는 3S 법칙이 유명하다. Study(공부), Social life(사회생활), Sleep(잠) 가운데 최대 두 가지만 선택할 수 있다는 것이다. 장성난이 에너지를 아무리 써도 고갈되지 않는 슈퍼맨이 아닌 바에야 매일 밤 을 새는 '올빼미'라도 되는 걸까? 어떻게 수업, 인턴, 학술회의, 출판, 연구까지 동시에 진행할 수 있었던 걸까? 에너지 관리 비결에 대해 장성난은 이렇게 말했다. "저는 공부나 일을 위해 잠자는 시간을 포기하지는 않아요. 모든 사람에게 공평하게 주어진 것이 바로 시간이잖아요. 저는 에너지의 정도가 각기 다른 시간대에 맞춰 가장 적합한 일을 배분해서 진행합니다."

장성난이 얻은 4.0에 가까운 학점은 하루에 커피를 4잔씩 마시거나 4시간만 자면서 이뤄낸 결과가 아니었다. "저는 아무리 바빠도 12시 전에는 잠자리에 들어요." 밤을 새지 않는 이유에 대해 장성난은 건강관리 지식을 공유했다. "먼저, 저는 제가 잠을 자지 않고 일하는 야행성이 될 수 없다는 점을 잘 알고 있어요. 할 일이 아무리 많아도 일찍 자고 일찍 일어나서 다음날 집중력이 높을 때 일을 합니다. 잘 쉬어야 일에 능률도 오르는 법이죠. 그리고 우리 몸은 매일 디톡스가 필요해요. 잠을 잘 때 디톡스 효과가 가장 좋다고 알려져 있죠. 간세포 독소의 대사는 대부분 밤 11시에서 새벽 1시 사이에 이루어지기 때문에 가능한 이 시간대에는 잠을 자려고 합니다."

아침은 장성난에게 몸을 충전하는 시간이다. 1교시는 10시에 시작하지만, 그녀는 아침 시간을 절대 헛되이 보내지 않는다. "저는 보통 7시에 일어나요. 10시 수업 전까지 3시간은 저만의 시간이죠. 저는 일어나자마자 휴대폰을 보지 않아요. 뇌가 과다한 정보의 소용돌이에 빠질 수 있거든요. 일단 일어나면 앉아서 3분간 명상을 하며 정신을 맑게 한 뒤 하루를 시작하죠." 장성난은 명상 시간을 소중히 여긴다. 그녀는 예전에 청소년 리더십 캠프에서 우연히 명상을 접하게 됐다고 말했다. "우리는 외부 세계와 단절된 깊은 산속에 있었어요. 머릿속의 모든 것을 비워냈죠. 제 몸이 완전히 바뀐 것 같은 기분이

들었어요. 그때 저희는 주로 내면을 탐색하고, 자신이 무엇을 원하는지, 그리고 나와 이 세상의 관계는 어떤 것인지 탐구했죠. 외부 세계의 방해로부터 완전히 단절되고 어수선한 것들과 멀어지면 자신의 내면과 대화를 나누기에 가장 좋은 조건이 갖춰집니다." 내면을 탐색해보고자 명상을 시도했던 장성난은 이 명상이 자신의 일상에 빼놓을 수 없는 중요한 요소가 될 줄은 생각도 못했다. "평소 초조하거나 스트레스가 심해지면 저는 일단 하던 일을 멈추고 두 눈을 감고 심호흡을 합니다. 3~5분 정도 짧게 명상하면 한결 머리가 가벼워지고 일에도 더 집중할 수 있게 되죠."

장성난은 명상 외에 다른 방법을 통해서도 에너지를 충전한다. "가끔 아침에 조깅을 해요. 찰스강을 따라 30분 정도 달리며 신선한 공기를 마시면 기분이 아주 좋아집니다. 그리고 30분 정도 휴대폰 메시지를 확인하고 이메일 회신을 보내죠. 저는 꼭 30분 안에 처리해요. 30분 안에 다 처리하지 못하면 우선 내려놓죠. 또 소중한 시간을 활용해 책을 보거나, 관심 있었던 것들을 배우거나, 학교 수업 외의 지식을 쌓으며 충전해요. 그리고 집에서 점심과 저녁밥을 만들어 학교에 가져가 먹기도 합니다."

장성난이 일과 휴식을 진행하는 습관과 생활 리듬을 알고 나면, 그녀가 수면, 운동, 식생활, 명상에서 몸의 법칙을 따른다는 사실을 쉽게 알 수 있다. 그리고 자신의 몸의 법칙에 따라 알맞게 조율하면서 활기 넘치는 하루하루를 보낸다. 밤에 충분히 자고 아침에 유산소 운동과 함께 건강한 식사를 함으로써 에너지를 충전한 장성난은 아침부터 밤까지 높은 집중력을 발휘할 수 있었다.

장성난의 이런 건강한 생활 습관은 하루아침에 이루어진 것이 아니다. 그녀는 자신의 몸 컨디션에 따라 계속해서 조절해나갔다. "모든 사람이 자신의 몸의 법칙을 알아차리고 자신의 리듬에 맞는 유형을 발견하면 좋겠어요." 시간은 유한하다. 에너지 관리를 어떻게 하느냐에 따라 공부와 생활의 결과가 다르게 나타난다. "인생이 이렇게 긴데, 얽매여 살 필요가 있을까?" 장성난의 SNS 피드에 올라온 글귀다. 사람의 인생은 유한한데, 이렇게 멋진 대천세계^{大千世界} 안에서 사소한 일에 얽매여서만 살 수 없다는 뜻이다. 자신에게 맞는 에너지 관리법으로 당신도 장성난처럼 넘치는 에너지로 삶에 주어진 무한한 가능성을 펼쳐 보라.

> 자신의 열정, 욕망, 공포를 통제할 수 있는 사람은 국왕보다 낫다.
>
> — 존 밀턴

5
....

방해 요소 배제법

쾌도난마^{快刀亂麻}

- 의식적으로 내 주변 방해 요소를 발견하고 집중력을 높이는 방법을 알고 싶은가?
- 어떻게 유혹을 뿌리치고 더 집중하며 효율을 높일 수 있을까?
- 학구파들이 어떻게 전심전력으로 일하는지 알고 싶은가?

우리가 현재 하는 일에 집중하지 못하는 이유는 외부의 유혹이 많기 때문이기도 하고 우리의 욕망이 너무 크기 때문이기도 하다. 환경이나 잡념에 의한 방해를 피하기는 어렵다. 따라서 우리는 방해 요소^{elimination}를 조절해 가며 집중해서 한 번에 한 가지 일을 처리해야 한다.

방해 요소는 귀찮은 불청객

내부 잡념: 몸은 여기에, 마음은 저기에

집중력을 높이는 최고의 방법은 방해 요소를 없애는 것이다. 일상이나 공부하는 과정에서 아이는 외부 환경과 마음속 잡념의 방해를 받는다. 이는 집중력에 영향을 미친다.

주변 친구들 모두 공부에 몰두하는 자율학습 시간에 분명 조용한 환경에 있는데도 불구하고, 차분해지지 않고 잡념에 사로잡혀 공부에 집중할 수가 없다. 겉으로는 교실 책상 앞에 앉아 있지만, 마음은 엉뚱한 곳을 떠돌고 있다.

아이의 집중력에 영향을 주는 내부 방해 요소에는 아래와 같은 몇 가지가 있다.

머릿속 이미지, 소리, 만화

머릿속을 떠도는 노래 한 곡, 재미있는 사진 한 장, 또는 동영상 한 편 때문에 아이는 수업 시간에도 주의력이 분산되거나 쓸데없는 생각을 한다. 아이의 두뇌는 활동적이고 상상력이 풍부하지만, 선택적 주의력이 아직 약하기 때문에 공부에 집중하기 어렵고 머릿속 잡념에 영향을 받기 쉽다.

과도한 감정 변화

불안, 걱정, 초조와 같은 지나친 소극적 감정이나 격정, 흥분과 같은 과도한 적극적 감정이 여기에 포함된다. 감정이 집중력에 주는 영향은 앞에서 이미 자세히 설명한 바 있다. 아이가 평온한 감정을 유지하지 못하면 감정 변화 역시 아이를 방해하는 요소가 될 것이다.

무형의 스트레스

부모의 지나친 기대, 어려운 공부, 복잡한 대인관계는 모두 아이에게 큰 스트레스가 될 수 있다. 이런 스트레스는 수업을 듣고 있는 동안에도 계속해서 아이에게 직접적인 영향을 주어 공부에 집중할 수 없고 심리적인 문제를 야기할 수도 있다.

몸 컨디션

배고픔, 피로, 질병 등이 여기에 포함된다. 아이는 배가 고프면 자신도 모르는 사이에 '언제 밥 먹지?', '뭐 먹지?'로 주의력이 흐트러져 공부에 집중하기가 어려워진다. 같은 이치로 몸이 피곤하거나 편하지 않을 때도 집중하기 어려워진다.

아이도 스스로 생각해 볼 수 있다. 똑같이 조용한 교실에 있는데, 왜 다른 친구는 주의력을 오래 유지할 수 있고 나는 딴생각을 하며 집중하지 못하는 걸까?

뚜렷한 학습 목표나 관심사가 없다는 것 외에 또 하나 중요한 이유가 있다. 그것은 바로 자기 내면의 방해 요소를 없애지 못한다는 것이다. 머릿속에 재미있는 장면이 떠오르면 금세 흔들리고 생각이 끌려가 버린다. 다시 말해, 아이들의 집중력은 내재적 방해 요소의 영향을 받아 공부에 몰두하기 어려워지는 것이다. 이런 귀찮은 내부 방해 요소에 대해 아이는 어떤 조치를 취하면 좋을까?

자신의 몸을 편안하게 풀어주는 방법을 익히고 표정도 풀어야 한다. 이런 방법만으로도 각종 잡념과 방해 요소에서 벗어날 수 있다. 또 심호흡으로 뇌를 맑게 하여 평온함을 유지할 수 있다.

스트레스를 받으면 부모님이나 선생님과 이야기해보고 자신에게 잘 맞는 스트레스 해소법을 찾는 것이 좋다. 절대 혼자서 감당하려 하면 안 된다. 아이는 부모님의 도움을 받아 의식적으로 내부 방해 요소를 없애는 방법을 연습해야 한다. 이런 과정을 통해 여러 가지 내부 방해 요소를 잘 처리할 수 있다.

외부의 방해 요소: 내버려 두면 인생을 낭비한다

내부의 방해 요소 외에 집중력에 영향을 주는 또 다른 중요한 요소는 바로 외부 환경에 의한 방해다. 환경이 아이에게 주는 영향은 크다. 현대인의 생활환경에는 각종 방해 요소가 도사리고 있다. 시도 때도 없이 울리는 휴대폰 벨소리와 다양한 TV 예능 프로그램에서부터 창밖의 시끄러운 자동차 소리들 모두 아이의 공부를 방해한다.

외부 환경의 방해 요소에는 소음, 냄새, 빛의 밝기, 환경의 색상 변화, 불편한 옷, 책상 위의 너저분한 물건들, 인터넷과 전자제품 등이 있다.

많은 아이들이 이런 상황을 겪어보았을 것이다.

열심히 공부하려고 하는데 친구들이 쉴 새 없이 메시지를 보내고, 이야기 좀 하자고 하거나, 같이 놀자고 한다. 이렇게 방해를 받는 상황에서는 쉽게 공부에 집중하기 어려워진다. 이때 해야 할 일은 휴대폰을 다른 곳에 치워두고 방해 요소와 유혹을 거절한 뒤 더 집중해서 공부하는 것이다. 그렇지 않으면 외부 방해 요소들이 모든 학습 계획을 물거품으로 만들고 말 것이다.

또 바쁜 하루를 보내고 집에 돌아와 공부를 하려고 하는데, 책상 위에 여러 가지 물건이 너저분하게 널려 있어서 필요한 학용품을 찾을 수 없다. 이때 학생의 마음은 초조해지면서 더 공부에 집중할 수 없다. 그러나 방과 책상을 깔끔하게 정리하고 공부와는 상관없는 책상 위의 물건들을 치우면 몸과 마음이 모두 편안해져서 금방 공부에 집중할 수 있게 된다.

외부 환경의 방해 요소가 아이에게 주는 영향은 여기서 끝이 아니다. 특히 선택적 주의력과 지속적 주의력이 약한 아이는 외부 환경의 아주 작은 변화에도 큰 영향을 받게 된다. 예를 들어 자율학습 시간에 들리는 짝꿍이 책 넘기는 소리, 공책에 볼펜으로 글씨 쓰는 소리, 선풍기 돌아가는 소리 등이 모두 '소음'이 돼서 정신이 산만해져 편하게 공부할 수가 없다.

다음은 미국 베스트셀러 작가 페이얼투菲爾圖의 저서 《의지력은 훈련에서 나온다》 중 일부분이다. "외부 세계의 방해 요소를 없애는 가장 효과적인 훈련법은 바로 자신을 오히려 방해 요소가 많은 환경에 처하게 하는 것이다. 이런 식으로 훈련을 거듭하면 나중에는 쉽게 방해받지 않는다. 예를 들어 당신을 집중력이 부족한 대학생이라고 가정해보자. 당신은 가장 시끄러운 장소에서 공부를 하며 스스로를 단련할 수 있다. 분명 처음에는 무척 어려움을 겪을 것이다. 하지만 며칠 지나다보면 주의력이 조금씩 향상되어 외부 요소에 쉽게 영향을 받지 않게 되고 어디서든 공부가 가능한 자신을 발견할 것이다."

페이얼투는 또 낙후한 지역의 우수한 아이들을 언급하며 비록 환경은 시끄럽고, 열악하고, 가족 구성원 수도 많지만 좋은 조건에서 생활하는 아이들보다 더 우수하다는 점을 지적했다. 그 이유는 무엇일까? 우선 그 아이들은 학습 기회를 소중히 여긴다. 그리고 시끄럽고 열악한 환경이 그들의 의지력을 더 단단하게 만든 것이다.

'집중력으로 외부의 방해 요소를 제거'하고 싶어 하는 사람이 많겠지만 더 좋은 옵션은 외부 방해 요소를 이용해 자신의 집중력을 단련하는 것이다. 시끄럽고 혼란스러운 환경에서도 집중하여 공부할 수 있다면 당신은 이미 방해 요소를 어느 정도 물리칠 수 있는 수준에 도달했다는 것을 의미한다.

눈앞의 할 일에 집중하면 외부 환경의 방해 요소는 풀밭의 '잡초'처럼 전혀 중요하지 않은 것으로 전락한다. 소설을 읽을 때는 작가의 생각을 따라가고, 수업을 들을 때는 선생님의 생각을 따라가고, 운동할 때는 동작의 요령만을 생각하고, 어떤 문제를 생각할 때는 최선을 다해 문제를 해결하기 위해 노력한다.

이런 훈련을 통해 아이의 선택적 주의력을 효과적으로 키울 수 있다. 아이가 혼신의 힘을 다해 '농작물'에 집중하면 외부 환경의 방해 요소는 모두 '잡초'로 변해 눈길도 주지 않게 된다. 하지만 아이가 외부 환경의 작은 변화에 흔들리면 '잡초'에만 신경을 쓰게 되는 것이다.

사업은 인내하면 성공하고 조급해하면 실패한다. 사막에서 조급한 나그네는 침착한 사람 뒤로 처지고, 빨리 달리는 말도 뒤처지며, 천천히 걷는 말은 계속 앞을 향해 나아간다.

- 사디

능동적으로 멀어지기:
장애물을 만나면 옆으로 돌아갈 줄 아는 능력

그 누구도 당신의 시간표를 방해하지 못하게 하라

대부분 가정에서는 아이가 '이웃을 돕고 이웃과 나누는 사람'으로 자라도록 교육한다. "거절을 잘하고, 'No'라고 말할 줄 알아야 한다."라고 가르치는 집은 별로 없을 것이다. 그래서 아이들은 점점 '좋은 사람'이 되어 다른 사람의 부탁은 최대한 들어주려 하지만, 자신의 뜻을 따르거나 타인의 부탁을 적절히 거절하는 방법은 잘 모른다.

우리는 이런 경우를 쉽게 볼 수 있다. 아이가 학습 계획을 세우고 공부 시간도 잘 배분했는데, 갑자기 친구가 같이 놀자며 카드를 들고 찾아왔다. 해맑게 웃는 친구를 보니 거절하기가 어려워 아이는 계획을 잠시 보류할 수밖에 없다. 아이는 공부를 하고 싶었지만, 결국 친구의 방해로 학습 계획까지 영향을 받게 돼버렸다.

이렇게 아이가 공부할 때면 방해 요소가 많아진다. 갑자기 울리는 휴대폰 벨 소리, 방으로 들어와 물건을 찾는 부모님, 밖에서 들려오는 자동차 경적 등이 아이의 집중력에 영향을 준다. 이때 만약 중요한 전화면 잠시 하던 공부를 멈추고 통화를 한 뒤 다시 공부에 집중하도록 노력하면 된다. 만약 가족이나 친구들이 방해한다면 사전에 부모님과 상의해서 공부할 때는 되도록 방해하지 않도록 하거나 공부하는 동안은 창문을 닫아두는 것도 하나의 방법이다.

거절할 줄 모르거나 방해 요소를 제거하지 못하는 아이들은 자신은 좀 손해를 보더라도 다른 사람의 요구를 들어주는 경우가 대부분이다. 물론 우호적인 태도는 좋지만, 자기 상황은 돌아보지 않고 시간 계획까지 엉망으로 만드는 것은 스스로를 존중하지 않는 태도다. 따라서 외부의 방해 요소를 최대한 멀리하고 다른 사람이 제시하는 불합리한 요구사항은 거절할 줄도 알아야 한다.

성적이 뛰어난 초등학교 3학년 여자아이가 어느 날 부모님께 학교에 가기 싫다고 말했다. 당황한 부모님은 여러 방면으로 알아본 뒤 딸아이의 학급에서 '우등생이 열등생을 돕는' 계획이 시행되고 있다는 사실을 알게 됐다. 선생님이 성적이 좋은 여자아이를 성적이 나쁜 한 학생과 짝을 지어주신 것이다. 성적이 나쁜 학생은 여자아이한테 숙제를 대신 해달라고 부탁했고, 아이는 거절을 못하고, 선생님이나 부모님께 말도 꺼내지 못했다. 그 학생의 요구는 점점 심해져서 모든 숙제를 여자아이한테 시켰고, 결국 학교도 가기 싫게 만들어버렸다.

거절할 줄도 모르고 방해 요소로부터 멀어지는 방법도 모르는 여자아이는 그저 짝꿍의 뜻에 순순히 따르며 참고 양보만 한 결과 줄곧 '방해 받는' 상태에 놓여 있었다. 한번 생각해보라. 오랫동안 짝꿍의 '방해'만 받은 아이가 어떻게 집중해서 자기 공부를 할 수 있었겠는가?

남을 돕는 것은 미덕이지만, 합리적으로 거절하는 것은 능력이다.

물론 타인의 불합리한 요구사항을 거절할 때는 더 좋은 방법을 강구해야 한다. 그렇게 하는 것이 좋은 대인관계를 유지하고, 자기 생각을 저버리지 않으면서 상대방의 체면도 지켜주는 길이다.

자신의 시간표를 망치지 못하게 하려면 어떻게 외부의 방해를 거절해야 할까?

불합리한 방해 요소는 직접 거절한다

아이가 공부나 숙제를 하거나 문제를 생각할 때, 어른이 갑자기 아이 방으로 들어오는 경우가 있다. 방을 청소하기 위해서든, 물건을 찾기 위해서든, 모두 아이에게 방해가 된다. 이때 아이는 직접 어른들에게 공부를 방해하지 말아 달라고 말할 수 있다. 또 친구가 모임에 초대했다고 가정해보자. 하지만 아이는 아직 숙제도 다 못했고 가고 싶지도 않다. 이런 때에도 직접 거절하는 것이 좋다.

해도 되고 안 해도 되는 부탁은 완곡하게 거절한다

'지나치지' 않은 부탁들도 있다. 아이에게 서점에 가자고 하거나, 같이 도서관에 공부하러 가자고 하는 경우다. 이때 아이에게 따로 자신의 계획이 있거나, 친구의 부탁을 들어줘도 그만, 안 들어줘도 그만인 상황이라면 완곡하게 거절할 수 있다. 부모님이 허락하지 않는다거나, 컨디션이 좋지 않다는 등의 적당한 이유를 찾으면서 말이다. 또는 다른 할 일이 있어서 갈 수 없다고 상황을 잘 설명해 주는 것도 좋다.

타인의 방해로부터 최대한 벗어나기

자신의 학습 시간표가 엉망이 되지 않도록 아이는 미리 타인의 방해를 막을 수 있다. 예를 들어 숙제를 하기 전에 미리 어른들께 방에 들어오지 말고 너무 큰 소리를 내지 말아 달라고 부탁하는 것이다. 그리고 휴대폰을 무음으로 바꿔 놓으면 메시지 수신 알림 때문에 집중력이 흐트러지는 것도 미연에 방지할 수 있다.

우리의 일상에는 객관적으로 존재하면서 피할 수 없는 외부 방해 요소가 많다. 이런 방해 요소에 대해 아이는 '상대할 수는 없어도 피할 수는 있다'는 원칙을 적용해 최대한 벗어나야 한다. 이렇게 하면 더 많은 유혹과 방해 요소에서 벗어남으로써 자신의 학습 계획을 잘 실행할 수 있다.

시끄러운 환경에서 벗어나기 - 이득이 된다면 좇고, 아니면 피하라

아이가 열심히 공부하기 위해 조용한 환경을 선택하는 것은 매우 중요하다.

지나치게 시끄러운 곳에서는 차분하게 공부에 집중하기가 어렵다. 특히 번화한 대도시에 사는 아이들은 매일 각종 소음을 감내하며 살아가야 하는데, 이런 생활이 오래 지속되면 아이의 몸과 마음의 건강에 영향을 줄 수 있다.

평소 집에서 숙제를 잘하는 한 초등학생이 있다. 아이가 숙제할 때면 부모님은 항상 TV를 끄고 목소리도 낮춘다. 이 아이는 항상 이렇게 조용한 환경에서 숙제했다. 그러던 어느 날, 이웃집에서 인테리어 공사를 시작했는데, 주말에도 공사는 이어졌고 상당한 소음이 발생했다. 이 공사 기간에 학생은 숙제를 제대로 할 수 없었다.

시끄러운 환경에서 아이가 무언가에 집중하기란 쉬운 일이 아니다. 아이의 학습 환경은 나이, 아이의 특성, 그리고 학습 내용과 관련이 있다. 일반적으로 초등학교 3학년 미만의 아이들의 주의력은 낮은 편이라 조용한 환경이 갖추어져야만 제대로 공부하고 생각하며 어떤 일을 할 수 있다. 중고생의 경우에는 어느 정도 방해 요소를 저지할 만한 능력을 갖추고 있기 때문에 약간의 소음이 있는 곳에서도 공부에 집중할 수 있다.

아이의 나이 외에도, 아이의 특성 역시 학습 환경과 밀접한 관련이 있다. 예를 들어 예민한 아이에게는 조용한 학습 환경이 필요하지만, 어떤 아이는 시끄러운 장소에서 오히려 공부가 잘되기도 한다. 그리고 학습 내용에 맞는 학습 환경도 필요하다. 한문 필사처럼 비교적 따분하고 기계적으로 해야 하는 공부를 할 때는 반드시 조용한 학습 환경이 필요하지는 않다. 하지만 수학문제 풀기처럼 높은 집중력을 필요로 하는 공부를 할 때는 조용한 환경이 필요하다. 만약 아이가 조용한 장소에서만 집중해서 공부할 수 있다면 이익이 되는 것만 좇고 해가 되는 것은 피하는 방법을 익히고, 능동적으로 시끄러운 환경과 소음의 방해에서 벗어나 자신에게 맞는 학습 환경을 만들어야 한다.

비록 완벽하게 조용한 환경을 찾는 것은 어렵지만, 상대적으로 조용한 환경을 만드는 것은 가능하다. 예를 들어 주변 환경이 지나치게 시끄럽다면 소음 방지 귀마개를 사용해서 소음을 줄일 수 있다. 그리고 거주하는 곳이 시끄러운 지역에 있다면 창문을 닫거나 두꺼운 커틈을 달아서 소음을 일부 차단할 수 있다. 주변에서 갑자기 시끄러운 소음이 발생한다면 잠시 소음에서 벗어났다가 소음이 줄어들거나 사라진 뒤 다시 시작하는 것도 한 방법이다. 또한 집안의 가전제품이나 냉방용 가전제품 등의 소음이 합격 기준에 달하는지 확인할 필요도 있다. 그리고 가전제품들을 한 곳에 집중적으로 배치하지 말고 가능하면 동시에 사용하지 않는 것이 좋다. 이런 방법들을 통해 집안의 환경도 조금은 조용하게 만들 수 있다. 물론 시끄러운 환경에서 멀어지는 가장 좋은 방법은 시끄러운 소리를 '못 들은 척'하는 것이다. 어떤 아이들은 조금 시끄러운 곳에서도 열심히 공부하며 책과 숙제에 집중할 수 있는데, 그 이유는 외부의 방해 요소를 능동적으로 차단할 수 있기 때문이다.

물론 조용한 환경은 아이들이 공부하는 데 매우 중요한 요소다. 하지만 시끄러운 곳에서도 숙제를 잘할 수 있는 것도 좋은 적응 능력의 표현이라고 볼 수 있다. 이것이 가능한 아이의 선택적 주의력은 우수하다. 아이들은 이익을 좇고 해가 되는 것은 피하는 방법을 익혀서 시끄러운 환경에서 벗어나야 함은 물론, 환경에 적응하는 방법도 배워 공부에 주의력을 집중하며 시끄러운 환경을 신경 쓰지 않도록 노력해야 한다.

> 화가 많으면 쉽게 분노가 이는데, 이는 악습이다. 그리고 마음이 부당한 일로 향하는 것은 충동이자 비이성적인 행동이다.
>
> - 피에르 아벨라르

적극적으로 처리하기:
조금만 개선하면 거의 다 개선한 것이다

어디에나 있는 유혹 뿌리치기

과학 기술의 발달로 요즘 아이들은 어렸을 때부터 휴대폰과 컴퓨터를 쉽게 접한다. 휴대폰 안에는 각종 앱이, 컴퓨터 안에는 각종 소프트웨어가 깔려 있다. SNS, 게임, 엔터테인먼트 앱부터 학습 관련 앱까지 정말 다양하다. 하지만 아이들은 주로 게임과 엔터테인먼트, 그리고 SNS에 빠질 뿐, 휴대폰과 컴퓨터를 공부의 수단으로 삼는 아이는 소수에 불과하다. 첨단 기술이 범람하는 이 세상에서 아이들은 예전보다 더 다양하고 더 강력한 유혹에 쉽게 빠지게 된다. 스스로 컨트롤할 수 없게 된 아이들의 집중력은 분산되어 공부에 심각한 영향을 받게 된다.

SNS의 유혹

네트워크에 쉽게 접근할 수 있는 요즘은 소셜미디어와 각종 SNS 앱을 통해 세상과 쉽고 간편하게 소통할 수 있게 됐다. 말을 타고 배달하던 시대에는 편지 한 통을 받으려면 하염없이 기다려야 했으나 지금은 SNS를 통해 '거리감 제로'의 소통이 가능해진 것이다. 그런 만큼이나 공부와 일에 미치는 영향도 만만찮다.

그래서 일상에서는 이런 상황들도 볼 수 있다. 어떤 아이는 숙제하면서 SNS로 친구들과 신나게 수다를 떤다. 어떤 아이는 매일 게시물을 올리며 글, 사진, 동영상으로 자신의 일상을 기록한다. 누군가 자신이 올린 게시물에 '좋아요'를 누르고 댓글을 달아주는 것을 보는 것이 큰 기쁨이다.

아이들은 SNS의 유혹을 뿌리치지 못하고 틈날 때마다 SNS를 들여다보기 바쁘다. 이렇게 휴대폰을 손에서 놓지 못하니 한 가지 일을 진득하게 집중해서 하기란 쉽지 않다.

PC게임과 모바일 게임의 유혹

SNS 다음으로 아이에게 큰 유혹이 되는 것은 바로 컴퓨터와 휴대폰에 깔린 각종 게임이다. 먹는 것도 자는 것도 잊고 게임에만 빠진 아이들을 쉽게 볼 수 있다. 아이의 부모는 "게임에 들일 시간과 에너지를 공부에 쏟으면 성적은 걱정 없을 텐데……" 하고 탄식하곤 한다.

PC 게임이나 모바일 게임, 또는 간단한 미니 게임들 모두 아이들에게 엄청난 유혹으로 다가온다. 왜 대부분의 아이들이 게임의 유혹을 뿌리치지 못하는 걸까? 이는 인간의 뇌에 있는 '보상회로'와 큰 관련이 있다. 게임 목표치를 달성하면 도파민 분비가 정상적인 수준을 넘어서면서 기분이 좋아지는 것이다. 마치 보상을 받은 것과 같아서 아이는 즐거움을 느끼고 점점 중독된다.

게임이 가져다주는 즐거움에 빠질수록 아이는 컴퓨터와 휴대폰 사용을 통제하기 어려워지고 눈, 목, 어깨는 제대로 쉬지 못한다. 오랫동안 이런 습관이 이어지면 시력이 나빠지는 것은 물론이고, 에너지도 소모되어 주의력을 집중하기 어려워지고 결국 성적에까지 영향을 주게 된다.

TV의 유혹

TV도 큰 유혹이다. 물론 TV를 통해 다양한 지식과 정보도 얻을 수 있지만, TV 시청 시간이 너무 길거나 프로그램 내용이 아이가 보기에 적합하지 않다면 아이의 심신 건강에 부정적인 영향을 줄 수 있다. 부모는 아이가 이런 유혹을 멀리하고 공부하는 데에 더 많은 주의를 쏟도록 지도하고 격려해야 한다. 그렇지만 아이가 휴대폰과 컴퓨터, TV를 합리적으로 사용하게 하려면 어떻게 지도해야 하는가는 부모님과 선생님 모두 오랫동안 고민해 온 난제이다.

2018년 7월 30일, 프랑스 국민의회는 유치원과 초등학교, 중학교 내에서 원생과 학생들의 휴대폰 사용을 전면 금지하는 법안을 통과시켰다. 장-미셸 블랑케Jean-Michel Blanquer 프랑스 교육부 장관은 이 법안을 '21세기의 법률'이라 칭하며 법안 통과 덕분에 1200만에 달하는 프랑스의 취학 연령 아동이 규율을 잘 준수할 수 있을 것으로 생각했다.

이런 소식을 접한 중국의 학부모와 아이들은 어떤 생각을 했을까? 프랑스는 21세기에 법률적 수단으로 아이들의 휴대폰 사용을 통제하고 나섰다. 하지만 휴대폰, 컴퓨터, TV는 모두 새로운 시대의 산물이다. 아이들의 신문물 사용을 부모가 억지로 통제할 수 없다. 올바르고 합리적으로 사용하도록 지도하는 방법이 중요하다. 부모의 관리와 도움이 필요함은 당연하고, 아이들도 능동적으로 컨트롤해야 한다. 이것이 방해 요소를 적극적으로 처리하는 가장 좋은 방법이다.

아이들의 입장에서 어떻게 해야 SNS와 게임의 유혹을 뿌리칠 수 있을까?

미국 캘리포니아주립대학의 심리학과 교수 래리 로젠^{Larry Rosen}은 젊은이들이 SNS에서 벗어날 수 있는 가장 좋은 방법은 SNS와 일부 연락 수단을 잠시 끊고 자신이 마치 1985년을 살아가고 있다고 생각하는 것이라고 했다. 래리 로젠 교수가 '잠시 끊고'라고 말했다는 점에 주의하자. 다시 말해 공부나 어떤 일에 집중해야 할 때는 일단 휴대폰을 내려놓고 컴퓨터를 꺼서 아이를 SNS의 방해로부터 차단시키고 멀리 떨어지게 하는 것이다. SNS가 전혀 없는 삶은 힘들겠지만, '잠시 끊는' 것은 가능하다.

하버드대학의 만프레드 슈피처^{Manfred Spitzer} 교수의 저서 《디지털 치매》에는 이런 내용이 있다. "온라인으로 숙제를 해야 하는 학교가 많기 때문에 컴퓨터, 아이패드, 휴대폰의 사용 제한을 풀어줄 필요가 있다. 그리고 아이가 검색이나 백과사전을 이용해 일상이나 공부하는 과정에서 만나는 어려움을 해결하도록 알려주어야 한다. 또한 ppt나 동영상 만들기, 이미지 처리 등 '창조적'인 일을 가르쳐주면 아이는 컴퓨터로 이렇게 재미난 일들을 많이 할 수 있다는 사실을 깨닫게 된다. 그러면 더 이상 게임에만 몰두하지 않게 될 것이다." 물론 이것은 전문가가 제시한 의견일 뿐 모든 아이에게 다 적용되지 않을 수도 있다.

아이들은 자제력을 키워 게임 시간을 스스로 엄격하게 컨트롤해서 방해 요소 제거 능력을 단련해야 한다. 그리고 대화, 운동, 음악 감상 등과 같은 방법으로 공부에서 오는 스트레스나 초조함을 완화하여 몸과 마음을 편안하고 즐겁게 할 수 있다.

여기서 부모의 역할은 아이의 휴대폰과 컴퓨터 사용 시간, 그리고

TV 시청 시간을 엄격하게 통제하는 것이다. 휴대폰 화면 밝기에 주의하여 아이의 눈과 휴대폰 사이에 일정한 거리를 유지하도록 해야 하고, 아이의 심신 건강에 부정적인 영향을 주는 웹사이트나 앱은 차단해야 하며, 휴대폰의 결제 기능도 꺼두는 것이 좋다. 아울러 아이가 게임 시간은 줄이고 가족이나 친구와 얼굴을 마주하고 대화할 수 있는 시간이 늘어나도록 해야 한다. 또 아이와 함께 할 수 있는 활동, 야외 활동, 사회 공익 프로그램에 적극적으로 참여하는 것도 좋겠다.

부모는 또 아이에게만 게임 시간이나 TV 시청을 줄이라고 요구하지 말고 솔선하여 자신의 게임 시간과 TV 시청 시간부터 줄여야 한다. 부모가 바르게 행동해야 아이도 보고 배울 수 있다.

환경이 마음을 좌우한다 - 정리의 힘을 무시하지 마라

어수선한 환경은 아이의 집중력에 큰 방해 요소가 될 수 있다. 방이 지저분하고, 옷과 장난감들이 아무렇게나 널려 있고, 책상 위에 잡다한 물건들이 쌓여 있다면 필요한 책이나 학용품을 찾기도 어려울 텐데 어떻게 공부에 집중할 수 있겠는가?

외부 환경이 아이에게 주는 영향은 매우 크다. 환경이 마음을 좌우하듯, 지저분한 환경 때문에 아이는 공부에 집중할 수 없게 된다. 아이는 먼저 방부터 정리하고 깨끗하고 편안하고 깔끔한 곳에 머물러야 한다. 이렇게 외부 환경의 방해 요소를 잘 제거하면 집중력도 향상될 수 있다.

아이가 스스로 방을 깨끗하고 질서정연하게 정리할 줄 알면 다른 일도 계획적이고 체계적으로 할 수 있다는 것을 의미한다. 중요한 것은 생활 속 방해 요소들을 없애면 아이의 학습 집중력 향상이 가능하다는 것이다. 그렇다면 아이는 어떻게 자신의 방을 정리하고 효과적으로 생활 속 방해 요소를 제거할 수 있을까?

책상 위에 너무 많은 물건을 늘어놓지 않고 깔끔하게 유지하기

책상은 아이가 평소 공부하고 숙제하는 곳이다. 책상이 얼마나 깔끔한지는 아이의 마음과 학습 효율에 직접적인 영향을 준다. '더럽고 너저분한' 책상은 아주 커다란 방해 요소가 되어 아이의 주의력에 심각한 영향을 줄 수 있다.

책상을 정리하는 첫 단계는 바로 책을 가지런히 정리하는 것이다. 책은 찾기 쉽게 과목별로 정리해야 한다. 같은 과목별로, 그리고 책 크기에 따라 순서대로 정리하면 보기에도 좋고 마음도 편안해질 수 있다. 그리고 책상 위에는 되도록 공부와 관련 없는 물건은 올려두지 않는 것이 좋다. '한 달 정리 원칙'을 세워 한 달 동안 사용하지 않았던 물건들은 책상 위에서 모두 치워버린다. 책과 학용품 외에 녹색 식물을 올려두는 것은 좋다. 좋은 학습 분위기를 조성할 수 있고, 공기 정화에도 도움이 되며, 눈의 피로도 풀어줄 수 있다.

미국의 유명 기업가인 롤랜드 L. 윌리엄스는 이렇게 말했다. "잡동사니로 책상 위가 늘 지저분한 사람들은 자신의 책상을 깨끗이 정리해보면 남은 일이 순조롭게 처리되고 실수도 자주 하지 않게 된다는 사실을 깨닫게 될 것이다." 아이는 책상을 정리하면서 자기 생각도 함께 질서정연하게 바뀌는 것을 알게 된다.

장난감, 옷, 개인물품 정리하기

요즘 아이들에게 가장 부족하지 않은 것이 바로 장난감이다. 매년 생일이나 시험 성적이 좋을 때마다 각종 장난감과 선물을 받는다. 만약 이 장난감들을 잘 정리하지 않으면 집 안 구석구석 장난감이 없는 곳이 없게 되고, 아이는 자기가 원하는 장난감을 제때 찾지 못해 짜증을 내다가 부모님이 정리하는 것을 도와주지 않아서 이렇게 됐다고 원망하기도 하고, 부모님이 방과 장난감을 치워주는 것을 당연하게 생각한다. 이런 패턴이 오래 지속되면 아이의 정리 능력이 좋아질 리 없다. 장난감을 정리하는 가장 좋은 방법은 부모님이 정리함을 준비해주면 모양과 크기에 맞게 정리하는 것이다. 꺼내서 가지고 놀다가 놀이가 다 끝나면 다시 제자리에 넣어둔다. 또는 장난감 선반을 하나 준비해서 장난감들을 장식품처럼 올려두는 것도 방법이다. 아이의 옷도 잘 정리해야 한다. 색상과 스타일, 계절에 맞게 분류해서 옷장에 넣어두면 필요할 때 쉽게 찾을 수 있다. 옷을 벗을 때도 아무 데나 던져두지 말아야 한다. 그리고 아이에게도 분명 일기장이나 저금통, 또는 작은 물건들처럼 자신만의 개인물품이 있을 것이다. 이런 물건들은 한 상자 안에 넣어서 아이만의 '보물상자'로 만들어주면 좋다.

아이가 스스로 방을 정리할 때 부모는 옆에서 알려주고 도와주는 것이 좋다. 옷과 이불 개는 방법, 방 청소하는 방법 등 생활에 필요한 기본적인 스킬을 제때 알려주는 것이다. 이렇게 아이는 방을 정리하면서 생활습관을 익히고 생활 속 '방해 요소'를 제거하는 요령도 배울 수 있다.

> 마음을 졸인다고 미래를 바꿀 수 없고, 후회한다고 과거를 바꿀 수 없다.
>
> — 카렌 살만손

시종일관: 문제를 여럿 발견하는 것보다 문제를 하나 해결하기 위해 노력하는 것이 낫다

멀티태스킹의 폐해

모든 것이 빠르게 돌아가는 시대에 능률을 쫓는 길 위에서 헤매는 사람이 많다. 우리는 일이나 학습 능률을 높이기 위해 동시에 여러 가지 일을 처리하려 하지만 그러다 뇌에 과부하가 걸려 오히려 효율이 떨어질 뿐만 아니라 한 가지 일도 제대로 끝내지 못하곤 한다. 예를 들어 어떤 아이는 방과 후 집에 돌아와 동시에 여러 과목의 숙제를 한다. 수학 연산 문제를 조금 풀다가 영어 단어를 조금 외운다. 이렇게 숙제를 하면 모든 숙제가 제대로 되지 않고 오히려 시간만 더 오래 걸린다.

아이가 동시에 여러 과제를 처리하면 왜 결과물과 효율이 모두 좋지 않은 걸까? 여러 과제를 동시에 처리하면 주의력이 계속해서 전환되기 때문에 공부에 필요한 에너지를 과도하게 소비하게 된다. 이는 동시에 여러 학습 과제를 수행하려다가 결국 어느 하나도 제대로 하지 못하게 되는 근본 원인이기도 하다.

아이가 여러 과제를 동시에 처리하다 보면 '중심'中心을 찾기 어렵다. 특히 배분적 주의력이 약한 아이는 자신의 에너지를 어떤 과제에 써야 할지 몰라서 모든 과제가 '방해 요소'가 되어버리고, 결국 어느 것 하나 제대로 완성할 수 없게 된다. 또한 여러 과제를 동시에 처리하면 뇌가 빨리 피로해지기 때문에 원래 간단히 끝낼 수 있던 과제도 더 힘들게 느껴지고 더 많은 시간을 할애해야만 마칠 수 있게 된다.

옥스퍼드 러닝Oxford Learning 사이트에는 멀티태스킹이 아이에게 미치는 부정적 영향에 대한 글이 있는데, 멀티태스킹은 아이의 주의력을 분산시키고 학습 능률을 떨어뜨린다고 설명한다. 아이는 옥스퍼드 러닝 사이트에서 성공적인 학습의 12가지 비결을 배울 수 있다. 그중 가장 중요한 비결은 멀티태스킹을 멈추고 한 가지에만 집중해서 효율적으로 공부하는 것이다. 그렇게 하면 모든 과제를 수행할 때 집중력을 키울 수 있다. 중국 기업가 리우둥화劉東華는 "한 사람이 한 가지 일을 중심으로 움직이면 세계는 그 사람을 중심으로 움직인다. 한 사람이 세계를 중심으로 움직이면 세계는 그 사람을 포기하게 된다."고 말했다.

분산된 주의력으로 여러 과제를 동시에 처리하는 것보다 한 가지 과제에만 집중하는 것이 주의력을 더 집중시켜 능률을 높일 수 있다. 따라서 여러 가지 문제를 동시에 처리하는 것보다는 하나의 문제를 해결하기 위해 노력하는 것이 좋으며 이것이 방해 요소를 제거하는 가장 좋은 방법이다. 방해 요소를 없애고 집중력을 유지하는 핵심은 바로 시종일관, 일편단심으로 한 가지 일에 몰두하는 것이다. 당신이 한 가지 과제를 선택했으면 최선을 다해 집중해야 한다. 자신의 에너지, 기운, 정신을 모두 한 곳에 집중시키면 과제를 성공적으로 완수할 수 있다. 당신이 모든 방해 요소를 제거하고 집중력을 최대화하여 한 가지 과제에 몰두한다면 자신의 능률이 얼마나 뛰어난지 새삼 깨닫게 될 것이다.

걸음을 뗐다면 함부로 멈추지 마라

공부하면서 방해 요소를 없애고 집중력을 유지하고 싶다면 또 하나 좋은 방법이 있다. 시종일관, 일편단심으로 하는 것이다. 일단 걷기 시작했다면 쉽사리 멈추지 말아야 한다. 당신이 행동을 취하고 계속 걸어 나가면 점점 집중이 잘되는 것을 깨닫게 될 것이다.

"꾸준히, 조금만 참고 꾸준히 나아가야 한다. 꾸준함을 아는 사람만이 좋은 성적을 거둘 수 있고, 노력해야만 좋은 직업을 찾아 멋진 삶을 누릴 수 있다." 우리가 어렸을 때부터 자주 듣던 말이다.

현실은 우리에게 서로 다른 두 가지 답을 제시한다. 어떤 아이는 꾸준히 공부에 전념할 수 있어서 밤낮없이 문장과 단어, 문법을 외우는데, 어떤 아이는 우유부단하여 숙제를 조금 하는가 싶으면 다시 친구들과 게임에 열중한다. 전자는 공부하면서 능률과 집중력을 모두 오래도록 유지할 수 있고, 후자는 주의력이 분산되어 무슨 일을 하든지 작심삼일도 아닌 '작심삼분'이 되어버린다.

만약 아이가 어떤 과제 하나를 선택해서 행동에 옮겼다면, 그다음 필요한 것은 바로 외부와 내부의 방해 요소를 제거하고 전적으로 몰두하는 것이다. 여기서 더 중요한 것은 꾸준하게, 과제를 완수하는 그 순간까지 중도에 포기하지 않는 것이다.

행동하는 과정에서 장애물을 만나더라도 절대 포기하지 말고 계속해서 밀고 나가야 한다. 끝까지 포기하지 않아야 장애물을 뛰어넘고 생각지 못한 수확을 얻을 수 있다. 예를 들어 풀기 어려운 수학 문제가 하나 있다고 가정해보자. 오랫동안 머리를 싸매도 정답이 나오지 않다가 포기하려는 순간 갑자기 머릿속에서 무언가 떠올라 정답을 찾아낼 수 있다. 다시, 당신이 글을 써야 한다고 가정해보자. 펜을 손에 쥐고 오랫동안 고민해봤지만 한 글자도 쓸 수가 없다. 그러다 어느 순간 영감이 떠올라 막힘없이 술술 글이 써진다.

이런 일들이 일상에서 자주 일어나지 않는가? 어떤 일을 꾸준히 해나가면 주의력이 점점 집중되어 많은 문제가 순조롭게 해결되고, 문제를 해결하고 보면 어렵다고 생각했던 문제들이 사실 생각했던 것보다 훨씬 간단하다는 사실을 발견한다.

아이가 오랫동안 열심히 노력했고 여러 방해 요소도 제거했지만, 결국 얻은 결과가 기대에 미치지 못할 수도 있다. 이런 경우에도 계속 끝까지 밀고 나가야 할까, 아니면 포기해야 할까?

이런 때에는 과제의 난이도를 생각해야 한다. 만약 자신의 능력으로 해결할 수 있는 범위 안에 있다면 끝까지 밀고 나가야 한다. 기대에 미치지 못한 결과는 어쩌면 들인 시간이 부족해서일지도 모르기 때문이다. 만약 과제의 난이도가 너무 높다면 유명한 '1만 시간의 법칙'을 생각해보자. 과제를 완수할 수 있는 조건에 착오가 많지 않다면 어떤 분야든지 끝까지 밀고 나가 성공할 수 있다. 이는 단지 사람을 고무시키는 명언에 불과한 것이 아니라 과학적으로도 증명된

진리다.

다음은 미국 베스트셀러 작가 말콤 글래드웰Malcolm Gladwell의 저서 《아웃라이어》의 일부분이다. "천재라고 여겨지는 사람이 뛰어나고 비범한 이유는 남들보다 훌륭하게 태어나서가 아니라 끊임없이 노력했기 때문이다. 누구든지 평범함을 넘어 정상급 인물이 되고 싶다면 1만 시간의 훈련이 필요하다."

이것이 바로 그 유명한 '1만 시간의 법칙'이다. 당신이 무슨 일을 하든지 1만 시간 동안 꾸준히 하면 해당 분야의 전문가가 될 수 있다는 것이다.

원대한 인생 목표와 아득한 꿈 외에 아이가 1만 시간을 들여 꾸준히 해야 할 과제는 거의 없지 않을까? 많은 아이가 꾸준히 노력할 수 없는 이유는 보통 외부와 내부 환경의 방해 요소에서 찾을 수 있다. 이런 방해 요소 때문에 아이는 과제 하나를 완수할 때 '작심삼분' 밖에 하지 못한다. 아이가 집중력을 유지하면서 학습 능률도 올리려면 어떻게 해야 할까?

영국 작가 위르겐 볼프Jurgen Wolff는 "실패하는 유일한 방법은 당신이 포기하는 것이다."라고 말했다.

그러니 어떤 과제를 시작했다면 쉽게 포기하지 말아야 한다. 과제가 크건 작건 일단 과제를 완수한 다음에 발걸음을 멈추고 휴식을 취하고 충전하거나 해당 과제의 상황을 정리해보는 것이 좋다. 이렇게 해야 아이의 집중력을 더 유지할 수 있다. 하지만 중도에 멈춰버리면 외부와 내부 환경의 방해를 받아 주의력이 영향을 받는 것은 물론, 과제 수행의 효율도 떨어진다.

즐거운 웃음소리는 정신 건강의 상징이다.

- 안톤 체호프

스스로 묻기: 마음의 부담 덜기

응어리를 풀고 밝은 햇살 맞이하기

요즘 아이들의 생활의 질은 점점 높아지고 학습 환경도 점점 좋아지고 있지만, 마음의 문제는 오히려 늘어나고 있다. 민감하고 마음이 약한 아이들은 일단 어려움에 직면하면 공부뿐만 아니라 심신의 성장에도 영향을 받는다. 아이들이 겪는 마음의 문제는 과도한 스트레스, 정서 불안, 공부에 대한 싫증, 고독감, 초조함 등이 있다. 방해 요소 배제법은 이런 문제들을 '내부 방해 요소'로 포함시킨다. 이 '내부 방해 요소'는 아이들의 집중력에 지대한 영향을 줄 수 있다.

'내부 방해 요소'가 주는 영향을 없애는 가장 좋은 방법은 자기조절이다. 마음의 응어리를 풀어 답답함을 풀어야 한다. 아이의 마음에 얼마나 많은 응어리가 있든지 모두 하나하나 풀어나갈 수 있다. 이 과정은 내부 방해 요소를 계속해서 제거해 나가는 과정이라고 볼 수 있다. 이를 통해 아이는 건강한 마음을 되찾고 집중력도 효과적으로 키울 수 있다.

아래에서 자기조절을 통해 마음의 응어리를 푸는 몇 가지 방법을 소개하겠다.

스스로 묻고, 일기를 쓰며 자기조절하기

아이들은 다른 사람과 공유하지 않고 혼자만 알고 싶은 비밀이 있다. 마음의 응어리를 풀고 내부 방해 요소를 더 효과적으로 제거하기 위해, 아이는 일기를 쓰며 자신과 대화를 함으로써 자기 자신에게 마음의 문을 활짝 열 수 있다. 우선 일기장 한 권을 준비하거나 일기장 앱을 설치한다. 일기를 쓰면서 자신과 대화하고 반성의 시간을 가질 수 있다. 예를 들어 스스로 묻는 질문 리스트를 만들어 매일 밤 잠들기 전 자신과 대화하듯 한번 물어보는 것이다. 매일 하루를 정리하면서 반성하면 자기조절과 스스로 발전할 기회를 한 번씩 더 얻을 수 있다. 아이는 또 일기에 스스로 목표를 세워 자신을 독려할 수 있다. 일기를 쓰면 효과적으로 명확한 목표를 세울 수 있고 내면의 평화와 함께 즐거운 마음가짐을 유지하며 효과적으로 내부 방해 요소를 줄여나갈 수 있다.

친구를 사귀고, 다른 사람들과 좋은 관계 쌓기

셰익스피어는 "교제는 인생의 행복"이라고 했다. 아이의 성장과 발전은 고립으로 이루어지는 것이 아니다. 또래와 함께해야 사회화를 이루고 '집단의 일원'이 될 수 있다. 이렇게 교제는 아이의 성장에 매우 중요하다. 대인관계는 한 사람의 심리 적응 수준과 심리적 건강 상태를 보여주는 중요한 척도다. 대인관계가 좋지 않으면 마음의 병을 얻기 쉽다. 아이가 정상적인 대인관계를 쌓지 못하면 낯가림이 심해지거나, 혼자 적응하지 못하거나, 자기중심적 사고를 하게 되는 등 여러 심리 문제를 안게 된다. 따라서 아이는 친구를 많이 사귀고 다른 사람들과 좋은 관계를 쌓아야 한다. 아이가 마음이 맞는 친구를 사귀면 외로움, 부끄러움, 공포와 같은 심리 문제로 어려움을 겪지 않을 수 있다.

운동으로 아이의 심신을 풀어주고 스트레스와 초조함 줄이기

운동을 하면 긴장감, 초조함, 우울감 등 부정적인 감정은 눈에 띄게 줄고 즐거움은 배가 된다. 이는 '체육 단련의 단기적 감정 효과'다. 아이에게도 예외는 아니다. 오랫동안 꾸준히 운동하는 아이는 강한 정신력을 보이고 보통 아이들보다 활력이 넘친다. 이는 운동하는 과정에서 아이의 뇌에서 '즐거운 호르몬'인 엔도르핀이 분비되기 때문인데, 아이는 즐거움과 만족감을 느낄 수 있다. 또한, 운동은 세로토닌과 도파민의 합성을 촉진하는데, 이는 아이의 마음을 즐겁게 하는 뇌의 화학물질이다. 따라서 아이가 운동을 자주 하면 스트레스와 초조함을 효과적으로 줄일 수 있다.

부모도 직접 참여하여 아이의 마음 문제를 함께 해결하기

아이에게 마음의 문제가 생기면 부모는 이를 무시해서도, 방관해서도 안 된다. 부모는 아이가 가장 친근함을 느끼는 사람이다. 만약 부모가 일에만 몰두하여 아이의 감정을 간과하면 아이에게 심리 문제가 생길 가능성이 높다. 일상에서 부모는 아이에게 더 많은 관심과 사랑을 주고, 아이와 더 많은 시간을 함께 보내며, 아이의 마음을 헤아려야 한다. 주말과 휴일에는 아이와 함께하도록 노력해야만 아이는 몸과 마음의 건강을 유지하며 근심 없이 성장할 수 있다.

'빈 잔 심리상태'로 더 밝은 미래 맞이하기

아이를 힘들게 하는 마음의 문제는 대부분 과거의 경험에서 비롯된다. 인간의 삶은 과거, 현재, 그리고 미래로 나눈다. 우리는 과거를 되돌릴 수도 없고, 과거에 빠져 있어서도 안 된다. 아이가 옛날을 그리워하는 것은 나쁜 일이 아니지만, 과거에 붙들려 마음에 응어리가 생기고 과거를 놓지 못하면 자신의 성장과 일상이 영향을 받게 된다.

미국 성공학의 아버지 데일 카네기는 이렇게 말했다. "당신의 심리상태는 당신의 생활에 영향을 미친다. 지금 당신이 어떤 삶을 살아가는지는 당신의 마음에 의해 결정된다. 성공과 실패 모두 과거에 속한 것이다. 당신이 계속해서 과거의 기억 속에 빠져 헤어나지 못하면 영원히 앞으로 나아갈 수 없다."

심리학 분야에서 쓰이는 개념인 '빈 잔 심리상태'는 아이가 과거와 화해하고 새로운 삶을 살아가도록 도와준다. 그렇다면 빈 잔 심리상태란 무엇일까? 바로 자신을 '안이 비어 있는 컵'이라고 상상하는 것이다. 과거의 모든 것을 내려놓으면 새로운 것을 더 잘 받아들이고 미래와 마주할 수 있다. 빈 잔 심리상태는 자신의 과거를 완전히 부정한다는 뜻이 아니라, 과거를 내려놓고 새로운 환경에 적응하여 적극적이고 낙관적인 태도로 새로운 사물을 받아들이는 것이다.

'빈 잔 심리상태'는 과거의 자신과 작별하고 '0'으로 돌아가는 것이다

과거에만 빠져 있는 아이들은 이렇게 말한다. "예전에는 성적도 나빴고 선생님께 꾸중도 들어 모범생은 아니다. 나는 노력했고 성적도 올리고 싶었지만 결국 실패한 걸 보니 노력해도 별 소용이 없다. 어떤 친구랑 다퉜으니 다시는 그 아이와 친구가 될 수 없다." 이런 아이들은 과거의 슬픔과 실패를 내려놓지 못해 마음이 억눌리고 스트레스를 받는다. 이런 내부의 방해 요소는 주의력을 분산시킨다. 이 세상에 결함이 없는 사람은 없다. 모두가 실패를 맛보고 마음의 응어리를 안고 살아간다. 그러나 과거에 어떤 일을 겪었든지 그것이 당신의 앞길을 막도록 내버려 두어서는 안 된다. 과거는 이미 지나갔고 땅을 치고 후회한들 바꿀 수 없기 때문이다. 우리가 바꿀 수 있는 것은 현재와 미래뿐이다.

'빈 잔 심리상태'는 끊임없이 도전하고 영원히 만족하지 않는 것이다.
'빈 잔 심리상태'의 아이는 자신에게 있는 지식과 능력을 언제든지 정리할 수 있다. 시대에 뒤떨어진 것들을 도태시켜 새로운 지식과 능력을 받아들일 공간을 만들고, 과거의 성적은 내려놓고 자신의 새로운 기점을 계속해서 갱신하며 성공을 거듭한다.

자신의 생각을 좌우할 수 있으면 자신의 감정을 통제할 수 있다.
- W. 클레멘트 스톤

학구파 스토리: 쾌도난마

하버드 디자인스쿨의 우등생 예위루葉雨露의 포트폴리오를 보면 그녀의 기발한 아이디어와 분야를 넘나드는 구상에 탄복하게 된다. 학부 시절, 주얼리 디자인 수업 시간에 만들었던 작품을 본 유명 주얼리 기업인 티파니앤코Tiffany & Co.는 그녀에게 러브콜을 보냈다. 그리고 그녀가 디자인한 동물 보행보조기는 사고로 장애를 입은 동물들이 다시 설 수 있도록 일조했으며, '내셔널 지오그래픽'의 스페이스 헬멧을 만들어 사용자들이 VR 장치를 착용하고 우주여행을 할 수 있게 했다. 또 뉴욕시 자전거 공유 프로그램 시티바이크Citi Bike의 열쇠 디자인을 맡아 천만 여행객이 그녀의 작품을 직접 접할 수 있다. 이렇게 그녀는 한 분야에만 정통한 것이 아니라 여러 분야를 섭렵했다. 하나를 배우면 열을 아는 그녀는 예술부터 과학기술과 산업 분야에 이르기까지 무슨 일을 하든지 '전심전력'으로 최선을 다했지만, 자신의 안전지대 안에만 머물지 않고 계속해서 자문하며 샘솟는 호기심과 창의력을 따라 새로운 분야에 도전했다. 예술 창작의 비결에 대해 예위루는 이렇게 말했다. "예술 작품은 시간을 들여 연마해야 합니다. 먼저 세밀하게 연구하고 깊이 생각한 뒤 방해 요소를 없애고 창작에 몰두해야만 작품을 선보일 수 있죠."

미국 최고 디자인 스쿨의 전설

미국 최고의 디자인 스쿨인 로드아일랜드 디자인스쿨RISD, Rhode Island School of Design에서 예위루는 아직도 전설적인 인물로 통한다. 그녀는 조기 졸업을 위해 한 학기에 7과목을 수강하면서도 전 과목 성적 A를 받았고, 여기에 인턴 생활까지 이어나갔다. 3학년 때는 티파니앤코의 인턴 요청을 받고, 4학년 때는 브라운대학교 대학원의 추천 장학생 자격을 얻기도 했다. 하지만 원대한 목표가 있었던 그녀는 이런 기회들을 모두 거절하고 결국 하버드 디자인 스쿨을 선택했다.

"저는 조기 졸업을 생각했어요. 학점도 거의 이수했고 무엇보다 한 학기 정도는 여행하며 세계를 둘러보고 싶었죠. 강의실에서는 배울 수 없는 기술과 경험을 배울 수 있잖아요." 이 목표를 위해 마지막 한 학기 동안 7과목을 수강하며 보스턴에서 실습도 했던 그녀는 두 도시를 오가며 생활했다. 정말 놀라운 스케줄이지만, 그녀는 즐거웠다. 그런 상황 속에서도 충분한 휴식과 노는 시간까지 확보한 그녀는 수업과 실습 두 마리 토끼를 멋지게 잡아냈다.

공부의 비결을 묻자 예위루는 이렇게 대답했다. "공부할 때나 일할 때 저는 빠르게 몰입할 수 있고 방해를 받지 않아요." 어느 주말, 브라운대학에 다니는 친구 기숙사에 놀러 간 예위루는 저녁에 친구 기숙사에 남아 공부를 했다. 하필 그날 기숙사에서는 파티가 열렸지만, 소란스럽게 떠드는 사람들과 시끄러운 음악 소리는 예위루에게 아무런 방해도 되지 않았다. "그날 저녁, 저는 친구와 앞으로 할 일에 대해 고민하고 공학과 소재 관련 서적에 관해 토론했어요. 제가 관심을 두는 분야였죠. 바깥에서 다른 사람들이 술 마시며 시끄럽게 떠드는 소리에는 전혀 신경이 쓰이지 않았어요. 관심을 두고 가치 있는 일을 하면 무아지경에 빠져 주변 방해 요소는 쉽게 배제할 수 있다고 생각해요."

외부의 방해 요소를 최대한 배제하는 것 외에도 예위루는 스트레스나 영감 부족과 같은 내부 방해 요소를 처리하는 데에도 자신만의 비법이 있었다. 영감이 떠오르지 않는데 마감일까지 겹치면 그녀는 일단 교수님의 요구사항에 맞게 틀을 만들어두고 기본적인 방향과 내용을 정한다. 그리고 피라미드 방식으로 순서대로 조금씩 계획을 밟아 나간다. 구체적으로, 우선 20%의 시간은 자신의 테마를 찾는 데 쓰고 필요에 따라 기본적인 내용을 만들어 나간다. "이때 과제를 제출해야 한다고 하더라도 저는 걱정하지 않아요. 이미 작품의 완성도는 확보했기 때문에 디테일한 부분만 수정하면 되거든요." 그리고 그녀는 다시 외관을 다듬어 전체적으로 더 정교하게 만든다. 방향이 이미 정해졌기 때문에 크게 엇나가거나 작품이 용두사미가 될 가능성은 낮다.

예위루는 또 교수님이 정한 것보다 더 빠른 자기만의 마감일을 지정해 일을 미룰 수 없게 한다. 예술 작품의 디자인은 교수님이 정한 마감일을 유일한 기한으로 두면 안 된다고 그녀는 생각했다. 스트레스가 쌓이면 좋은 영감이 떠오르지 않고, 이렇게 되면 심리 상태도 불안해져 디테일하게 완성할 수 없기 때문이다. "주변 친구들을 보면 교수님이 정한 마감일 전날까지 밤을 새워가며 완성하곤 하지만, 저는 개인적으로 그렇게 하는 게 용납이 안 됐어요. 앞부분은 질질 끌며 하다가 뒤에 가서는 마감일에 쫓겨 작품의 완성도를 떨어뜨리고 싶지 않기 때문이죠." 예위루는 확고한 태도로 말했다. "나를 위한 더 이른 마감일을 정해두면 침착하게 계획대로 진행할 수 있고, 시간상으로 여유도 생기기 때문에 과제를 제출하기 전에 다시 한 번 자신의 작품을 검토하고 더 수정할 곳은 없는지 확인할 수 있어요. 완성도를 최대한 올릴 수 있죠."

티파니앤코와의 인연에 대해 "그건 전혀 뜻밖의 일이었어요."라고 말했다. 대학교 1학년 여름방학 동안 주얼리 디자인 관련 과정을 듣고 반지 몇 개를 디자인했다. 그녀의 도안이 우연히 티파니 디자인 부서의 눈에 띄게 된 것이다. "티파니의 주얼리 디자이너 인턴 요청을 받았어요. 당연히 기뻤죠. 세계적으로 유명한 브랜드에서 제 능력을 인정해 주신 거잖아요. 하지만 부모님, 선생님, 친구들과 이야기한 뒤 결국 거절했어요. 당시 직업에 대한 저의 목표는 아주 확고했어요. 저는 산업 디자인에 관심이 많아서 명품 브랜드 디자인을 주업으로 삼고 싶지 않았어요." 티파니에서 인턴을 했다면 예위루의 경력은 더 화려해졌을 것이다. 하지만 그 요청을 받아들였다면 그녀가 가고자 했던 방향과는 멀어질 것도 분명했다. 그래서 그녀는 모두가 탐내는 그 기회를 거절할 수밖에 없었다. "저는 혁신적이고 도전적인 일, 특히 실용 가치가 있고, 인간과 사회에 도움이 되는 그런 제품을 만들고 싶었어요." 그것이야말로 그녀가 진심으로 바라는 길이었다.

경계를 넘어 예술과 과학 기술을 하나로

예위루는 어렸을 때는 예술 디자인에 깊은 관심이 있었지만 길을 헤매던 때도 있었다. 디자인은 매일 이미지 수정만 하는 건가? 나중에 어떤 직업을 가질 수 있을까? 하고 고민하기도 했다. 그랬던 그녀는 솔직하게 말했다. "저는 디자인이란 손으로 만들든지, 아니면 무언가 큰 프로젝트를 하는 것이라고 생각해서 제 작품이 갖는 실질적 의미와 가치를 발견하지 못했어요." 훗날 끊임없는 시도와 실천을 통해 그녀는 자신이 좋아하는 분야를 찾을 수 있었다. 바로 제품과 산업 디자인이었다.

2학년 2학기가 되어 예위루는 인생의 첫 번째 개인 디자인 프로젝트를 준비했고, 이 과정을 통해 예술 디자인에 대한 새로운 것들을 발견할 수 있었다. 당시 프로젝트의 주제는 의료 제품 디자인이었다. 주변 친구들은 외관 디자인을 중심으로 했지만, 예위루는 현실적인 요소를 고려한 뒤 의료 제품 디자인에서 외형 디자인이 차지하는 부분은 그렇게 크지 않다고 생각했다. 소재, 원리, 기술, 용도 등 여러 방면에서 실용성을 최적화하는 것이 더 중요하다고 판단했다. 예위루는 스스로 목표를 세웠다. 제품의 외관 디자인은 물론 이 작품과 첨단 기술을 결합해서 의학적인 가치와 의미를 포함해야 한다고 생각했다. 조금이라도 사회에 보탬이 될 수 있게 말이다.

예술은 일상에서 나온다. 교수님의 반려견이 무릎을 다쳐 잘 걷지 못한다는 이야기에 영감을 받은 예위루는 움직임이 불편한 개들이 다시 뛰어다닐 수 있도록 도와주는 제품을 만들자고 결심했다. 시장 조사와 전문 분야 교수님들의 가르침을 기반으로 실험에 실험을 거듭한 결과, 예위루는 제품 모델의 디자인과 제작을 성공적으로 마칠 수 있었다. 그녀가 만든 작품 덕분에 교수님의 반려견과 다른 어려움을 겪던 개들이 다시 자유롭게 뛰어다닐 수 있게 되었고, 그녀는 예술 디자인이 품고 있는 가치를 발견할 수 있었다.

이를 계기로 예위루는 경계를 넘나드는 여정에 오르며 디자인과 과학기술의 균형점을 찾아 나섰다. 로드아일랜드 디자인스쿨 재학 당시 여러 학문에 두루 관심이 있던 예위루는 다양한 시도를 했다. 학부 시절에 들었던 브라운대학의 생물학 과정은 훗날 현대 기계과학

기술과 관련된 학문을 탐색하는 데 밑거름이 되었다. 그녀는 학부 시절 '외롭게' 공부했다고 고백했다. 같은 전공 친구들과 기술 문제에 관해 토론하고 싶었지만, 그녀의 말을 이해하거나 관심을 보이는 친구는 많지 않았다. 브라운대학에서는 주변 친구들 대부분이 이공계 출신이라 예술을 깊이 이해하는 친구를 만나기가 어려웠다. 하지만 하버드 디자인스쿨에 입학하자 예술과 과학기술을 융합한 분야에서 예위루는 더 이상 혼자가 아니었다. 전공이 겹치는 친구들이 많았고, 교수님도 서로 다른 이력을 가진 학생들이 팀을 이뤄 교류하도록 장려했다. 그녀는 다양한 분야의 사람들과 함께 일할 수 있었고, 전문성을 띤 프로젝트를 진행할 때면 팀원들과 효율적으로 협력할 수 있었다. 그녀는 또 MIT 미디어랩^{MIT Media Lab}의 여러 과정까지 수강하며 디자인, 멀티미디어, 과학기술 등 기술 전환에 대한 연구를 통해 첨단 과학기술이 예술 분야에서 어떻게 응용되는지 이해를 넓힐 수 있었다. 뜻이 맞는 친구들과 함께 일하며, 예술이라는 큰 환경에서 여러 학문이 서로 융합되는 과정을 체험할 때마다 예위루의 영감은 끊이지 않았다.

향후 계획에 대해 예위루는 자신을 이과 예술학도라고 칭하며 생체 모방 공학 디자인에 관심이 있다고 했다. "현재 널리 응용되는 대형 강철 구조 디자인과 비교하면 생체 모방 공학과 소프트 구조 디자인은 아직 시작 단계에 불과해요. 이 분야의 연구 성과가 예술 작품에도 응용되어 사회와 과학 연구 발전을 이끄는 제품이 만들어지길 바랍니다."

전심전력으로 외부 방해 요소를 제거하고 자신의 집중력을 조절

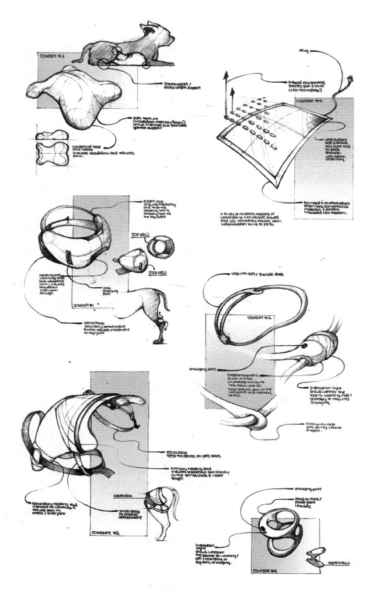

예위루의 디자인 작품

해야 목표를 이룰 수 있다. 그렇다고 해서 모든 아이가 디자이너나 예술가가 될 수 있는 것은 아니지만, 예위루의 일하는 방법을 참고하면 복잡한 과제를 세분화하여 나뭇가지 하나하나를 섬세하게 처리해가며 큰 나무 한 그루를 만들 수 있다. 아울러 스스로 내면을 성찰하며 자신이 진정으로 원하는 것이 무엇인지 자문해보아야 한다. 이런 과정을 거쳐야만 주변의 유혹을 뿌리치고 가치 있는 곳에 집중할수 있다. 예위루는 디자인스쿨이라는 자신의 '안전지대'를 벗어나 STEM(과학^{Science}, 기술^{Technology}, 공학^{Engineering}, 수학^{Math}) 과정을 부전공으로 이수하고 디자인스쿨에서 몇 명 되지 않는 경계를 넘나드는 인재가 되었다. 그런 그녀는 디자인 이면의 사회적 의미와 가치를 추구하여 예술로써 사회를 바꾸고 싶어 한다. 우리도 그녀처럼 자신을 되돌아보고 과거와 안전지대에서 벗어나 무한한 성장을 위해 도전할 수 있다.

> 넘치는 에너지와 그것이 가져오는 충만한 감정은 그 어떤 것보다도 행복에서 중요한 지위를 차지한다. 건강과 함께 충만한 감정을 유지하도록 가르치는 것은 그 어떤 것보다도 중요하다.
>
> - 에드먼드 스펜서

6

뇌전도와 뉴로피드백 훈련

마음과 뇌가 일치하는 최적의 상태

뇌전도^{EEG}: 전기생리학 지표로 대뇌 활동 기록하기

뇌파: 대뇌 활동의 리듬

인간과 동물의 가장 큰 차이는 뇌에 있다고 한다. 인간은 가장 발달한 대뇌 피질과 최대의 두개골 용량을 갖고 있으며, 뇌가 몸의 전체 체중에서 2.1%를 차지한다. 뇌는 다시 전문적인 수많은 구역으로 구분할 수 있다. 뇌는 가장 복잡한 신체 구조다. 1000억 개에 달하는 신경세포와, 같은 양의 거대한 신경아교세포를 가진 인간 뇌에 관한 연구를 '과학의 마지막 최전방 방어진지'라고 한다. 그렇다면 뇌는 어떻게 움직일까? 이 수수께끼에 대한 답을 찾는 것은 수많은 과학자의 꿈이고, 뇌파가 바로 그 답을 찾아줄 길이다.

인간의 뇌는 매초 '전류 펄스'와 같은 뇌파를 만든다. 공부할 때, 운동할 때, 잠잘 때도 당신의 뇌는 쉬지 않는다. 과학자들은 뇌 신경세포 활동에 의해 생성되는 파동을 뇌파^brainwave라고 부른다. 뇌파를 한마디로 설명하자면, 뇌세포 활동의 리듬, 또는 뇌세포가 생성하는 바이오 에너지라고 할 수 있다. 서로 다른 뇌파 주파수를 통해 한 사람의 내재적 또는 외재적 행위, 감정, 학습 능력을 판단할 수 있다. 뇌과학자와 의료진은 컴퓨팅 기술로 뇌파를 관찰하고 기록할 수 있다. 주파수에 따라 뇌파는 다섯 종류로 구분하고 각기 다른 상황에 의해 다음과 같이 나뉜다.

델타파(δ파, delta waves)

델타파는 느린 뇌파로, 주파수 범위가 0.5~4Hz로 낮고 침투성이 강해 느린 북소리와 같다고 상상하면 된다. 사람이 깊은 명상을 하거나, 꿈도 꾸지 않고 잠을 잘 때처럼 '의식이 없는' 단계에 놓이면 델타파가 나온다.

세타파(θ파, theta waves)

세타파의 주파수 범위는 델타파보다 조금 높은 4~8Hz다. 피곤하여 졸리거나, 몸이 풀어지면 이 세타파를 관측할 수 있다. 이때 인간의 감각기관은 외부 세계에서 내부 신호로 집중하기 때문에 '잠재의식' 상태라고도 한다.

알파파(α파, alpha waves)

알파파의 주파수 범위는 8~13Hz이고, 뇌의 휴식 상태에 속하며, 잠재의식과 의식을 이어주는 다리 역할을 한다. 알파파는 보통 몸의 긴장이 풀렸지만, 의식이 분명한 상태에서 나타나고, 조용히 눈을 감고 있을 때 나타났다가 눈을 뜨고 어떤 문제를 생각하면 알파파는 사라진다.

베타파(ß파, beta waves)

우리의 의식이 분명한 상태에서 주의력을 집중하여 외부 세계에 대응해야 하거나 높은 인지 수준을 필요로 하는 과제를 처리해야 할 때 뇌에서 베타파를 생성하며, 이를 의식 상태라고 부르기도 한다. 베타파는 비교적 빠른 주파수대로, 주파수 범위는 13~32Hz다. 우리가 경각심을 갖고 집중해서 판단하거나 문제를 해결하고 결정을 내릴 때 베타파가 나타난다.

베타파는 다시 다음의 세 주파수대로 나뉜다. 낮은 베타파(Beta 1, 13~16Hz), 중간 베타파(Beta 2, 16~20Hz), 높은 베타파(Beta 3, 20~32Hz)이다. 낮은 베타파는 의식이 있는 한가한 상태나 깊이 생각하는 상태로 여겨진다. 중간 베타파는 몰입 또는 적극적인 사고를 하는 상태며, 높은 베타파는 더 복잡하고 고도로 집중하는 상태다. 이는 감마파의 새로운 체험과 과도한 초조함이나 흥분 상태로 융합된다. 그러나 뇌는 오랜 시간 계속해서 높은 베타파를 처리하기 어렵다. 이를 위해 많은 에너지가 필요하기 때문이다.

감마파(γ파, gamma waves)

감마파는 베타파보다 주파수가 높은 빠른 속도의 뇌파로 구분된다. 주파수 범위는 보통 32Hz가 넘으며 뇌의 여러 영역에서 오는 정보 처리와 관련 있다. 감마파가 어떻게 생성되는지에 대해 학계에서는 아직 정설을 내지 못하고 있다. 한 연구에 따르면 인간이 박애정신과 사심 없는 감정을 품거나 높은 차원의 정신적 활동을 할 때 감마파가 나타난다고 한다.

EEG: 당신의 뇌파 정량화하기

인간의 뇌에는 약 860억 개의 신경세포가 있는데, 우리는 이를 뉴런이라고 한다. 뉴런의 수는 현재까지 추산한 은하계의 별의 수보다 많다. 이 뉴런들은 서로 협력하여 정보를 전달한다. 뉴런은 환경의 변화를 감지하고, 받은 정보를 다시 빠른 속도로 다른 뉴런에 전달한다. 뉴런 간의 수상돌기와 축삭의 연결을 통해 뉴런이 역치상 자극을 받은 후 활동 전위가 나타난다. 즉 전달이 적당히 이뤄진 뒤 전류 전도가 형성되는 것이다. 동일한 뉴런은 다른 자극이 유입된 뒤에 다른 전기 신호를 보내는데, 흥분 신호가 될 수도, 억제성 신호가 될 수도, 두 신호가 동시에 진행될 수도 있다.

과학자들은 뇌파의 변화를 기록하여 한 사람이 한 가지 과제를 완수할 때 어떤 구역의 뉴런을 사용하는지, 어떤 뇌파 신호 변화가 발생하는지를 알 수 있고, 이를 통해 뇌의 비밀을 한 꺼풀 벗길 수 있었다. 그렇다면 어떻게 측정할까? 지금의 과학자들은 뇌전도 추적을 사용하거나 인간의 뇌파 신호를 측정한다.

뇌전도^{electroencephalogram, EEG}는 뇌파를 탐지하고 기록하는 방법이다.

아주 짧은 시간 내의 뇌파 신호를 기록하고 기록 전극과 기준 전극 간의 전위차를 전압으로 하며, 전압은 시간의 변화에 따라 뇌전도의 파형을 만든다. 전통적인 뇌전도 측정은 의료진이 가는 선이 있는 작은 금속판을 피실험자의 두피 각기 다른 위치에 부착한다. 이 금속판이 전극을 만들면 뇌세포 활동에 의한 미세한 전하를 탐지할 수 있다. 하지만 뇌파의 전압은 매우 작기 때문에 보통 몇 퍼센트의 볼트만 있어도 직접 탐지가 어렵다. 따라서 과학자들은 장치를 증폭기와 뇌전도 기록 장치에 연결한 뒤 뇌에서 오는 전기 신호를 확대하고 이를 파형의 형식으로 컴퓨터 화면에 띄웠다. 이것이 바로 뇌전도 추적과 뇌파 기록 방식이다. 뇌의 정상적인 전하 활동은 보통 식별할 수 있기 때문에 전문 의료진은 뇌전도로 이상 뇌파를 찾아낼 수 있다.

뇌전도의 역할은 많다. 뇌전도 테스트를 통해 시각, 청각, 촉각의 자극에서 뇌의 전하 활동을 측정할 수 있기 때문에 뇌전도를 뇌전증 진단과 측정에 사용할 때도 있고, 심각한 두부 손상 후의 대뇌 활동을 측정하는 데 사용하기도 한다. 뇌전도는 수면장애나 돌발성 행동 변화 등 다른 문제의 내재적 원인을 식별하는 데 사용하기도 한다.

뇌전도 기술은 20세기 들어 세계적으로 주목을 받았다. 현재 매년 평균 수천 편에 달하는 뇌전도 기술 관련 학술 논문이 발표되고 있다. 기술이 발전하면서 뇌전도 기술 역시 널리 응용되고 있다. 기초 연구, 신경과학, 임상의학 외에도 심리학, 컴퓨터과학, 교육학 등 다양한 분야에서 응용된다. 전문가들 역시 뇌전도를 이용해 각기 다른 뇌파 주파수에 따라 개인의 행동, 감정, 학습 결과를 판단할 수 있게 됐다.

환경이 마음을 좌우한다. 사람의 고통과 즐거움은 객관적인 환경의 우열에 의해 결정되는 것이 아니라 자신의 마음과 감정에 의해 결정된다. 길가에 핀 풀들을 보라. 사람들에게 밟혀도 살아 남는다. 필사적으로 다시 일어나 자연이 주는 햇빛, 비와 이슬을 맞아 온실 속에서 자란 꽃보다도 강한 생명력을 갖는다.

-루친

뉴로피드백 훈련

뉴로피드백 훈련이란 무엇인가

'뉴로피드백 훈련'이라는 단어가 낯설게 느껴지는 사람이 많을 것이다. 뉴로피드백 훈련은 새로운 용어지만, 아래의 상황은 절대 낯설지 않게 느껴질 것이다.

아이가 열이 나서 소아과에 가면 간호사가 먼저 온도계로 체온을 측정한다.

매년 건강검진을 받을 때 혈압을 재는데, 그 이유는 심장과 혈관의 기능 상태를 알아보기 위함이다.

영화 속 거짓말 탐지기는 사람의 동공 직경과 심장 박동으로 거짓말 여부를 판단한다.

위와 같은 상황에서 모두 바이오피드백biofeedback 기술을 사용한다. 피부의 온도와 혈압, 심장 박동, 뇌파, 기타 신체 상황을 측정해 정보를 얻는 방법이다. 뉴로피드백 훈련 역시 바이오피드백 기술의 하나로, 뇌전도 바이오피드백이라고도 하며 인간이 무의식과 통제할 수 없는 몸을 컨트롤하도록 돕는다.

뉴로피드백 훈련은 비침습 기술이다. 우리가 오래전부터 알고 있던 뇌를 바꾸는 방식에는 세 가지가 있다. 바로 신경외과 수술, 침습 또는 비침습 전자 자극, 그리고 신경 자극 약물 복용이다. 어떤 방식이든 무섭게 느껴지는 것이 사실이지만, 뉴로피드백 훈련 기술은 당신의 뇌에 침입하지 않는다. 핵심 기술은 바로 뇌의 지점과 정량화된 뇌파 주파수대의 데이터를 얻어, 전자 센서 기술과 컴퓨터 기술을 기반으로 한 프로그램을 통해 사용자의 뇌파 활동을 평가하고, 각기 다른 주파수대에서 뇌파가 서로 다른 뇌의 지점에서 어떤지 판단하고 즉각적인 피드백을 주는 것이다. 그리고 해당 프로그램에서 소리나 시각적 신호를 사용해 뇌의 신호를 재구성하거나 다시 훈련함으로써 피드백에 대해 자체적인 개선을 한다. 이 과정을 통해 사용자는 뇌의 기능을 조절하고 개선하는 방법을 점점 익힐 수 있다. 우리는 이 과정을 오케스트라라고 상상할 수 있다. 뇌 활동이 조절되지 못하면 이 '오케스트라' 중 현악과 관악이 서로 맞지 않아 듣기 싫은 불협화음이 나타난다. 하지만 뉴로피드백 훈련을 통해 뇌가 '음을 조율'하고 지휘자를 따르면 '오케스트라'는 사람의 마음을 울리는 곡을 연주할 수 있게 된다.

뉴로피드백 훈련은 바이오피드백 원리를 기반으로 한다. 훈련 기간 동안 사용자는 심전도와 마찬가지로 전기, 전자, 복사 등 외부 자극을 받지 않고 빠르고 아픔 없이 검사를 진행하기 때문에 부작용을 걱정할 필요도 없다.

과학기술이 빠르게 발전하면서 뉴로피드백 기술은 1980년대부터 사용되기 시작해, 이미 19채널까지 개발되었고 경험적 정성 분석에서 뇌의 데이터베이스에 의존한 정량화 뇌파 검사Quantitative Electroencephalography로 발전했다. 이어서 전통적인 뉴로피드백 훈련이 의학 분야에서 어떻게 응용되는지와 과학의 발달로 뉴로피드백 훈련이 현대 사회에서 어떻게 응용되는지 알아보도록 하겠다.

전통적인 뉴로피드백의 응용: 뇌질환 환자를 위한 희소식

1950년대 말, 시카고대학 심리학과의 조 카미야Joe Kamiya 교수와 UCLA의 배리 스터먼Barry Sterman 박사는 뇌질환에 관한 여러 연구를 진행했다. 이들이 바로 뉴로피드백 훈련의 원조다.[11]

카미야 교수는 간단한 보상 시스템 훈련과 피드백으로 뇌 활동을 조절하여 더 많은 알파파를 만들어낼 수 있다는 사실을 발견했다. 일정 시간 훈련을 진행한 뒤 일부 피실험자는 간단한 소리 알림만으로 긴장을 푸는 알파파 상태로 진입할 수 있었다. 카미야 교수는 자신의 연구 결과를 발표하며 알파파 훈련이 스트레스 증상을 완화시킨다고 설명했다. 이것이 인류 역사상 첫 뇌전도 뉴로피드백 훈련이다.

스터먼 박사도 유사한 연구를 진행했다. 그는 자신이 연이어 진행한 두 번의 실험이 놀랍도록 일치한다는 사실을 우연히 발견하며 처

---

11) Bessel A · Van der Kolk Bessel. The Body Keeps the Score: Brain, Mind, and Body in the Healing of Trauma. Penguin

음으로 뉴로피드백 훈련이 뇌의 병리 치료에 도움이 된다고 설명했다.

스터먼 박사는 1968년 동물이 자신의 '감각 운동 리듬$^{sensorimotor rhythm, SMR}$, 즉 12~15Hz의 주파수를 갖는 뇌파를 높일 수 있는지 실험을 했다. 실험 대상은 고양이였다. 고양이가 매번 실험할 때마다 SMR을 올리면 기계에서 자동으로 먹이를 보상으로 줬다. 이 고양이들은 더 빠르고 안정적으로 자신의 뇌파를 해당 주파수로 유지할 수 있었고, 'SMR파를 만들면 간식을 먹을 수 있다'는 '스킬'을 익혀 더 많은 먹이를 얻을 수 있었다. 이 연구 결과는 1970년 유명 과학전문 주간지 〈사이언스〉에 게재됐다.

몇 년 후, 스터먼 박사는 미국항공우주국^{NASA}에서 달착륙선 연료의 독성을 줄이는 방법을 연구했다. 실험을 통해 고양이가 유독가스에 노출되면 독성이 늘어나면서 뇌의 불안정성도 빠르게 상승한다는 점을 발견했다. 처음에는 기면증, 이어서 두통, 환각, 뇌전증 증세가 나타났고 결국 죽음에 이르렀다. 하지만 일부 고양이는 유독가스에 면역이 있는 듯 보였다. 스터먼 박사는 이 면역이 있는 고양이가 몇 년 전 SMR 뇌 훈련 실험에 사용한 고양이와 같은 고양이임을 알게 됐다. 이는 SMR 뉴로피드백 훈련이 고양이의 뇌를 안정시킴으로써 뇌질환에 면역이 생기도록 했다는 점을 증명한 것이다.

1971년, 스터먼 박사는 인간을 대상으로 한 SMR 훈련으로 뉴로피드백 훈련이 뇌전증을 치료할 수 있다는 가능성을 증명했다. 그의 첫 번째 치료 환자의 이름은 마리였다. 마리는 어려서부터 뇌전증을 앓았는데, 이는 비전염성 만성 뇌질환이다. 뇌 뉴런의 돌발성 이상 방전에 의해 일시적으로 뇌 기능 장애가 일어나는 것이다. 이 질병은 반복적인 발작을 일으키는데, 발작할 때 몸의 어떤 한 부위나 몸 전체에 짧은 경련이 일어나며 발작이 심한 경우 의식을 잃기도 한다. 이 병은 마리의 정상적인 생활에 심각한 영향을 끼쳤다. 스터먼 박사와 함께하며 그녀는 매주 두 차례 한 시간씩 뉴로피드백 훈련 치료를 받았다. 치료를 받은 지 3개월 뒤 마리의 뇌전증 증상은 사라졌고, 스터먼 박사는 미국국립보건원에서 연구 자금을 받을 수 있었다. 더 체계적인 연구를 통해 60%에 달하는 피실험자의 뇌전증 발작 수준이 20~100% 줄어들었고 다시 증가하지 않았음을 알 수 있었다.

과거 수십 년간, 과학자들은 뇌의 구조와 기능의 발달 과정은 유전자 청사진을 토대로 후천적인 경험과 자극, 그리고 학습을 통해 유전적 요소와 환경 요소의 영향을 받아 시각, 청각, 언어, 기억, 추리, 정서, 감정 등 각종 기능의 신경회로를 형성한다는 사실을 깨달았다. 과거 과학자들은 보통 뇌 발육의 가장 중요한 시기인 영아기가 지나면 인간의 뇌 구조는 거의 변하지 않는다고 생각했다. 그러나 1992년, 리처드 데이비슨[Richard J. Davidson] 교수가 신경 가소성을 제시하며 과학계에서 큰 반향을 일으켰다. 뇌가 정보를 처리할 때는 많은 뉴런이 함께 일하고 방전하여 뉴런 간 생화학적 연결이 더욱 강해지고, 새로운 시냅스 연결을 형성하거나 기존 시냅스 연결의 효율이 높아진다(시냅스는 두 신경세포 간 접합 부위이다)는 것이었다. 2011년, 스탠포드대학 연구팀의 쉐퍼[Schafer]와 무어[Moore]는 〈사이언스〉지에 연구를 발표하며 레서스원숭이가 청각과 시각이 결합된 뉴로피드백 훈련을 통해 전전두엽 뉴런의 주파수와 국부 뇌파를 스스로 바꾸는 법을 터득했다는 것을 증명했다. 이와 같은 연구는 세포 차원에서부터 뉴로피드백 훈련이 특정한 고급 인지 능력을 개선할 수 있다는 것을 증명했고, 뉴로피드백 훈련은 과잉행동 치료 등 주의력 훈련 분야에 응용될 수 있다는 강력한 과학적 증거를 제시했다. 1990년대에 이르러 과학자들은 뉴로피드백 훈련이 뇌질환이나 중추신경계통 질병 치료에 어떤 효과가 있는지 연구하기 시작했다. 뉴로피드백 훈련은 주의력 결핍 과다 행동 장애[ADHD], 외상후 스트레스 장애[PTSD], 우울증, 뇌졸중 후유증, 편두통 등 뇌신경과 관련된 여러 질병에 이용되어 눈에 띄는 효과를 얻었다. 2013년 미국식품의약국[FDA]이 뇌파기술 기반의 주의력 결핍 평가 측정기 출시를 허가함으로써 주의력 결핍 장애의 보조 진단에 정식으로 사용했다. 이는 뇌파기술이 뇌전증 영역에 응용된 데 이은 또 한 번의 중요한 임상응용이 되었다.

뉴로피드백 기술은 뇌질환 외에 자폐증 치료에도 사용되는 선진 기술이다. 자폐증의 원인은 아직 정확히 알려지지 않아 완치가 어렵다. 자폐증을 앓고 있는 '별에서 온 아이들'은 자신을 가둬두고, 시선이 불안정하며, 언어 표현 능력이 떨어지고, 타인과의 교류를 거부하여 사람들에게 무관심한 듯 보인다. 연구에 따르면 자폐증 환자들의 특징 중 하나는 전전두엽 피질의 뉴런이 많고 내부 상호 연결은 많지만, 다른 브로드만 영역과의 연결이 적어 전전두엽 피질과 기타 브로드만 구역 간의 간섭성이 낮고, 전체적으로 브로드만 영역 간의 간섭성에 문제가 나타난다는 것이다. 알려진 전전두엽의 기능에는 기억, 판단, 분석, 사고, 조작이 있으며, 인간의 사고 활동과 행동 표현에 매우 중요한 역할을 담당한다. 전전두엽의 표층은 전전두엽 피질로, 인간의 고급 인지 기능과 관련 있다. 따라서 전전두엽 피질 뉴런이 많고 내부 연결이 늘어나면 기타 브로드만 영역과 전전두엽 피질의 연결이 줄어들어 각 브로드만 영역 간의 기능 연결에 변화가 생긴다. 그리고 자폐증 환자 뇌의 거울 뉴런은 손상되었는데, 이 부분의 뉴런은 타인을 모방하는 기능을 담당하기 때문에 자폐증 환자는 타인과의 교제가 어렵고 타인의 입장에서 생각하는 것도 불가능하다. 인간의 신경은 가소성을 띠기 때문에 이와 같은 이상 현상에 대해서는 QEEG(정량화 뇌파)의 뇌파 신호 연구와 거울 뉴런 연구를 기반으로 한 뉴로피드백 치료를 적용하면 자폐증 치료에 어느 정도 효과를 볼 수 있다.

20여 년의 연구를 통해 많은 뇌질환 환자가 뉴로피드백 훈련이라는 효과적인 치료법을 선택했고, 과거의 비관적인 치료 결과를 뒤집고 환자에게 필요한 다량의 화학 약품과 부작용으로 인한 걱정을 덜게 되었다.

현대 뇌과학의 신기술: 효율적인 뇌 강화법

뉴로피드백 훈련은 뇌질환 환자의 비약물 치료 대안으로만 사용되지 않는다. 현대 뇌과학과 컴퓨터 기술, EEG 기술의 발달로 뉴로피드백 훈련은 인간이 부담할 수 있는 정확한 툴을 갖게 되었다. 이를 통해 올림픽 출전 선수, 비즈니스맨, 음악가, 변호사, 학생 등 더 많은 사람이 효과적으로 뇌를 사용하고, 스트레스를 완화시키고, 집중력을 유지하며, 최고의 퍼포먼스를 선보일 수 있게 됐다.

과학 연구에 따르면 뉴로피드백 훈련의 메커니즘은 점점 더 분명해지고 있다. 신경과학계에서는 이미 중추신경계통, 자가면역, 감정

상태, 생리와 심리건강 간의 상호 관계를 받아들였다. 뇌는 어느 연령대에서나 변화를 일으킬 수 있다는 사실이 증명되었고, 우리는 평생 새로운 뉴런을 생성하여 뉴런 간 연결을 구축하거나, 유지하거나, 폐기할 수 있다. 올바른 훈련을 통해 뇌 가소성을 활성화하거나 강화할 수 있다. 뇌는 근육과도 같아서 잘 단련하면 좋은 효과를 볼 수 있다. 하지만 뇌는 일반 근육과 달리 인간의 중앙처리장치 역할을 담당하기 때문에 효율적인 뇌가 하나 있다면 더 짧은 시간 안에 더 정확하게 더 많은 과제를 완수할 수 있다.

뇌파를 기반으로 한 주의력 관련 기술은 이미 널리 사용되고 있다. 미국항공우주국은 1995년에 뇌파 측정을 이용해 우주 비행사들의 집중력을 높여 협소하고 폐쇄된 공간에서 더 효율적으로 집중력을 유지할 수 있게 했다.

1980년부터 미국항공우주국의 랭글리 연구소^{Langley Research Center,} ^{NASA}에서 근무한 알란 포프^{Alan Pope}는 이렇게 말했다. "30년 전에는 조종사들이 힘든 업무와 과도한 스트레스를 걱정했지만, 지금은 자동화 시스템이 갖춰져 새로운 걱정거리가 생겼다."[12] 자동비행컨트롤시스템이 주도적으로 제어하기 때문에 과거처럼 조종사가 쉬지 않고 일일이 조작할 필요가 없어졌는데, 그로 인해 조종사가 지루해하거나, 자만하거나, 정신을 딴 데 팔 가능성이 커진 것이다. 이는 매우 위험한 상황으로 자칫 치명적인 사고로 이어질 수 있다.

---

12) a "Brainwaves Reveal Student Engagement, Operate Household Objects." NASA, NASA Technology, spinoff.nasa.gov/Spinoff2019/cg_6.html.

1990년대 중반, 미국항공우주국과 미국연방항공국의 연구원들은 조종사의 인지 상태를 객관적으로 식별하고 측정하는 방법에 대해 연구했다. 포프는 "우리는 주의력 부족을 확인할 수 있는 생체 신호를 찾기 위해 노력했다."고 말했다. 포프가 이끄는 팀에서 방법을 하나 찾았다. 바로 뇌전도 기술을 사용하는 것으로, 뇌파를 측정해 피실험자의 집중 정도를 수치로 나타내는 것이다. 1995년 포프가 제1저자로 등재된 논문을 통해 연구팀이 연구한 주의력 '지수'를 발표했다. 이는 뇌과학 분야에 큰 영향력을 미치며 지금까지 506차례 인용되었다. 어떻게 이 주의력 지수^{engagement index}를 얻을 수 있을까? 먼저 주파수가 높은 베타파를 측정한 뒤 이를 주파수가 낮은 알파파와 세타파(이 뇌파들은 편안한 상태를 나타낸다)로 나눈다. 이 비율이 바로 그 사람이 실시간으로 집중한 정도다.

포프는 연구 과정에서 피실험자가 자신의 실시간 집중 지수를 알게 되면 자신의 집중 정도를 컨트롤할 수 있게 된다는 사실을 발견했다. 이것이 바로 뉴로피드백 훈련이다. 연구원은 한 그룹의 피실험자가 한 과제를 완수하면 각자 자신의 집중 지수를 확인하도록 하고, 이 점수의 범위를 1~6까지 설정하고 되도록 3점이나 4점을 유지하라고 일렀다. 또 비교 대상으로 한 그룹을 더 지정했다. 이 그룹은 자신의 집중 지수의 피드백을 얻지 못하거나 잘못된 피드백을 얻게 했다. 첫 번째 테스트가 끝나고 모든 참여자에게 과제를 다시 수행하도록 했다. 그 결과 뉴로피드백 훈련을 받은 그룹의 피실험자의 결과가 그렇지 않은 피실험자보다 좋았으며, 직접 정한 집중 정도에 더 근접했다. 그들은 집중력 외에도 작업량이 다른 그룹에 비해 현저히 낮다고 생각했다. 그들은 우리가 보통 컨트롤할 수 없는 뇌의 신경 반응을 조절하는 법도 익혔다. 이 논문의 결론은 뉴로피드백 훈련은 조종사가 자신의 주의력을 관리하고 유지하도록 돕는다는 것이다.

각종 정밀 기계를 다루는 조종사에게 집중력이 필요한 것은 당연하지만, 기타 여러 업종에 종사하는 사람도 효과적으로 뇌를 사용할 필요가 있다. EEG와 뉴로피드백 훈련이 이에 도움이 될 수 있다. 변호사, 기업가, 금융업 종사자들에게 높은 효율은 높은 정확성을 의미한다. 에너지를 반복적인 추측과 과도한 분석에 쏟아 붓지 않고, 오류를 피해 시간을 절약하며, 감정과 스트레스도 안정적으로 관리하는 것이다. 프로 운동선수와 음악가도 뉴로피드백 훈련을 통해 '무아지경'의 능력을 키워 빠르게 집중함으로써 스포츠 경기나 연주회에서 중요한 시점에 외부 방해 요소를 제거하고, 뇌의 처리 효율을 높이며, 모든 에너지를 현재 진행하는 과제에 집중할 수 있다.

뉴로피드백 훈련은 아이들에게도 중요하다. 어렸을 때의 공부 습관은 일생 동안 영향을 미친다. 주의력이 약한 아이는 침착하게 공부하지 못하고 항상 딴짓을 한다. 어떤 아이는 집중력 유지 시간이 짧아 수업 도중에 정신을 딴 데 팔거나 숙제를 하다 말고 다른 일을 하기 바쁘다. 좋은 공부 습관이 몸에 배지 않으면 학생은 능률적인 공부 태도를 오랫동안 유지하기 힘들다. 뉴로피드백 훈련을 함으로써 학생들도 미국항공우주국 조종사처럼 집중력을 유지하는 방법을 익혀 머리를 맑게 유지하며 핵심을 잘 기억하고 지식을 파악할 수 있게 된다. 또한 신경의 가소성 덕분에 훈련을 통해 학생은 집중력을 강화하고 다른 과제로 집중력을 전환할 수 있으며, 주의력이 핵심인 학습 습관의 문제를 해결할 수 있다.

뇌를 탐색하는 것은 가슴 뛰는 여정이다. 새로운 과학기술이 나오면 전통적인 인식은 깨지기 마련이지만, 과학자들은 끊임없이 실험, 탐구, 가설, 검증을 통해 뇌의 비밀을 하나하나 벗겨나간다. 이로써 우리는 거인들의 어깨에 올라서서 가장 선진적인 기술을 사용하여 가장 권위 있는 지식과 경험을 결합해 효율적인 뇌 사용 방법을 탐색하며 무한한 가능성을 확인할 수 있다.

> 우리가 어떤 성적을 얻었는지에 관계없이 우리는 적의 능력을 분명히 알고 경계를 늦추지 말아야 한다. 거만함과 태연함, 부주의함이 결코 아군에 만연해서는 안 된다.
>
> — 스탈린

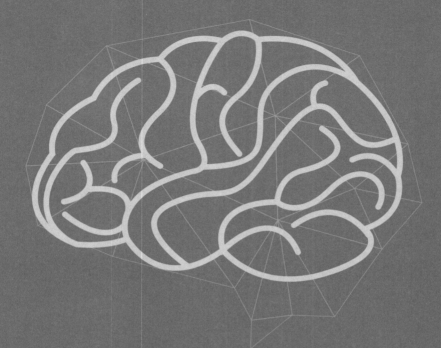

제 3 장

인생이 달라지는 집중력 수업,
21일이면 충분하다

......

21일,

습관이 신앙이 되게 하라

집중력을 키우기 위해서는
꾸준히 연습해야 한다

완벽해진다는 것은 간단한 일을 반복해서 하고, 중복되는 일도 최선을 다해 꾸준히 하는 과정이다. 그래서 이 책을 며칠에 걸쳐 다 읽는다고 집중력 훈련이 되는 것이 아니고, Me^5 모델에만 의존해 한 가지 일을 차례대로 한다고 해서 능사가 아니다. 이론과 실천을 잘 결합하여 학습 및 생활을 집중력과 긴밀히 연결하고, 하루하루 노력하고 결실을 얻어가며 보다 나은 내일을 맞이하는 과정 속에서 흔들리지 않는 집중력을 얻을 수 있다.

1

....

'지행합일'의
집중력 키우기 21일 프로젝트

집중력의 원리는 근육과 같다. 제대로 사용하지 않으면 퇴화하고 훈련을 할수록 강해진다. 앞서 배운 Me^5 모델을 실제 학습에 적용하려면 어떻게 해야 할까? 21일간, 방법론을 기반으로 체계적으로 훈련하는 것이 지행합일의 경지에 다다를 수 있는 최고의 방법이다. 순서대로 차근차근 진행하면 성과를 얻고 성장과 변화를 맛볼 수 있다.

21일, 정말 기적이 일어날까?

목적에 관하여: 당신이 부러워하는 성과는 모두
시간을 투자해서 얻은 것이다

공자는 "어린 시절 성장할 때는 천성의 영향을 받고, 습관은 자연스럽게 형성된다."고 말했다. 인간은 습관의 동물이다. 한 연구에 따르면 인간이 하는 90%의 행위는 습관에서 나온다고 한다. 결심하고 인식을 개선한다고 해서 집중력 부족, 특히 주의력이 산만한 나쁜 습관이 당장 고쳐지는 것이 아니다. 오랜 세월 쌓인 문제를 쓰레기 버리듯 한 번에 깔끔하게 해결할 수 있는 사람은 없다. 우리는 계단을 내려갈 때처럼 한 번에 한 단계씩 밟고 시간의 객관성을 존중하며, 순서대로 차근차근 나쁜 습관을 개선하고 좋은 습관을 길러야 한다.

순서대로 집중력을 기르는 가장 효과적인 방법은 21일의 법칙을 이용하는 것이다. 이 이론은 성형외과 의사 맥스웰 몰츠^{Maxwell Maltz}가 제시했다. 많은 임상 연구를 통해 몰츠 박사는 수술을 받은 절단 환자는 21일간 신체의 일부가 사라진 것에 적응하지 못하고 무의식적으로 '없어진 팔다리'를 사용하려 한다는 사실을 발견했다. 하지만 21일이 지나면 그들은 절단 후의 상태에 적응해 현실의 변화를 분명히 인식할 수 있고, 불완전한 몸으로 생활하는 습관을 만들 수 있었다. 다양한 현실의 사례가 몰츠 박사의 발견을 뒷받침한다. 대다수 사람이 동작과 생각을 21일간 반복하면 습관적으로 동작하고 생각할 수 있게 된다. 다시 말해, 우리는 21일 동안 한 가지 습관을 없애거나 기를 수 있는 것이다.

따라서 21일의 법칙을 기초로 삼고, 여기에 집중력 기르기 계획을 추가함으로써 분명한 목표를 갖고 아이의 집중력 개선을 도울 수 있다. 앞으로 21일간 아이가 매일 25+5분의 포모도로 공부 시간을(25분간 공부한 뒤 5분간 휴식) 투자하면 외부의 방해 요소에 영향을 받지 않으면서 스스로 집중하는 분위기와 마음을 만들 수 있다. 또한 앞에서 배운 여러 학습법을 참고하여 실천에 옮기면 원하는 바를 이루고 즐겁고 효율적으로 집중력을 높일 수 있다.

집중력 키우기 21일 프로젝트를 시작하려면 먼저 마음의 준비가 필요하다.

첫째, 집중력이 가져다주는 장점을 아이가 분명히 이해하도록 해야 한다. 감성적인 열정이 이성적인 강박보다 자발적 적극성을 훨씬 잘 끌어내기 마련이다.

둘째, 나쁜 습관에서 좋은 습관으로 바꾸는 과정은 절대 가혹하고 비참한 내적 갈등 과정이 아니다. 아이가 이 훈련을 하나의 시도로 인지하도록 지도하면서 과도한 스트레스를 받지 않도록 해야 한다. 또한 무리해서 완벽을 추구할 필요도 없지만, 지나치게 낙관적인 태도로 단번에 성공할 수 있다고 생각해서도 안 된다. 이는 아이가 올바르게 결과를 대하고 이성적으로 실패를 받아들이도록 돕는다.

셋째, 이전의 나쁜 습관을 되살릴 수 있는 위험 요소를 멀리하도록 주의해야 한다. 아울러 부모는 솔선하여 좋은 본보기가 되어 훈련을 도와야 한다.

세칙에 관하여: 규칙이 없으면 일을 이룰 수 없다

좋은 습관을 능동적으로 키울 때 내적 요인과 외적 요인의 영향을 받는다. 내적 요인은 주관적 의식에 의해 바뀌는 원동력과 신념이고, 외적 요인은 외부의 힘에 의해 바뀌는 스트레스와 격려다. 21일 훈련 프로젝트를 시작하기 전에 먼저 차분하게 자신에게 두 가지 질문을 던져보자. 첫째, 나는 왜 21일 훈련을 해야 하는가? 둘째, 21일의 훈련을 끝내고 나면 어떻게 변하기를 바라는가?

구조에 관하여: 순서대로 차근차근 진행해야 새롭게 거듭날 수 있다

연구에 따르면 종류와 관계없이 한 가지 능력을 배우는 과정은 아래와 같이 네 단계를 포함하고 있으며 집중력 키우기 역시 예외가 아니다.

1단계 무의식적 무능력(Unconscious Incompetence, UI)

UI 단계의 학습자는 자신에게 무엇이 부족한지, 자신에게 어떤 능력이 없는지 인식조차 하지 못하고 해당 능력의 용도마저 부인할 수 있다. 자신의 부족한 부분과 새로운 능력의 가치를 알아야만 다음 단계로 진입할 수 있다. UI 단계에서는 학습의 자극 강도에 따라 시간을 얼마나 투자할지가 결정되고, 자극이 강할수록 더 빨리 2단계로 돌입할 수 있다. 이 단계는 초기 상태라고 볼 수 있으며 '고심하지 않고, 자연스럽지 않고, 집중하지 않는' 특징을 보인다. 이 단계의 아이는 여전히 산만하고 나태한 상태나 올바른 방법을 찾지 못한 망망한 상태에 머물며 집중력이 공부에 얼마나 중요한지 깨닫지 못한다.

2단계 의식적 무능력(Conscious Incomplete, CI)

CI 단계에서 학습자는 어떤 일을 어떻게 진행해야 할지 이해하지 못하거나 모르지만, 자신의 부족함과 부족한 부분을 해결해줄 새로운 능력의 가치를 인식한다. 이 단계에서의 실수는 학습 과정에서 피할 수 없는 부분이다. 이 단계는 초보적 집중 단계로, '고심하고, 자연스럽지 않고, 조금 집중하는' 특징을 보인다. 자신의 단점과 부족한 부분을 발견한 아이는 '나는 집중력이 강한 사람이 될 거야'와 같은 목표 설정을 시작한다. 그리고 '나는 집중력이 강한 사람이 될 수 있다'와 같은 자기 충족 예언을 믿는다. 하지만 이 단계에서는 부주의함, 나쁜 감정, 나쁜 버릇 등이 수면으로 올라올 수 있기 때문에 의식적으로 집중하거나 타인의 감독 아래 집중하는 것이 필요하다. 즉 이 단계의 집중은 우연한 행위와 상태에 불과하며 아직 습관으로 자리 잡지 못한 상태다.

3단계 **의식적 능력(Conscious Competence, CC)**

CC는 학습자가 어떤 일을 어떻게 진행해야 할지 이해하거나 알지만, 능력을 사용하는 과정에서 의식적으로 주의력을 집중할 필요가 있는 단계다. 이 단계는 괄목상대라고 이해할 수 있으며, '고심하고, 자연스럽고, 집중하는' 특징을 보인다. 체계적인 훈련을 받은 뒤 이 단계에 오른 아이는 재미있고 긍정 에너지가 넘치는 다양한 체험을 경험함으로써 끝까지 포기하지 않고 나아가는 원동력을 얻을 수 있다. 이때 나타나는 집중력 상태는 대부분 자발적이고 능동적인 것으로, 아이가 그 안에서 즐거움을 맛볼 수 있다.

4단계 **무의식적 능력(Unconscious competence, UC)**

UC는 학습자가 해당 능력을 완전히 습득했고 매우 능숙하고 쉽게 사용할 수 있는 단계로, 많은 에너지를 쓸 필요가 없는 단계다. 또는 자신이 현재 해당 능력을 사용하고 있는지조차 의식하지 못하기 때문에 다른 과제를 수행할 때도 해당 능력을 활용할 수 있다. 학습 자는 학습 방법과 시간에 따라 이 능력을 타인에게 알려줄 수도 있다. 이 단계는 지행합일의 단계로, '고심하지 않고, 자연스럽고, 집중하는' 특징을 보인다. 이 마지막 단계에서 아이는 좋은 습관을 평상심으로 전환하여 집중해서 공부하는 상태를 매일의 일상으로 만든다.

이 21일 동안 아이는 자신감 넘치는 출발과 함께 녹초가 될 정도로 힘들게 지속하는 단계, 그리고 견디기 어려운 과도기를 겪게 될지도 모른다. 하지만 의지만 있다면 해내지 못할 일이 어디 있겠는가. 따라서 부모는 초조해하지 말고 인내심을 갖고 아이와 함께 성장하며 아이가 변화하는 과정을 바라보는 것이 중요하다.

숭고한 목표를 따라 멈추지 말고 일해야 한다. 비록 느리더라도 반드시 성공할 수 있다.

-아인슈타인

21일 프로젝트 시작하기:
매일 걷는다면 다다르지 못할 곳이 없다

액티비티 프로그램(Activity Program)

첫째 날 성장형 마인드셋 만들기

성장형 마인드셋은 모든 것의 기초다. 성장형 마인드셋은 자신의 능력이 끊임없이 성장할 수 있다고 믿는 사고방식이다. 아이에게 포기하지 않고 끝까지 나아가며, 어려운 문제를 해결하고, 노력을 기울여야만 성장과 발전을 이룰 수 있다고 가르쳐야 한다. 21일 훈련을 시작하기로 한 당신은 자기 암시를 통해 스스로를 격려할 수 있다. 예를 들어 거울 속 자신에게 나는 할 수 있고 노력하면 집중력을 높일 수 있다고 알려주며, 자신감을 갖고 성장형 마인드셋을 만들어야 한다.

둘째 날 자아인지

자아인지는 모든 계획을 시작하는 데 필요한 전제 조건이다. 자신에 대한 인식에는 행위와 심리상태 인지가 포함된다. 체계적으로 자신을 인식하지 못하면 정확한 계획을 세울 수 없다.

당신은 사티어의 빙산 모델 분석을 통해 자신의 성격 형성에 필요한 다양한 요소를 이해할 수 있고, '현상을 통해 성격 본질을 보는 방법'을 파악함으로써 자신을 더 잘 이해할 수 있다.

또한, 당신은 MBTI 성격 유형 검사와[13] 벨빈 팀 롤즈 Belbin Team Roles 테스트를 통해 학습, 미래 계획, 팀 협력에서의 자신의 능력과 특징을 알아봄으로써 다섯 가지 차원의 성장형 사고방식을 얻을 수 있다.

---

13) MBTI 검사 웹사이트: https://www.apesk.com/mbti/dati_en2.asp

셋째 날 **견현사제**^{見賢思齊}

자신의 독립적 사고 외에 당신은 또 타인의 좋은 학습 경험과 방법을 보고 배워야 한다. 나보다 학습 능력과 다른 방면의 능력이 뛰어난 사람을 만나면 본받도록 노력해야 한다. 주변의 친구들을 한번 둘러보라. 가장 닮고 싶은 품성이나 습관을 지닌 친구는 누구인가? 아래에 그 이유를 설명해보자.

친구 이름	관찰한 친구의 품성

넷째 날 **분명한 동기**

자신이 무엇을 원하는지, 미래를 위해 어떤 계획이 있는지 명확히 해야만 성공을 향해 나아갈 수 있다. 구체적인 인생 계획은 단기 계획, 중기 계획, 장기 계획으로 나눌 수 있다. 훈련을 통해 당신은 목표를 세우는 법을 배울 수 있고, 인생에서 가장 중요한 목표가 무엇인지 생각할 수 있으며, 이를 다시 단기 목표, 중기 목표, 장기 목표로 나눌 수 있다. 또한 SMART 원칙을 이용해 명확하고, 측정 가능하고, 실현 가능하고, 관련성이 있고, 시간이 정해져 있고, 가시화된 목표를 구체화해야 한다.

인생 계획	구체적 내용
단기 계획	
중기 계획	
장기 계획	

다섯째 날 감정 이해하기

감정 관리를 잘하고 싶다면 먼저 자신의 감정을 알아야 한다.

감정의 룰렛을 제시한 유명 심리학자 로버트 플루치크는 감정을 기본 감정과 이중 감정으로 구분했다. 감정의 룰렛은 간단한 감정 모델이지만, 다양한 모델을 통해 복잡한 여러 감정 관계를 보여준다. 이 모델을 통해 당신은 복잡하게 뒤엉킨 감정 간의 관계를 더 잘 이해할 수 있고 자신의 감정도 컨트롤할 수 있다.

감정의 룰렛을 통해 인간에게 어떤 감정들이 있는지 알 수 있고 자신이 갖는 모든 감정의 상태를 회상할 수 있다. 자기만의 감정의 룰렛을 만들어 매일 자신의 감정에 점수를 매겨보자.

여섯째 날 마음챙김

마음챙김은 감정을 이해하고 조절하는 데 아주 중요한 역할을 한다. 마음챙김은 기본적으로 세 가지 요소를 포함한다. 의식적으로 알아차리기, 현재에 집중하기, 주관적 판단하지 않기가 바로 그것이다.

만약 온종일 부정적인 생각에 사로잡히면 불필요한 걱정거리만 늘게 된다. 마음챙김을 통해 우리는 의식적으로 이러한 생각들을 내려놓고 현재에 집중하며 판단하지 않게 된다. 판단하면 새로운 생각이 생겨나고, 새로운 생각이 떠오르면 현재의 집중 상태가 깨지기 쉽다.

당신은 이 하루 동안 자신이 가장 하고 싶고 즐기고 싶은 일을 선택할 수 있다. 나 자신을 위한 아침 식사를 예로 들 수 있다. 마음챙김을 하며 아침 식사를 하거나 자신을 위해 차를 우려낸 뒤 앉아서 천천히 차의 맛을 음미하는 것이다.

오늘 하고 싶은 일	마음챙김을 제대로 수행했는가

일곱째 날 감정의 균형

자신의 감정과 타인의 감정을 알게 됐다면 자신의 감정을 조절하는 법을 배워 부정적인 감정과 긍정적인 감정이 균형을 이루도록 해야 한다. 감정 조절은 당신의 모든 부정적인 감정을 없애는 것이 아니라 자신의 감정을 적절히 토로함으로써 누구나 좋아하는 감성 지수가 높은 사람으로 변하는 것이다. 집중력이 나쁘다고 걱정할 필요는 없다. 현상을 충분히 개선할 수 있으며, 공부와 일상에서 모두 능률이 높은 사람이 될 수 있다고 자신을 다독여야 한다.

예를 들어 당신은 그를 이렇게 질책한다. "매번 왜 이렇게 늦는 거야? 내 생각은 조금도 안 해?" 이때 상대방에게 부정적인 감정이 생겨서 그는 마치 고슴도치처럼 외부 공격을 막아내기 바빠진다. 당신의 입장에 서서 생각할 수 없었던 그는 이렇게 대답할 뿐이다. "길이 막히는데 어떡하라고! 나는 늦고 싶어서 늦는 줄 알아?" 이렇게 두 사람의 싸움은 시작되고 둘의 만남이 유쾌할 리 만무하다. 부정적인 감정이 생길 때마다 당신은 먼저 의식적으로 자신의 감정을 컨트롤한 뒤 적절한 표현을 찾아 자신의 생각을 전달해야 한다. 어떻게 감정을 '적절히 표현'하느냐는 일종의 기술이다. 열심히 이해하고 세심하게 생각해야 한다. 더 중요한 것은 바로 일상에서 이를 잘 활용해야 한다는 것이다.

있었던 일	내가 뱉은 말	개선 후 표현 방식

여덟째 날 의식 만들기

자신의 삶이 더 풍성하고 좋아지길 바라지 않는 사람은 없다. 우리 삶의 반짝이는 순간들은 모두 스스로 만들어내는 것이다. 곧 다가올 부모님의 생신을 위해 작은 선물을 준비하고 친구들과 오늘 배운 재미있는 지식을 함께 나누는 것이 그런 것이다. 의식은 학습의 중요한 서곡이다. 당신은 조용한 장소를 골라 공부할 분위기를 조성

하고 자신이 가장 편안함을 느끼는 학습 환경과 방식을 찾아 동력을
일으켜 긍정적인 감정을 유지할 수 있다.

학습 장소	나만의 의식

아홉째 날 **계획 세우기**

어떤 과제나 계획이든지 시작하기 전에 상세하고도 분명한 계획
이 있어야 한다. 목적도 없이 갈피도 못 잡는 시작을 해서는 안 된다.
상세한 계획을 위해서는 다음의 요소들을 고려해야 한다. 얼마나 많
은 일을 해야 하는가, 언제까지 완료해야 하는가, 어떤 효과를 얻어야
하는가…….

이 요소들을 컴퓨터나 공책에 기록해두고 한 가지 일을 끝낼 때
마다 하나씩 지워나가자. 일을 계획적으로 진행해야 끝까지 잘 수행
할 수 있고, 차근차근 확실히 목표를 달성할 수 있다. 아이젠하워 박
스를 참고해 종이 위에 열십자를 그리고 자신이 처리해야 할 일을 중
요하고 긴급한 일, 중요하지만 긴급하지 않은 일, 긴급하지만 중요하
지 않은 일, 중요하지도 긴급하지도 않은 일로 구분한 뒤 각각 사분
면에 넣는다. 중요하고 긴급한 일부터 처리해나가면 일과 생활의 효
율을 크게 높일 수 있다.

열째 날 포모도로 계획

포모도로 기법은 학습자가 학습 과제를 여러 번의 25분으로 나눠 진행하는 것이다. 25분간 공부한 뒤 5분간 쉴 수 있다. 이 과정에서 임의로 중단해서는 안 되며 집중력과 자제력 유지에 주의를 기울여야 한다.

당신은 오늘 할 공부에 이 포모도로 기법을 사용할 수 있다. 처리할 과제를 하나 선택한 뒤 포모도로 시간을 25분으로 설정하고 집중해서 공부한다. 중간에 과제와 무관한 일을 해서는 안 된다. 설정해둔 포모도로 시계가 울릴 때까지 지속한 뒤 종이에 X를 표시하고 잠시 휴식(5분이면 된다)을 취한다. 네 번의 포모도로 시간이 끝나면 긴 휴식을 취한다. 실시간 기록을 통해 자신이 집중해야 할 때 집중하고 쉬어야 할 때 쉬었는지를 검증할 수 있다. 포모도로 기법을 이용해 학습 효율을 높이고 생각하지 못했던 성취감도 맛볼 수 있다.

열한째 날 파레토 법칙

파레토 법칙은 경제학과 경영학 분야에서 널리 사용되고 있을 뿐만 아니라 자기계발 분야에서도 중요한 현실적 의미가 있다. 시간과 에너지를 자질구레한 일에 낭비하지 않고 중요한 포인트를 파악하는 방법을 배울 수 있다. 학습자는 계획을 세울 때 우선순위를 잘 구분하여 가장 중요한 일에 먼저 집중해야 한다. 이렇게 하나씩 처리하며 남은 에너지를 다음 일 처리에 사용하는 것이다. 사람마다 하고 싶은 일이 많겠지만, 우선순위를 분명히 하는 것이 중요하다.

오늘은 하루의 계획을 세우는 것을 배워야 한다. 해야 할 일을 나열한 뒤 가장 중요한 두세 가지 일을 따로 표시한다. 그리고 가장 많은 에너지를 이 중요한 몇 가지에 집중적으로 투입하고 나머지 그다지 중요하지 않은 일들은 나중에 완성한다.

20% 내용	80% 내용

열둘째 날 자유자재로 전환하기

무슨 일이든지 쉬지 않고 계속하다 보면 지겨워질 때가 있다. 이런 때는 생각을 바꿔 다른 일을 함으로써 효율을 높이는 것이 좋다. 오랫동안 한 가지 일에만 집중하면 집중력은 점점 떨어지기 마련이고 부정적인 감정은 커지게 된다. 이런 상황에서 당신은 '싸움터'를 옮기는 법을 배워야 한다.

오늘의 미션은 시간대를 나눠서 자신의 학습 목표를 계획하는 것이다. 하나의 과목만 계속 공부하는 것이 아니라 여러 학습 내용을 교차해서 진행하는 것이다. 다음 표의 스케줄을 참고로 해서 자신의 공부 시간을 정해보자. 하나의 시간대에서 한 과목에만 집중해야 하며, 마지막에 하루 동안 공부한 것을 정리해보고 부족한 점을 되짚어보는 것이다.

시간대	하루 계획
09:00~11:00 학습 내용	
11:00~13:00 휴식	
13:00~15:00 학습 내용	
15:00~16:00 휴식	
16:00~18:00 학습 내용	
오늘의 학습 정리	

열셋째 날 식사 관리

음식과 에너지의 관계는 매우 밀접하다. 앞에서 언급했던 'You are what you eat'은 '당신이 먹는 음식이 바로 당신을 만든다'는 뜻이다. 단순히 당신의 체형만을 말하는 것이 아니라 당신의 상태도 포함한 말이다. 점심에 고탄수화물 음식을 먹거나 지나치게 배부르게 먹으면 오후에 지치기 쉽다. 따라서 오후에 졸지 않고 효율적으로 공부하고 싶다면 음식에 신경을 쓰고 혈당을 안정적으로 유지해야 한다.

넘치는 에너지를 유지하고 싶다면 당신은 자신의 식습관을 다음과 같이 조절할 수 있다. 첫째, 적은 양을 자주 먹는다. 즉 세 번의 식사를 다섯 번으로 늘리는 것이다. 둘째, 저당의 고영양 음식을 먹는다. 특히 녹색 채소가 좋다. 셋째, 물을 많이 마셔 수분 공급을 충분히 한다. 장기적으로 좋은 식습관을 유지하면 체력은 물론 에너지도 잘 충전할 수 있다.

하루 다섯 끼	식단
첫 끼	
둘째 끼	
셋째 끼	
넷째 끼	
다섯째 끼	

열넷째 날 잘 자기

천재나 전문가가 되고 싶다면 잠을 충분히 자야 한다. 이것이 넘치는 에너지를 유지하는 비결이다. 생리학적으로 잠은 인간의 몸을 능동적으로 회복시키는 과정이다. 늦은 밤 우리 몸에서 생산한 대부분의 대사 노폐물은 사라지고, 면역력이 강해지며, 뇌와 근육은 회복되고, 기억력도 좋아진다.

하루에 7~9시간 정도 잠을 자되, 다음과 같은 인지 행동 치료를 잘 이용해 수면의 질을 높여야 한다. 첫째, 잠자리에 들고 잠을 자는 것을 조건 반사처럼 만든다. 침대에서는 잠자는 것 외에 다른 활동은 하지 말고 잠자리에 드는 것을 잠을 자기 위한 습관으로 만들어야 한다. 또한 알람을 맞춰 주말을 포함해 매일 아침 같은 시간에 눈을 뜬다. 그리고 눈을 뜨면 다시는 눕지 않도록 한다. 둘째, 야외 활동을 늘린다. 특히 낮에 활동하는 것이 중요한데, 낮에 야외 운동 등 몸을 쓰는 활동을 함으로써 낮 동안의 초조한 마음을 컨트롤할 수 있다. 셋째, 잠자기 전에는 분위기를 만든다. 집 안은 어둡게 만들고 체온은 낮춘다. 만약 너무 조용해서 잠들 수 없다면 백색 소음을 다운로

드받아 배경음악으로 틀어놔도 좋다. 넷째, 알코올과 코골이에 주의
해야 한다. 알코올은 깊은 잠과 렘수면을 방해하고, 코를 심하게 골
면 수면무호흡증이 나타날 수도 있다. 이 증상이 오래 지속되면 기억
력이 나빠질 수 있기 때문에 주의해야 한다.

오늘 수면 시간	수면의 질 측정 (1~10점, 10점은 수면의 질이 가장 높은 상태)

열다섯째 날 체력 단련

물론 아이에게 공부가 중요하기는 하지만, 삶의 전부는 아니다.
우리는 아이가 더 많은 시간을 공부에 쏟았으면 하지만, 공부와 휴
식을 적절히 조절하는 것이 더 중요하다. 이것이 아이의 신체 발육과
심리발달의 필수 조건이며 아이의 학습 능률을 높이고 감정을 안정
적으로 유지하며 기억력을 증강시키는 데 도움이 된다. 이처럼 '휴식'
은 공부하는 아이들에게 필수적인 요소다. 아이는 잘 쉬어야 공부할
에너지를 얻을 수 있다. 그리고 체력을 키우기 위해서는 건강 상태,
음식 조절, 운동 습관, 수면의 질, 이 네 가지를 잘 관리해야 한다.

공부와 운동은 뗴려야 뗄 수 없는 관계다. 집 안에서 하는 유산
소 운동만으로도 공부에 지친 당신의 에너지를 회복할 수 있다.

오늘 공부가 끝난 뒤 한 가지 운동을 해보자. 밖으로 나가 산책을
해도 좋고, 음악을 들으며 가볍게 뛰는 것도 좋다. 또는 피트니스센터

에서 체력 단련을 해도 된다. 이렇게 공부와 휴식을 조절하는 방법을 배우는 것이다. (시간상으로 여유가 있거나 운동을 좋아하는 독자라면 매일 체력 단련을 하자. 첫째 날부터 스물하루째 날까지 포기하지 않고 끝까지 한다면 금상첨화다.)

오늘 운동 종목	오늘 운동 시간

열여섯째 날 **명상**

　명상은 몸을 편안한 상태로 만들어 당신의 감각기관을 잠시 쉬게 만든다. 이를 통해 당신의 의식(대뇌 신피질의 활동)은 잠시 쉬고, 당신의 잠재의식(대뇌 구피질의 활동)과 무의식의 동물적 본능(의식의 통제를 받지 않는 자율신경의 활동)이 나오도록 한다. 명상은 아주 간단하다. 당신이 목적을 갖고 자신에게 유익한 일을 하면 그것이 바로 명상이다. 예를 들어 휴식을 취하고 편안해지기 위해 음악을 듣는 것이라면 그것이 바로 음악명상이다. 그리고 자신의 머릿속을 깨끗이 하기 위해 운동을 한다면 그것이 바로 운동명상이다.

　당신은 오늘 공부를 어느 정도 하고 난 뒤, 또는 수업이 없는 시간에 조용히 명상을 할 수 있다. 명상을 통해 들뜬 마음을 차분하게 가라앉히고, 부정적인 감정들을 없애며, 다시 리듬을 컨트롤할 수 있다. 명상을 할 때는 편안한 음악을 틀고 음악에 맞춰 잡념은 버리고 자신과의 시간을 즐겨보자.

오늘 명상 시간	

열일곱째 날 방해 요소에서 멀어지기

열심히 공부하고 일하기로 했다면 조용한 환경을 선택해야 한다는 것은 모두가 알고 있다. 시끄러운 환경에서는 확실히 침착하게 눈앞의 일에 집중하기 어렵다. 따라서 스스로 유혹을 뿌리치고, 방해 요소에서 멀어져야 하며, 공부하기 좋은 환경을 스스로 만들어야 한다. 공부할 때는 집중력을 유지하며, 잠재의식 속에서 외부의 유혹을 거절하고, 공부를 다 마친 후에 놀자고 스스로를 다독여야 한다.

학습 장소	학습 시간

열여덟째 날 환경 바꾸기

가끔은 시끄러운 환경을 벗어날 수 없지만, 그래도 집중해서 일해야만 하는 때가 있다. 이런 경우에는 현재 환경에 적응하도록 노력하며 방해요소를 차단할 능력을 키워야 한다. 당신은 소음 방지 귀마개나 이어폰을 착용해서 주변 소음을 줄일 수 있고, 지저분한 방을 정리해서 질서정연하게 주변을 정리한 뒤 공부할 수도 있다.

오늘의 미션은 자신의 방을 정리하는 것이다. 책상 위의 책은 과목별로 정리하고, 학용품도 종류별로 정리한다. 침대 위의 이불도 깔끔하게 개고, 옷은 잘 개서 옷장에 넣고, 외투는 잘 걸어둔다. 그리고 바닥을 쓸고 닦은 뒤 쓰레기도 깨끗하게 버려 깔끔한 환경을 만들어 공부에 더 집중할 수 있게 하자.

	사진
책상과 방을 정리한 뒤 사진을 찍어 올려보자	

열아홉째 날 **전심전력**

우리에게 멀티태스킹은 난제다. 멀티태스킹은 당신의 주의력과 집중력을 떨어뜨릴 수 있다. 정신이 분산되면 아무리 간단한 과제라도 어렵게 느껴져 더 긴 시간을 들여야 수행할 수 있다. 당신이 동시에 여러 과제를 처리할 때는 사실 각기 다른 과제를 교대로 처리하는 것이다.

다시 말해, 당신의 주의력은 두 가지 또는 두 가지 이상의 일 사이에서 필요한 에너지를 소진할 때까지 계속해서 전환되는 것이다. 운동을 조금도 또는 전혀 하지 않았음에도 불구하고 일과를 마치고 집에 돌아오면 지쳐서 녹초가 되거나, 다른 일을 전혀 할 수 없는 상태가 되는 이유가 여기에 있다.

오늘의 미션은 옥스퍼드 러닝^{Oxford Learning} 사이트에서[14] 성공적인 학습의 12가지 비결을 배우고, 일정 시간 동안 멀티태스킹을 멈추고 한 가지 일에만 집중하며 효율적으로 공부하는 것이다. 전심전력으로 공부하면 무슨 일을 해도 집중력을 높일 수 있다.

No.	학습 내용	학습 시간
1		
2		

스무째 날 스스로 묻기(일기/주간 일기)

많든 적든 비밀이 없는 사람은 없다. 비밀은 다른 사람과 공유하지 않고 나만 아는 것이다. 마음의 응어리를 풀고 자신의 삶을 잘 계획하기 위해 일기를 씀으로써 자기 자신과 솔직한 대화를 나눌 수 있다.

오늘은 깊이 생각할 만한 문제 몇 가지를 정해보자. 이 문제들은 나중에 템플릿^{template}으로 사용할 수 있다. 매일 한 번씩 반성의 시간을 갖는다면 성장하는 데 분명 큰 도움이 될 것이다.

---

14) https://www.oxfordlearning.com/how-to-study-effectively/

날짜:	
날씨:	
기분:	
내용:	

스물하루째 날 **마음과 뇌를 하나로**

마지막 날이다. 이 마지막 날 당신은 총정리를 해야 한다. 21일간
의 학습 상태와 성적 추이를 전체적으로 정리하여 작성해보자.

인생 최고의 영광은 실패하지 않는 데 있는 것이 아니라 쓰러져
도 계속 일어날 수 있다는 데 있다.

- 올리버 골드스미스

총정리: 성장과 변화의 기억

당신이 얻은 21일, 당신이 잃은 21일

공자는 "배우고 생각하지 않으면 미혹되어 아무것도 얻지 못하고, 생각만 하고 배우지 않으면 위태롭다"고 했다. 앞 구절은 열심히 공부는 하되 '왜 공부해야 하는지, 어떻게 공부해야 하는지, 공부하면 무엇을 얻고 무엇을 잃는지' 등의 문제에 대해 주체적으로 생각하지 않으면 책 속의 의미를 제대로 이해할 수 없고 책 속의 지식을 실생활에 적용할 때도 미혹되기 쉽다는 뜻이다.

심리학에서 '반성'은 높은 차원의 비판적 사고 활동을 말한다. 과거 사건을 '기억'하거나 '회고'하는 외에, 그 안에서 '문제점'과 '해답'을 찾아야 한다. 기존의 정보 외의 정보를 생산하는 것은 자신의 체험을 이해하고 묘사하며 결산하는 과정이다.

미국의 실용주의 교육학자인 존 듀이John Dewey는 이렇게 말했다. "반성은 신념과 가설적 지식을 근거로 결론을 종합하여 능동적이고, 연속적이고, 세심하게 생각하는 것이다. 이는 문제를 해결하는 특별한 형식이다."

따라서 집중력 키우기 21일 프로젝트 훈련 과정에서도 '반성'이 중요한 부분이다. 특히 득과 실의 문제를 생각하는 것이 중요하다. 예를 들면 이런 것들이다.

매일 어느 정도 개선되었나? 인지와 행위에서 눈에 띄는 변화가 있었나? 나쁜 습관이 점점 사라지고 있는가? 어떤 내부적인 방해, 외부적인 방해들과 대면했나? 어떻게 극복하고 해결했나? 훈련이 끝난 뒤 다섯 차원의 집중력 가운데 어떤 부분이 개선되고 어떤 부분에서 부족함을 느꼈나?

이렇게 훈련을 진행하면서 반성도 동시에 진행해야 한다. '배움'과 '생각'을 긴밀히 연결하면 아이가 경험과 교훈을 확실히 이해하는 데 도움이 된다. 또한 아이가 자신의 어떤 장점을 살리고 어떤 단점에 주의해야 하는지 명확히 알 수 있고, 같은 실수를 반복하는 오류를 피할 수 있으며, '의심-생각-배움-의심'이라는 선순환이 형성되어 성장하고 발전할 수 있다.

매일 평가

이것은 부모님과 학생이 함께 작성하는 표다.
훈련 일기의 축소판이라고 생각하면 된다.

- 학생은 매일 훈련을 통해 얻은 수확, 느낌, 의문 등을 다음 표에 간결하게 작성해보자. 매일 잠들기 전 내용을 모두 작성하면 좋다.
- 부모님은 자신이 보고 느낀 아이의 변화(기분 좋은 개선 내용과 아직 마음에 들지 않는 부족한 부분 포함)를 객관적이고 사실대로 기록해보자(최대한 아이의 자기 평가의 영향을 받지 않도록 주의하자). 역시 매일 잠들기 전 아이가 내용 작성을 마친 뒤 표를 작성하자.

집중력 키우기 21일 프로젝트 평가표				
시간	훈련 일수	훈련 내용	자기 평가	부모님 평가
월 일	첫째 날	성장형 마인드셋 만들기		
월 일	둘째 날	자아인지		
월 일	셋째 날	견현사제		
월 일	넷째 날	분명한 동기		
월 일	다섯째 날	감정 이해하기		
월 일	여섯째 날	마음챙김		
월 일	일곱째 날	감정의 균형		
월 일	여덟째 날	의식 만들기		
월 일	아홉째 날	계획 세우기		
월 일	열째 날	포모도로 계획		
월 일	열하루째 날	파레토 법칙		
월 일	열둘째 날	자유자재로 전환하기		
월 일	열셋째 날	식사 관리		
월 일	열넷째 날	잘 자기		
월 일	열다섯째 날	체력 단련		
월 일	열여섯째 날	고요히 명상		
월 일	열일곱째 날	방해 요소에서 멀어지기		
월 일	열여덟째 날	환경 바꾸기		
월 일	열아홉째 날	전심전력		
월 일	스무째 날	스스로 묻기		
월 일	스물하루째 날	마음과 뇌를 하나로		

전체 평가

아이는 집중력 키우기 21일 프로젝트와 함께 평가도 모두 마쳤다. 이어서 아래의 질문에 답해보자.

질문1 **집중력 키우기 21일 프로젝트가 도움이 되었는가?**

아이 생각

부모님 생각

질문2 **만약 도움이 되었다면 자신감을 갖고 계속해서 표를 활용해서 좋은 습관을 길렀는가? 만약 도움이 되지 않았다면 아이가 끈기를 갖고 지속하지 못한 이유가 어디에 있다고 생각하는가?**

아이 생각

부모님 생각

질문3 **21일간 아이와 부모님이 느낀 생각과 경험을 다른 사람과 공유했는가? 다른 사람에게 알려줄 생각이나 방법이 있는가?**

아이 생각

부모님 생각

21일 후 과거의 나에게 전하고 싶은 메시지

'변화'는 자신에게 주는 가장 좋은 성장 선물이다. 이제 당신은 '산만함'이라는 꼬리표를 떼어냈고, 집중력과 능률도 더 좋아졌다. 과거를 되돌아보면 '예전의 나는 이랬구나. 어떻게 이렇게 변할 수 있었을까?' 하고 변화한 자신을 발견할 수 있을 것이다. '어제보다 더 훌륭한 오늘의 나'를 발견하면 미래를 향해 가는 내 앞길에 더욱 넘치는 자신감과 용기를 갖고 끊임없이 새로운 나로 거듭날 수 있다.

가끔은 '경험자'로서 우월감을 느끼며 과거의 자신을 교육할 수 있다. 어떤 일을 수행할 때 어떻게 집중력을 유지할 수 있는지, 주의력을 분산시키는 유혹을 어떻게 뿌리칠 수 있는지를 알려주고, 적극적이고 긍정적으로 집중력 키우기 21일 프로젝트를 끝까지 마칠 수 있도록 격려할 수 있다.

자신과 대화를 나누면 마음과 상태가 평온해지고 편안해진다. 그리고 예전에는 쉽게 알아채지 못했던 문제도 발견함으로써 점점 자신을 인정하고 업그레이드하며, 보다 좋은 곳으로 이끌고, 선순환을 만들 수 있다.

다음 21일 프로젝트를 통해 끈기를 신앙으로

고대 그리스의 대표적인 철학자 소크라테스는 개학 첫날 학생들에게 이렇게 말했다. "오늘 우리는 가장 간단하면서도 가장 쉬운 것을 배울 겁니다. 모두 자신의 팔을 최대한 앞으로 뻗어서 흔드세요. 그리고 다시 최대한 뒤로 뻗어서 흔드세요. 오늘부터 이 동작을 300번씩 하는 겁니다. 모두 할 수 있나요?" 소크라테스는 시범을 보이며 학생들에게 설명했다. 학생들은 불만스러웠다. 너무 간단하지 않은가. 식은 죽 먹기나 다름없었다.

한 달이 지난 뒤 소크라테스는 학생들에게 물었다. "매일 팔 300번 흔들기, 그 간단하기 짝이 없는 일을 한 달 동안 지속한 사람들은 누구죠?" 학생 90%가 자랑스럽게 손을 들었다. 또다시 한 달이 지났다. 소크라테스는 다시 같은 질문을 던졌고 여전히 그 동작을 하는 학생은 80%밖에 되지 않았다. 그리고 1년이 지난 뒤 소크라테스는 다시 질문했다. 그 결과 교실에서 단 한 명의 학생만이 손을 들었다. 그가 바로 플라톤이다.

"모든 일에는 시작이 있지만, 끝까지 계속하는 사람은 극히 적다."라는 말처럼 작심삼분의 열정으로 일을 시작하는 것은 누구나 할 수 있지만, 의지력과 인내력으로 이를 끈기 있게 완성하는 사람은 소수에 불과하다. 예를 들어 일찍 일어나는 좋은 습관은 여러 조건을 충족하고 여러 규칙을 준수한 뒤 오랫동안 끈기 있게 노력한 결과다. 같은 이치로 집중력을 키우는 좋은 습관 역시 단번에 이룰 수 없고 오랜 기간 노력해야 얻을 수 있는 결과다.

부모는 21일의 노력이 끝난 뒤 아이가 산만함이라는 고질병을 고치고 성적이 크게 올랐다고 해서 아이가 끝까지 집중력이 강한 인재로 성장할 거라고 섣불리 판단해서는 안 된다. 마찬가지로 21일 동안 노력한 뒤 아이의 집중력이 눈에 띄게 개선되지 않았거나 성적이 오르지 않았다고 해서 이 방법이 효과가 없다거나 우리 아이는 희망이 없다고 포기해서도 안 된다.

결과에 상관없이 자만도 낙담도 하지 말아야 한다. "석 자 얼음은 하루 추위에 언 것이 아니다"라는 말을 기억하자. 습관이 형성되려면 21일 이상 계속해서 반복해야 하고, 안정적인 습관이 형성되려면 더 긴 시간이 필요하다. 아이의 나쁜 습관을 고치기 위해 큰 노력을 기울여야 할 때가 있는데, 그 방법은 아주 간단하다. 집중력 키우기 21일 프로젝트를 다시 한 번 반복하는 것이다. 체코의 첫 민선 대통령인 바츨라프 하벨^{Vaclav Havel}은 "우리가 한 가지 일을 끈기 있게 하는 것은 효과가 바로 나타나기 때문이 아니다. 이렇게 하는 것이 옳다는 확신이 있기 때문이다."라고 했다. 끈기를 가지고 반복적으로 훈련하며 세월이 쌓일 때 좋은 습관은 조건 반사처럼 자연스럽게 반응하고, 집중력도 아이가 마음대로 조절할 수 있다.

히가시노 게이고의 소설 《나미야 잡화점의 기적》 중 이 말을 기억하자. "포기는 어렵지 않다. 하지만 끈기 있게 해나가는 것은 분명 멋진 일이다."

반 보를 내딛지 않으면 천 리에 이를 수 없고, 작은 물줄기가 모이지 않으면 강과 바다를 이룰 수 없다.

-순자

2
....

자신을 변화시키는 것은
끝나지 않는 마라톤과 같다

열심히 Me^5 모델을 공부하고 집중력 키우기 21일 프로젝트를 진행했다고 해서 집중력 키우기 훈련이 끝난 것이 아니다. 집중력을 인지 상태와 학습 습관에 잘 활용하고 싶다면 더 분발해야 한다. 더 넓은 시각으로 경험이 풍부한 인재들을 보고 배울 수도 있고, 디테일의 힘을 빌려 집중력을 강화시킬 첩경을 찾을 수도 있다.

타인의 장점 본받기:
빛을 발하고 싶은 행성은 항성과 가까워야 한다

스티브 잡스: 레이저와 같은 포커싱

가령 이런 사람이 있다고 하자. 이 남자는 10년 동안 매일 비슷한 스타일의 검은색 티셔츠만 입고 다닌다. 당신은 이 남자를 유행에 뒤처지고 아이디어가 부족한 사람이라고 생각하는가? 이 사람은 바로 아이폰과 애플 컴퓨터를 만든 아이디어가 넘치는 스티브 잡스다. 제품 발표회, 제품 포스터, 동영상 광고, 책 커버 속 잡스의 이미지는 사람들에게 깊이 각인된 검은색 터틀넥 셔츠다. 도대체 잡스는 이 검은색 티셔츠를 얼마나 갖고 있는 것일까? 정답은 100장이다.

어떻게 그렇게 독보적으로 창의적인 사고를 하는 사람이 옷은 왜 그렇게 단조롭게 입는 것일까? 잡스는 아주 오래 전에 한 가지 사실을 깨달았기 때문이다. 다른 사람이 보지 못하는 것을 보려면 반드시 인지 능력에 포커스를 맞춰야 하며, 그와 동시에 다른 것은 포기해야 한다는 것이다. 이것이 바로 잡스의 집중이다. 그는 옷 선택에 에너지를 낭비하지 않고 인지 능력을 최대한 제품에 사용했다.

옷의 선택뿐만 아니라 신제품을 처리할 때도 잡스는 한 번에 중요한 제품 몇 가지만 처리했다. 그리고 중요한 제품의 디테일한 부분에 특별히 주의를 기울였다. 선 하나, 버튼 하나도 그것들의 필요성을 고려했고, 만약 그것들이 필요없다고 판단되면 가차 없이 디자인에서 빼버렸다. 잡스의 영혼의 파트너라고 불리던 디자이너 조너선 아이브 Jonathan Ive는 똑똑히 기억한다. "잡스는 저에게 늘 이런 요구사항을 제시했어요. '여기를 좀 줄일 수 있나요? 더 간결하게 할 수 있나요?' 그래서 디자인 시안을 수없이 수정했고, 저는 수없이 미치도록 불안감을 느꼈죠." 하지만 바로 이런 집중 덕분에 제품의 품질은 물론 사용자 경험도 최적의 상태를 유지할 수 있었고, 스마트폰이라는 혁신적인 제품을 선보일 수 있었다. 스마트폰의 출현으로 '휴대폰에서 버튼을 없애는 혁명'이 성공했다. 이 비장의 무기 덕에 인터페이스는 심플해졌지만, 다양한 기능을 앞세운 아이폰이 빠른 속도로 노키아를 제압했고, 지금까지도 소비자의 높은 충성도를 입증하는 위대한 제품으로 자리 잡았다.

우리는 잡스의 미니멀리즘 심미관을 엿볼 수 있다. 잡스는 어떤 일을 한번 결정하면 전력을 다해 몰입하며, 목적을 달성해나가는 과정에서 에너지를 분산시키거나 불필요한 일들은 조금도 망설이지 않고 차단해버린다. 그의 집중력은 마음속 갈망에서 나오는 습관적 행위다. '월요일에 더 집중해서 해야지'와 같은 갑자기 떠오르는 생각이 아니라 매 순간 집중하는 것이다.

잡스의 아내는 그를 이렇게 평가했다. "잡스는 관심이 가는 물건에는 마치 레이저를 쏘듯이 해서 태워버리지만, 그가 관심을 두지 않는 것은 블랙홀이 삼킨 듯 사라져버린다." 일반 사람의 집중력을 손전등의 라이트라고 비유한다면, 그 빛은 강도도 약하고 분산되어 몇 미터 밖의 물건도 제대로 비추지 못한다. 하지만 잡스의 집중력은 레이저와 같아서 눈부실 정도로 광도도 세고 곧바로 집중적으로 뻗어나가 멀리 비출 수 있다.

그래서 잡스는 남다른 재능으로 역사에 길이 이름을 남긴 인물이 되었다. 잡스는 이런 말을 했다. "집중과 단순함은 내 비결 중 하나다. 단순해야 집중할 수 있고, 집중해야 극치에 이를 수 있다. 단순함은 복잡함보다 더 이루기 어려울지 모른다. 당신은 사고를 분명히 하도록 노력해야 단순하게 할 수 있다. 비록 어려울지라도 최후의 결과가 그 가치를 증명할 것이다. 집중은 기적을 만들어낸다."

우리는 '집중'과 '단순함'의 관계를 이렇게 이해할 수 있다. '복잡한' 집중력은 수많은 손전등과 같아서 눈앞의 사물은 비출 수 있지만, 먼 곳의 사물까지는 닿을 수 없고 모든 사물의 실질적인 변화도 일으킬 수 없다. 하지만 '단순한' 집중력은 마치 레이저처럼 한 줄기만 있으면 무수한 손전등이 합쳐져도 만들 수 없는 놀라운 힘을 발휘한다. 이 레이저는 먼 곳까지 비출 수 있고, 강철도 뚫고, 다이아몬드도 가를 수 있다. 이것이 바로 전심전력으로 단순함에 집중하는 힘이다.

빌 게이츠: 이 세상 누구와도 비교하지 마라

빌 게이츠는 세계적으로 유명한 기업가이자, 프로그래머, 자선가, 마이크로소프트의 창업주, 회장, CEO, 수석 소프트웨어 개발자다. 그가 이끄는 마이크로소프트는 우리에게 익숙한 브랜드로 성장할 수 있었다. 빌 게이츠는 관념, 지능, 사고가 모두 풍부한 사람으로, 맨주먹으로 거대한 부를 쌓은 역사상 최연소 억만장자다.

빌 게이츠의 성공담은 무궁무진하다. 그의 성장 스토리, 창업 비결은 많은 사람 사이에서 회자되는 중요한 화제다. 시대가 영웅을 만든다고 생각하는 사람이 많을 것이다. 빌 게이츠가 이처럼 큰 성공을 이룰 수 있었던 것은 그의 출신이나 운이 좋은 덕분이기도 하지만, 빠르게 발전하는 과학기술 변혁의 시대를 잘 따라잡은 덕분이기도 하다. 선천적인 요인과 객관적인 환경은 성공을 더 빨리 이룰 수 있게 도와줄 뿐이며, 빌 게이츠 개인의 성품과 후천적 노력이 더 크게

작용했다. 그는 자신의 정체성과 자기 개발을 분명하게 인지했고, 보통 사람과는 다른 비즈니스 시야와 과학 기술에 적합한 두뇌를 갖고 있다. 그리고 도전을 두려워하지 않고 무엇보다 자신이 좋아하는 일에는 강한 집중력과 통제력을 발휘한다.

어린 시절, 빌 게이츠는 《월드북 백과사전》과 같은 전집에 관심이 많았다. 또 지속적 주의력과 관찰적 주의력이 강한 그는 쉬지 않고 몇 시간 동안이나 이런 책들을 읽으며 처음부터 끝까지 책 속의 지식을 눈과 마음에 모조리 담을 수 있었다. 그 또래 아이들에게서는 쉽게 볼 수 없는 모습이다.

사실, 빌 게이츠가 높은 집중력을 유지하는 데는 비결 아닌 비결이 있다. 바로 감정 관리를 통해 집중력을 보호하는 것이다.

"사람의 첫 번째 직분은 무엇인가? 답은 간단하다. 나 자신이 되는 것이다." 노르웨이의 극작가 헨릭 입센^{Henrik Ibsen}의 명언이다. 말이 쉽지, 실천하는 것은 어렵다. 인간은 사회적 동물이기 때문에 우리의 자아인지와 정체성은 외부는 물론 자기 자신에게도 영향을 받는다. 하버드대학 심리학 교수 윌리엄 제임스^{William James}는 "인간 본성의 가장 핵심적인 원칙은 타인이 자기를 인정해주기를 바라는 것이다"라고 말했다. 이 역시 매슬로우의 인간 욕구 5단계 이론에 부합하는 것이다. 이 이론에 따르면 인간의 욕구는 생리적 욕구, 안전의 욕구, 사회적 욕구, 존중의 욕구, 자아실현의 욕구라는 다섯 단계로 나뉜다. '타인이 자신을 인정해주기를 바라는 것'은 '존중의 욕구'에 해당한다.

어려서부터 빌 게이츠 주변에는 그보다 우수하고 뛰어난 사람이 셀 수 없이 많았고 경쟁 또한 심했다. 그렇다면 그는 어떻게 침착하게 자신의 감정을 대하고 관리할 수 있었을까? 그는 이렇게 말했다. "자신을 세상 그 누구와도 비교하지 마세요. 자신을 다른 사람과 비교하는 것은 자신에 대한 모욕이에요." 그는 '타인이 자신을 인정해주기를 바라는 것'보다 더 높은 수준의 욕구는 바로 '자아실현의 욕구'라는 것을 일찍이 깨달았다. 이 차원의 욕구를 충족하려면 더 높은 차원의 이념을 품어야 한다. 다시 말해 '타인이 자신을 인정해주는' 차원을 넘어 '자기 자신에게 인정받는' 차원에 도달해야 한다.

한번은 선생님이 인체의 특수 역할에 관한 작문 과제를 내주셨다. 학급 우등생들은 혼신의 노력을 다해 자신의 지식을 자랑했다. 이 우등생들은 빌 게이츠에게는 관심도 없었다. 빌 게이츠는 절대 이 작문 숙제를 선생님의 요구사항에 맞게 제대로 하지도 못할 거라고 생각하는 친구도 있었다. 예상대로 빌 게이츠는 '선생님의 요구사항에 맞게' 제대로 하지 않았다. 그는 자신의 능력이라면 선생님이 말씀하신 대로 4페이지 분량의 작문을 완성할 수 있지만, '누가 나보다 더 훌륭한가?' 같은 것에는 신경 쓰지 않았고 단지 '나보다 더 훌륭한 나'를 원했다. 그래서 그는 예전에 배운 모든 지식을 쏟아 30페이지 분량으로 단숨에 써 내려갔다. 최대한 인체의 특수 역할을 전면적으로 설명하도록 노력하면서 말이다.

그때 그는 고작 초등학교 4학년에 불과했다. 어린 나이에 엄청난 집중력으로(막힘없이 단숨에 많은 분량의 글을 씀), 자아실현을 추구하며(타인이 아닌 자기 자신을 뛰어넘는 데 집중함), 감정 관리도 잘했다(경쟁 스트레스와 자신에 대한 부정적인 예측에 태연하게 대처함). 13세의 나이에 선견지명을 갖고 컴퓨터 프로그래밍을 배우고 컴퓨터 기술을 빠르게 마스

터할 수 있었던 이유를 여기에서 찾을 수 있다.

빌 게이츠의 이런 성공 스토리는 "한 자의 길이도 짧을 때가 있고, 한 치의 길이도 길 때가 있다"라는 말의 뜻을 잘 설명해준다. 사람마다 특징이 다르고 인재가 되는 방식이 다른 법이다. 끊임없이 발전하고 싶다면 오늘의 나를 어제의 나보다 더 강하게 만들면 된다. 그래야만 부지불식간에 자신이 부러워했던 사람보다 앞설 수 있다. 이는 중요한 자아인지이자, 강한 정신력이다. 아이가 이를 깨닫게 되면 아무리 치열한 경쟁 속에 놓이더라도 빌 게이츠처럼 이성적으로 감정 문제를 해결하고, 쓸데없는 잡념을 차단하며, 지금 눈앞의 일, 현재의 일, 좋아하는 일, 잘하는 일에 집중할 수 있다.

마크 저커버그: 자신을 너무 옭아매지 마라

페이스북의 CEO 마크 저커버그는 성공한 청년 사업가로 명성이 자자하다.

2017년 6월 19일, 영국의 한 인터넷 사이트에 '마크 저커버그의 보통 날'이라는 글이 올라왔다. 이 글을 통해 우리는 저커버그가 어떻게 효율적이고 가뿐하게 건강한 하루를 보내는지 엿볼 수 있다.

아침 8시에 일어난 그는 휴대폰으로 자신의 페이스북, 페이스북 메신저, 왓츠앱을 확인한 뒤 최고운영책임자와 페이스북을 이용해 업무 관련 소통을 한다. 몇 가지 일을 해결한 뒤 그는 밖으로 나가 운동을 하는데, 보통 일주일에 3회 정도 한다. 운동이 끝나면 아침 식사를 한다. 아침 메뉴는 가리는 것이 없다. 그리고 시간을 아껴서 더 중요한 일에 할애할 수 있도록 매일 같은 옷을 골라서 입는다. CEO

인 저커버그는 처리할 일이 쌓여 있다. 보통 일주일에 50~60시간 일하지만, 그는 여전히 따로 시간을 쪼개서 운동, 여행, 가족과 시간 보내기 등 자신이 좋아하는 일도 빼놓지 않는다. 아울러 이런 휴식 시간에는 절대 일하지 않는다. 저커버그는 이렇게 일과 삶을 분명히 구분해서 잘 관리한다.

저커버그의 이야기를 통해 우리는 주의력의 제한적이고 주기적인 특징을 알 수 있다. 지속적 주의력이 중요하지만 전환적 주의력도 간과해서는 안 된다. 공부나 일이 아무리 바빠도 건강과 삶의 질을 희생해서는 안 되며 일과 휴식을 융통성 있게 잘 처리해야 한다. 마치 성악가들이 노래할 때 '몰래' 숨을 참았다가 호흡하는 것처럼 말이다. 에너지 관리는 시계추 이론과 비슷한 점이 있어서 능동적으로 일하고, 능동적으로 쉴 때 에너지는 자연스럽게 충전될 수 있다. 따라서 합리적으로 시간을 분배하고, 시간을 충분히 활용하며, 일과 휴식을 적절히 조절하면 여유 있게 일을 처리하고, 질서정연하게 많은 복잡한 일들을 처리할 수 있다.

하지만 집중하기 위해 집중하며 쉬지 않고 공부에만 매달린다면 나도 모르게 팽팽하게 당겨져 금방이라도 끊어질 것 같은 활시위로 변해버리고 만다. 이런 '극단적인 집중'은 오히려 신체의 건강을 해치고 정신적으로도 큰 압박을 받으며, 이로 인해 주의력은 중압감을 이기지 못하고 소진되어 정신없이 바쁜 와중에 실수만 연발하고 말 것이다. '극단적인 집중'이라는 행위는 집중력의 취지와 완전히 배치되는 것이다. 집중력의 결과는 효율을 수반하는 것이지 스트레스, 혼란, 피로감을 수반하는 것이 아니다.

다음은 전형적인 '극단적인 집중'의 과정이다. 아이는 처음부터 높은 목표와 참고 대상을 설정한다. 그리고 다른 사람이 자신보다 더 집중하고 효율적인 모습을 보이면 아이는 승부욕이 끓어 더 공부에 매달리며 자신을 옭아매게 된다. 성취욕이 있다는 것은 물론 좋은 것이지만 지나치면 역효과를 낳게 된다. '극단적인 집중'은 심각한 심리적 피로감을 야기하여 휴식을 취하거나 잠을 자도 좀처럼 해소되지 않는다. 그렇게 되면 아이는 외부 자극에 더 쉽게 영향을 받고 관계없는 것들에 이끌려 주의력은 오히려 곤두박질치게 될 것이다.

이와 같은 상황에 직면한 아이에게 부모는 저커버그의 이야기를 들려주자. 집중력의 진정한 의미가 무엇이고 전환적 주의력을 활용하는 방법을 정확히 이해하도록 말이다. 아울러 20~30분 정도는 휴식을 취하거나 간단한 운동을 하도록 지도해야 한다. 몸을 이완시켜주는 간단한 동작만으로도 몸의 피로와 함께 정신적 피로도 풀 수 있고, 에너지 회복과 집중력 향상을 꾀할 수 있다.

오바마: 부수적인 일은 스스로 진행되게 내버려 두라

하버드대학에서 발행하는 경영 잡지인 〈하버드 비즈니스 리뷰〉에 '지루한 것이 효율적이다'Boring is Productive라는 글이 있다. 미네소타대학의 캐슬린 보스Kathleen Vohs 교수와 동료들이 진행한 실험에 대한 내용이다. 실험은 두 그룹으로 나눠 진행됐다. A그룹은 복잡한 선택 그룹으로, 그들은 아주 많은 종류의 사탕, 옷, 대학 과정 중에서 분명하게 선택하고 구매해야 했다. 반면 B그룹은 간단한 선택 그룹으로 사탕, 옷, 대학 과정의 종류를 대강 이해만 하면 되고 구체적으로 선택할 필요는 없다. A 그룹의 피실험자는 후속 테스트에서 자기통제력이 현저히 떨어지는 것으로 나타났다. 에너지가 약해지고, 주의력은 분산됐으며, 미루는 일이 많았다. 이 실험은 하나의 가설을 증명했다. 즉 선택의 횟수가 수용 범위를 초과하면 여러 방면의 자기 통제력이 소모된다는 것이다. 이 중에는 집중력도 포함된다.

일상을 관찰해 보면 우리는 아이에게서 이런 모습을 발견할 수 있다. 만약 아이가 별로 관계도 없는 일을 매일 '심사숙고'해서 결정한다면 아이는 여기에 많은 에너지를 소모하게 되고, 결국 뇌를 효율적으로 사용하지 못해 사고력이 자랄 공간도 줄어들게 된다. 아울러 아이는 집중도 잘하지 못하고 자신이 진정으로 원하고 가치 있는 일도 할 수 없게 된다.

그렇다면 어떻게 해야 별로 중요하지 않은 일에 에너지를 낭비하는 것을 막을 수 있을까? 다시 말해, 어떻게 하면 선택적 주의력이 효과를 발휘하고 중요하지 않은 일을 결정하는 데 창조적인 에너지를 허비하는 것을 막을 수 있을까?

2012년 미국의 유명 패션 잡지 〈배니티 페어〉^{Vanity Fair}는 버락 오바마 미국 전 대통령의 에너지 관리 습관을 소개했다. 오바마는 재임 기간 중 매일 다양한 국가의 대소사와 맞닥뜨리며 주의력을 집중하여 많은 중대한 결정을 내려야 했다. 여기에는 중요한 거래와 막대한 리스크 등이 포함된다. 불필요한 에너지 소모를 줄이고 선택적 주의력을 잘 사용하기 위해 그는 국가의 중대한 사안(집중력을 발휘해야 하는 곳) 이외의 부수적인 일(그의 집중력이 필요하지 않는 곳)에 대해서는 간단하게 결정하거나 다른 사람에게 결정을 맡기기도 했다. 그리고는 그 일들이 스스로 진행되도록 내버려 둔다. 그러면 그 일들에 대해 다시 생각할 필요가 없고 결정하기 위해 분산되는 에너지를 아낄 수 있다.

예를 들어 오바마는 군청색과 회색 정장만 입는다. 오늘 무엇을 입고 어떻게 매치할 것인지 결정하기 위해 뇌와 정신적 에너지를 낭비하지 않을 수 있기 때문이다. 그리고 일과 휴식 시간 역시 규칙적으로 정해져 있다. 아침 7시에 일어나면 체육관에서 45분간 운동을 하고, 샤워하고, 옷을 입은 뒤, 아침 식사를 한다. 아침 식사가 끝나면 신문을 읽고 안보 브리핑 시간을 갖는다. 그리고는 대통령 집무실로 향한 뒤 하루의 일을 시작한다. 밤 10시면 가족들은 모두 잠을 청하지만, 그는 보통 새벽 1시까지 이튿날 업무 준비로 바쁘다. 그의 하루는 이렇게 매일같이 규칙적으로 반복된다.

세 살 버릇 여든까지 간다고 했다. 오바마처럼 정기적으로 할 일들을 최대한 정례화하고, 기준을 세워 미리 선택을 해 두는 것이 좋다. 매일 무엇을 먹을지, 무엇을 입을지, 언제 운동할지 등을 그 예로 들 수 있다. 이런 행동이 반사적으로 이뤄지고 숙달되면 우리도 모르는 사이에 허비되는 에너지 소비를 줄일 수 있다.

만약 아이가 음식을 특별히 가리지 않는다면 일주일의 건강 식단을 미리 짜서 매일 준비하면 좋다. 이런 방법은 부모님의 쇼핑 목록도 간소화할 수 있다. 또 만약 아이가 옷에 대해 특별히 까다롭지 않다면 아무 데나 잘 어울리는 무난한 스타일과 색상의 옷을 구해서 매치해둔 뒤 매일 순서대로 옷장에서 꺼내 입으면 좋다. 너무 오랫동안 입은 옷이 있다면 다시 유사한 스타일로 구해놓는 것도 방법이다.

이런 방식으로 다른 일상의 일도 간소화할 수 있다. 아울러 아이가 중요한 일을 에너지 지수가 높은 시간대에 할 수 있도록 지도해야 한다. 이런 생활 방식이 무미건조하고 창의성도 없어 보일 수 있지만, 에너지 소모를 줄이고 집중력을 높이는 확실한 방법이다.

> 믿음을 잃지 마라. 꾸준히 노력하면 결국 성과를 얻게 된다.
>
> -첸쉐선

분신술: 여러 가지 일을 동시에 처리하는 비결

간트 차트(Gantt chart)를 이용한 학습 목표 세우기

학년이 올라갈수록 아이의 학습 내용은 다양해지고 복잡해지며, 교차로 진행되기도 한다. 따라서 계획을 잘 세우지 않으면 집중력이 흐트러져 학습 능률에 영향을 끼치게 된다. 어떻게 하면 학습 내용을 깔끔하게 정리하고 계획에 따라 완수할 수 있을까? '간트 차트'가 간단하면서도 실용적인 툴이 될 수 있다.

간트 차트는 계획의 전체적인 맥락을 직관적으로 보여주기 때문에 계획의 진행 상황과 남은 과제의 분량을 쉽게 확인할 수 있다. 예를 들어 어느 시간대에 어떤 과제를 수행하는지 확인하고 실제 진행 상황과 목표를 비교하는 것이다. 시간 관리 툴과 목표 관리 툴 가운데 간트 차트는 원로급에 속한다고 할 수 있다.

다음은 전형적인 간트 차트다.

학습 목표	월요일	화요일	수요일	목요일	금요일	토요일	일요일
《어린 왕자》 읽기							
3단원 시험지 풀기							
영어 10과 본문 단어 암기							
코스모스 생장 주기 관찰							

표의 세로 칸 중 첫 번째는 학습 목표다. 만약 복잡한 학습 목표가 있다면 주요 절차를 아래에 작성하여 잎맥처럼 항목을 여러 개로 나눠 우선순위를 분명히 나눌 수 있다.

학습 목표의 오른쪽 칸은 두 줄로 나눈다. 윗줄의 짙은 색 막대는 시작 시간과 종료 시간을 포함한 학습을 수행할 시간이다. 이는 일주일 단위로 나눠도 좋고, 한 달이나, 24시간을 단위로 나눠도 좋다. 구체적인 학습 목표의 종류와 난이도에 따라 판단해서 결정하면 된다. 예를 들어 《어린 왕자》 읽기의 진행 기간은 월요일에서 금요일까지고, 3단원 시험지 풀기는 월요일에 진행하며, 영어 10과 본문 단어 암기의 진행 기간은 화요일에서 수요일까지, 코스모스 생장 주기 관찰의 진행 기간은 월요일부터 일요일까지다. 계획에 따라 속이 빈 네모 형태로 어떤 구간을 덮을 수도 있다.

모든 학습 목표의 오른쪽 아랫줄의 옅은 색 막대는 진행이 완료

된 부분을 표시하는 것으로, 자신이 좋아하는 방식으로 표시하면 된다. 이미 진행 완료된 부분에 다른 색상을 칠하거나 다른 도안으로 채워도 좋다. 표를 통해 현재는 목요일 낮임을 알 수 있다. 지금까지 완료한 학습 목표는 3단원 시험지 풀기다. 아직 완료하지 못한 목표는 영어 10과 본문 단어 암기인데, 공백 칸으로 남겨둔 부분은 진행이 더뎌서 더 힘을 내서 추가로 진행할 부분을 표시한 것이다. 그리고 현재 계속 진행 중인 계획은 《어린 왕자》 읽기와 코스모스 생장 주기 관찰이다. 만약 계획보다 일찍 완료되는 목표가 있다면 진행 막대에 색상을 바꿔 채움으로써 남은 시간은 휴식을 취할 수 있다고 표시하는 것도 좋다.

간트 차트를 이용해 학습 목표를 잘 계획한 뒤에는 이를 인쇄하여 책상 주변의 눈에 잘 띄는 곳에 붙여 놓는다. 정기적으로 확인할 때마다 다른 색상의 펜으로 표 위에 중요한 정보를(계획보다 일찍 완료했거나, 계획대로 아직 완료하지 못했거나, 어떤 방해 요소가 발생했을 때) 표시할 수 있고, 일목요연하게 세부 사항을 확인하고, 더 효율적으로 시행하고, 행동을 조정하기 위해 지점마다 진도를 파악할 수 있다. 부모는 간트 차트의 가시적인 계획과 기록을 확인하며 모든 학습 목표의 진행 상황을 이해하고 전체적인 진행에 대해 정확한 평가를 할 수 있다.

같은 속성의 학습 내용은 함께 완료하기

아이는 공부할 과목도 많고, 배워야 할 구체적인 지식의 양은 셀 수도 없을 정도다. 만약 일시적인 마음의 동함이나 임의적인 선택에만 의존해서 공부한다면 중복적인 노동을 피할 수 없고 학습 효과도 떨어지게 마련이다.

간트 차트로 시간을 잘 배분하는 방법 외에도 에너지를 절약하고 많은 학습 내용을 잘 정리할 수 있는 학습 방법이 또 하나 있다. 바로 구체적인 학습 내용을 전체적인 틀 안에서 생각하여 사고방식과 학습 전략에 따라 학습 내용을 분류하고, 학습 내용과 방법, 시간을 잘 조율하는 것이다.

구체적으로 학습의 절차는 지식의 내재적 관계와 상관관계에 따라 차츰차츰 전개해야 한다. 먼저 전체적인 학습 내용과 학습 목표를 여러 단계로 나눈 뒤 이번에 할 공부가 전체 학습 과정에서 어느 단계에(기초 단계, 향상 단계, 정리 단계) 속하고, 이번 공부가 지금까지의 학습 가운데 어떤 역할을 담당하고 어떤 효과를 내는지 분석한다. 그리고 이번에 공부하는 내용을 포함한 지식을 중심으로, 이와 관련한 각종 문제를 정리하고 분류한다. 아울러 아이의 학습 능력과 집중 능력에 따라 큰 계획을 세우고, 학습 단계를 구분하고, 시간을 배분해야 한다.

예를 들어 학습 계획을 세우고 글쓰기 개요를 짜는 것은 분석, 종합, 비교의 범위 안에 속하는 활동이니 같은 시간대로 배분한다. 그리고 교과서 읽기, 문제 풀기는 모두 지식을 소화하고 이해하는 것으로 같은 시간대에 완료할 수 있도록 배분한다.

또 수학 공식, 물리 공식, 화학 공식처럼 이해하기 어려운 추상적인 내용은 두뇌 활동이 활발한 상태에서 많은 시간을 할애하여 집중적으로 진행하는 것이 좋다. 개념을 더 깊이 이해하기 위해 교과서와 참고서의 관련 내용을 함께 읽고, 실전 능력을 키우기 위해 문제를 많이 풀고, 관련 지식을 한 데 묶어 체계적으로 지식 네트워크를 구축해야 한다. 다시 말해 매번 진행하는 구체적인 학습과 함께 이전에 공부했던 내용을 연결하는 데 주의를 기울이고, 흩어진 여러 내용에 대해서는 분산형 학습법을 적용할 수 있다. 특히 간단하고 이해하기 쉬운 지식은 전체적인 학습 시간 중 자습 시간이나, 학교 쉬는 시간, 통학 버스를 기다리는 시간처럼 자투리 시간을 활용해서 익히면 좋다.

다시 예를 들어, 새로운 지식과 기존 인지 구조의 관계에 따라 학습 내용을 하위적 학습, 상위적 학습, 병립적 학습으로 구분할 수 있다. 하위적 학습이란 새로운 학습 지식이 기존 지식에 속하는 학습이고, 상위적 학습이란 새로운 지식 학습에 기존 지식 내용이 포함된 학습이고, 병립적 학습은 새로운 개념이나 새로운 명제와 학습자 인지 구조에 있는 개념이 하위적 관계나 상위적 관계를 만들지 않는 상황에서 존재할 수 있는 관계를 말한다. 학습 계획을 세울 때 이들의 논리 관계에 주의하며 이를 토대로 상응하는 학습 내용을 분배해야 한다.

또한 문제와 시험지를 받으면 먼저 대충 한번 훑어보고 문제를 분류한 뒤 같은 표기를 한 문제를 함께 완료하도록 한다. 난이도가 높지 않고 스스로 완벽히 풀 수 있는 문제를 하나로 묶은 뒤 따로 표기하지 않는다. 난이도가 조금 높지만 스스로 풀 수 있는 문제는 '●'를 표시하고, 예전에 틀렸던 비슷한 문제는 '★'를 표시한다. 난이도가 높고 스스로 해결방법을 찾을 수 없는 문제는 '▲'를 표시한다. 그리고 표기를 하지 않은 문제를 먼저 푼 뒤, 이어서 '●', '★'로 표기한 문제를 풀고, 마지막으로 '▲'로 표기한 문제를 푼다. 이 방법을 사용하면 점점 깊이를 더해갈 수 있고 처음부터 난이도가 높은 문제에 너무 많은 시간과 에너지를 소모해서 학습 진도를 늦추는 것을 방지할 수 있다.

이처럼 속성이 비슷한 학습 내용을 같이 묶어서 완수하는 것 이외에도 부모는 아래의 표를 참고하여 아이가 매번 공부한 내용을 서로 연결하고 조율하도록 지도할 수 있다.

학습 내용 유형	처리 방법
서서히 쌓아야 하는 지식	침착하게 추진할 장기 계획 세우기
연속적으로 벼락치기가 필요한 지식	여러 차례의 공격적인 공부 방식 사용하기
연결 관계가 있는 지식	이전 학습과의 연결 고리에 주의하며 다음 학습을 위한 기초 다지기
쉽게 잊어버리는 지식	세밀한 학습과 대략적 학습을 반복해서 진행

공부와 공부 사이의 중간 휴식 시간을 낭비하지 마라

가끔은 두 학습 시간 사이의 휴식 시간이나, 한 가지 일을 막 마쳤을 때, 또는 다른 일을 하는 도중 싫증이 날 때처럼 몇 분간의 비는 시간이 오히려 공부하기 가장 좋은 때일 수 있다. 이 시간은 짧고, 기억해야 하고, 난이도가 높지 않은 지식을 공부하기에 적합하다.

특히 학교 쉬는 시간 10분은 학교가 학생들이 쉴 수 있게 마련한 시간이다. 적당한 휴식은 다음에 진행할 학습에 도움이 된다. 그러나 적당한 휴식이 꼭 오락을 즐기라는 뜻은 아니다. 절제 없는 여가 시간은 오히려 시간과 에너지를 과도하게 낭비할 뿐이다.

휴식을 취한 뒤 시간이 남는다면 아이는 아래와 같은 세 가지 일을 하며 적당히 '빈틈없는' 학습을 할 수 있다.

첫째, 수업 시간에 선생님이 설명하신 내용 중 이해가 안 됐던 문제가 있으면 이에 대해 질문을 한다. 만약 수업이 끝났는데도 선생님이 교실에 머물러 계신다면 기회를 잡아 직접 선생님께 여쭤보며 궁금증을 해소할 수 있다. 만약 선생님이 이미 교실을 떠나셨다면 주변 친구들에게 묻거나 함께 토론해볼 수도 있다.

둘째, 수업 시간 필기한 내용을 보충한다. 수업 시간에 선생님의 말하는 속도가 빠르기 때문에 학생의 두뇌도 그만큼 빨리 움직여야 한다. 하지만 손에 쥔 펜은 같은 속도를 따라가기가 버거워서 기록해야 할 지식을 놓쳐버리는 때가 있다. 만약 이런 상황을 계속 방치한다면 나중에 복습할 때 해당 지식에 대한 이해가 모호하고 잘 연결이 되지 않게 된다. 수업이 끝나면 처음부터 끝까지 자신이 필기한 내용을 한번 읽어보고 빠뜨렸거나, 글씨를 알아보기 힘들거나, 틀린 부분은 없는지 확인해보고, 친구가 필기한 내용을 빌려 빠뜨린 부분을 보충하고, 지저분한 글씨는 다시 깨끗하게 쓰고, 잘못 쓴 글자는 수정하도록 한다. 수업 시간의 필기 내용을 더 보강하고 싶다면 빈 공간에 지식에 대해 자신이 이해한 것이나 느낌 등을 쓰는 것도 좋다.

셋째, 제때 생각하여 지식에 대한 이해와 기억을 확실히 한다. 이때 생각은 너무 깊이 하는 것보다 생각을 확장하지 않고 가볍게 하는 것이 좋다. 하지만 제때 빨리해야 하며, 조금 전 수업 시간에 배운 것들에 대한 생각을 잘 정리하는 것이 중요하다.

총정리 보고서와 혁신적인 계획 작성하기

학습 총정리는 한 단계의 학습을 완료한 뒤 전체적으로 확인, 분석, 평가하는 방법이다. 총정리는 배운 지식의 양이 일정 수준까지 쌓였다는 것을 의미하며, 질적으로 성장하는 핵심적인 마무리 단계라고 할 수 있다. 우수하고 높은 수준의 학습 총정리는 평소 딱딱하고 기계적으로 암기만 하는 것보다 훨씬 낫다. 총정리를 통해 아이는 지식 구조를 정리하고, 문제를 발견하고 해결할 수 있으며, 핵심을 파악하고, 난관을 돌파하고, 제대로 된 복습을 하며, 학습 능률을 높일 수 있다. 아울러 총정리를 통해 앞으로 공부할 내용을 미리 준비할 수도 있다. 시험이 끝난 후의 총정리와 재검토는 특히 중요하다. '한 번 좌절할 때마다 지식이 늘어난다'고 하지 않았는가. 시험의 목적은 바로 학생이 지식을 얼마만큼 파악했는지 알아보기 위함에 있다. 자신의 부족한 부분을 발견하고, 제때 보강하며, 경험을 쌓는 것이 중요하다.

학습 총정리는 단지 시험지의 오답만 고친다고 다 되는 것이 아니다. 학습 과정에서 느낀 점, 학습 방법을 통해 얻은 점, 학습의 어려움과 주요 포인트에 대한 깊은 이해가 포함되어야 한다. 예를 들면 이런 생각들이 정리되어야 한다. '관심은 가장 좋은 스승이다. 공부의 가장 큰 즐거움은 배운 것을 실제로 응용하는 것이다. 수업 시간에 물리 실험을 했는데, 기묘한 물리 반응에 큰 관심이 생겨서 수업이 끝나고 나도 모르게 생활 속 물리 현상을 관찰하게 됐다. 수업 시간에 배운 지식과 일상생활을 잘 연결해보면 이해되지 않았던 어떤 공식이 술술 풀리기도 한다.'

배운 지식과 경험을 재점검하며 정리하는 것도 중요하지만, 비전을 포함한 혁신적인 계획을 갖는 것도 다음 단계의 학습에 큰 도움이 된다. 학습과 혁신은 떼려야 뗄 수 없는 불가분의 관계다. 혁신적인 학습에 대한 사람들의 관심도 점점 커지고 있다.

부모는 아이가 호기심 많은 인재로 성장하도록 돕고, 아이가 지식을 배우는 과정에서 의문을 품고, 틀에 박힌 생각을 타파하도록 지도해야 한다. 또한 교과서 내용에만 얽매이지 않고 권위를 맹신하지 않아야만 융통성 있게 잠재의식을 깨우고, 혁신 능력을 키우고, 학습과 실천을 결합하며, 새로운 생각을 품고, 비교하며, 새로운 성과를 얻어낼 수 있다. 아울러 혁신적인 계획을 세움으로써 학습 활동에 대한 새로운 생각, 새로운 문제, 새로운 견해, 새로운 방법을 제시할 수 있다. 이것이 아이의 자주적인 혁신 의식을 불러올 출발점이자 기초이며, 아이가 주체적 능동성을 최대한으로 발휘할 방법이다. 또한 아이가 주입식 교육을 넘어 자발적 학습의 길로 가도록 이끌어야 한다.

당신에게 추월당한다면
그 또한 영광입니다

　이 책을 읽고 있는 당신은 성취욕이 있고 자신이 더 우수한 인재로 거듭나길 바랄 것이다. 한번 떠올려보라. 자신의 삶을 스스로 지배하고, 매일 모든 일을 체계적으로 계획하고, 시험을 볼 때마다 침착함을 유지하고, 매 학기 발전을 거듭하며 이를 자랑스럽게 부모님과 나누는 당신의 모습을. 그런 당신은 학구파가 되는 것은 물론 자신이 노력할 방향, 흥미를 느끼는 전공이나, 꿈에 그리던 학교, 또는 세상을 바꿀 꿈을 찾을 수 있을 것이다. 당신은 이런 것들을 자신의 인생 목표로 삼고 차근차근 앞을 향해 용감하게 나아갈 수 있다.

　하지만 때로는 무력해지고, 계속해서 쏟아지는 숙제와 시험에 응해야 하며, 복습하려고 책을 펴면 힘이 나지 않고, 도대체 어디서부터 손을 대야 할지 모르겠고, 실속 없이 바쁘기만 하다가 결국 무엇

하나 제대로 하지 못할 수도 있다. 그런 당신은 왜 하루는 30시간이 아닐까 하고 원망도 해보고, 공부하다 보면 밤 12시가 넘기 일쑤지만, 여전히 끝낸 것은 아무것도 없다. 개학 전에 참고서도 샀는데, 학기가 끝나갈 무렵 여전히 새것처럼 깨끗한 상태라는 것을 발견하기도 한다. 시험 직전에야 필기 내용을 복습하지 않은 것이 생각나서 부랴부랴 외워보지만 정신은 몽롱해진다. 첨삭된 시험지를 받아보니 성적은 기대 이하다. 당신은 '아, 난 공부할 팔자는 아닌가 봐'라고 자책하며 자신과 진짜 학구파들과는 굉장한 차이가 있을 거라고 생각할지도 모르겠다. 하지만 낙담할 필요는 없다. 하루아침에 학구파가 된 사람은 없으니까 말이다.

학구파는 어떤 직함이 아니며 영광스러운 것도 아니다. '학구파'라고 불린다고 해서 순풍에 돛 단 듯 승승가도를 달리고, 시험에서 항상 높은 점수를 받고, 일류대학에 합격하고, 최고의 인생길을 걷는 것도 아니다. 인생은 마라톤이다. 시험을 잘 보고 좋은 학교에 가는 것도, 조금은 유리한 출발선에 서는 것도 모두 잠시일 뿐이다. 끝까지 달릴 수 있는 능력이 있어야만 한다. 어려움과 실패에 용감하게 맞서지 못하는 아이는 즐겁고 건강하게 성장하는 것도, 좋은 성적을 얻는 것도 어렵다.

자신이 학구파라고 스스로 생각하는 학구파는 많지 않다. 류천강은 "저는 저보다 똑똑하고, 성실하고, 훌륭한 사람을 너무나도 많이 봐왔어요. 그들과 비교하면 저는 학구파라고 할 수 없죠."라고 말했다. 예위루는 "저는 그저 열심히 공부하는 사람일 뿐이에요. 저는 배우는 건 뭐든지 소화하고 높은 이해력이나 학습 능력을 보유한 그런

'학구파' 수준에는 미치지 못해요."라고 했다. 그리고 장성난은 이런 말을 했다. "Work hard, play hard. 열심히 공부하고 열심히 놀 수 있는 사람, 효율적으로 공부하는 사람. 그게 바로 진짜 학구파죠."

이러한 겸허함은 학구파들이 가진 '무아지경'의 상태와 적극적인 마음가짐을 설명한다.

학구파들은 학습 과정에서 자신의 시간과 에너지를 최대한으로 활용할 줄 안다. 효율을 극대화해야만 잠재력을 최대한으로 발휘할 수 있고, 가장 짧은 시간 안에 높은 수준의 많은 일을 완수할 수 있다. 효율적인 시간 관리법을 익히면 1시간을 3시간처럼 쓸 수 있고, 들인 노력에 비해 훨씬 큰 효과를 거두고, 목표 설정에서 계획 수립과 실행 단계에 이르기까지 학습 과정에서 직면하는 모든 도전을 쉽게 이겨내도록 도와줄 것이다. 아울러, 과학적인 에너지 관리를 통해 체력을 비축하고 회복하는 능력을 높일 수 있고, 나아가 안정적이고 지속적인 집중력을 위한 에너지 기반을 쌓을 수 있다. 그리고 잘 먹고, 과학적으로 운동하며, 수면의 질을 유지하면 학습 능률뿐 아니라 삶의 질도 함께 상승한다.

여러 스트레스 앞에서도 학구파들은 자신의 감정을 관리하고 긍정적인 분위기를 조성할 줄 안다. 좋은 심리 상태를 유지해야 좋은 성적을 얻을 수 있다. 자신의 부정적인 감정을 다스릴 줄 알고 불안과 스트레스가 당신의 집중력을 방해하지 못하게 하는 것도 효율적인 학습을 위한 필수 조건이다. 예를 들어 명상을 통해 부정적 에너지를 없앰으로써 마음챙김의 힘을 체험해보고 부정적인 감정에 잘 대면한다면 학습 효율도 높일 수 있고, 대인관계도 잘 처리할 수 있으며, IQ와 EQ 모두 높일 수 있다. 환경은 사람을 만들고 우리의 학습 능률에도 영향을 미친다. 책상을 깨끗이 정리하거나 자신의 주변 환경을 개선함으로써 긍정적이고 몰입할 수 있는 편안한 분위기를 만들면 당신은 일사천리로 일을 해결하고 주의력이 분산되지 않는 사람으로 서서히 거듭날 수 있다.

지금이 바로 자신을 바꿀 절호의 기회다. 이 책을 읽은 당신은 책에서 소개한 학습 계획을 통해 문제들을 해결할 수 있다. 준비됐는가? 당신도 학구파가 될 수 있고 지금보다 더 나은 당신이 될 수 있다.

참고문헌
· · · · · · · · · · ·

1. Mihaly Csikszentmihalyi. Flow: The Psychology of Optimal Experience. New York, NY: Harper and Row.

2. Carol Dweck. Mindset: the New Psychology of Success. New York: Ballantine Books, 2016.

3. Bessel A., Van der Kolk Bessel. The Body Keeps the Score: Brain, Mind, and Body in the Healing of Trauma. Penguin Books, 2015.

4. "Brainwaves Reveal Student Engagement, Operate Household Objects." NASA, NASA Technology, spinoff.nasa.gov/Spinoff2019/cg_6.html.

그들은 어떻게 최고의 인재가 되었나!

하버드 집중력 수업

제1판 1쇄 인쇄	2021년 1월 22일
제1판 1쇄 발행	2021년 1월 26일

지은이	장성난 · 단스충 · 왕즈신
옮긴이	남명은
펴낸이	김덕문

책임편집	손미정
디자인	블랙페퍼디자인
마케팅	이종률
제작	백상종

펴낸곳	더봄
등록번호	제25100-2020-000077호(2015.04.20)
주소	서울시 노원구 화랑로51길 78, 507동 1208호
대표전화	02-975-8007 **팩스** 02-975-8006
전자우편	thebom21@naver.com
블로그	blog.naver.com/thebom21

ISBN 979-11-88522-84-2 03320